KB266647

__________________________ 귀하

당신의 인생자본은 무엇입니까?
그리고 당신의 성격자본은 무엇입니까?

이 책을 통해
평생 고갈되지 않는 성격자원을 찾으십시오.

귀한 분에게 나누는 책

____

류지연의 에니어그램 특강

성격이 자본이다

Personality is Your Capital

류지연 지음

도서출판 **타래**

Personality is Your Capital

성격이 자본이다

초판 4쇄 발행 | 2024년 2월 5일

지 은 이 | 류지연
펴 낸 이 | 이성범
펴 낸 곳 | 도서출판 타래
교정 · 교열 | 박진영
표지디자인 | 김인수
본문디자인 | 권정숙

주소 | 서울특별시 영등포구 양평로30길 14, 911호(세종앤까뮤스퀘어)
전화 | (02)2277-9684~5 / 팩스 | (02)323-9686
전자우편 | taraepub@nate.com
출판등록 | 제2012-000232호

ISBN 978 - 89 - 8250 - 132 - 6 (03180)

우리는 모두 성공적이고 행복한 삶을 위해 끊임없이 뭔가를 갈구하고 찾는다. 부를 이루거나 지위나 권력을 갖거나 타인에게 선을 베풀 때 성공했고 행복하다고 느낀다. 그리고 그것을 찾기 위해 외부에 시선을 돌리며 열심히 쫓아다닌다. 하지만 나는 우리가 그렇게도 간절히 찾는 것, 우리에게 성공과 행복을 가져다주는 원천은 바로 내 안에 있는 성격이라는 것을 깨달았고 그것을 에니어그램에서 찾을 수 있다고 확신했다. 이것이 이 책을 쓰게 된 이유이며 이 책의 주제인 '성격 자본'이 탄생한 계기가 되었다.

나는 성격 연구가로서 다양한 성격 도구들을 접해왔다. 그 중 에니어그램을 통해 나의 정체성을 찾은 것은 매우 신선한 충격이었고 나를 통째로 에니어그램의 세계로 빠져들게 했다. 또 그 경험은 나 자신을 크게 성장시켰고 지금까지 성격 전문가, 그 중 에서도, 에니어그램 전문가의 길을 걷게 했다.

우리나라에도 에니어그램 전문가가 많다. 에니어그램 관련 논문이나 책도 계속 쏟아져나오고 있다. 그러나 이론적 깊이를 더하는 책들은 많지만 일상생활에서 활용되기보다 성격을 아는 데 그치는 경우가 많아 아쉬웠다. 그래서 이 책은 생활 속에서 에니어그램을 어떻게 편하게 받아들이고 활용할 것인가에 초점을 맞추었다.

'실용성'에 가장 중요한 목표를 두고 성격이라는 자원이 생활 속에서 얼마나 다양하게 활용될 수 있는지 실례들을 소개했다. 어떤 지식이나 이론이든 쉽게 이해하고 써먹을 수 있어야 가치가 있다고 생각하기 때문이다. 따라서 이 책은 성격이라는 자원을 인생 자본으로 만들어가는 실천기록이라고 할 수 있다.

이 책을 읽는 분들이 내 안에 있는 성격을 통해 나만의 차별화된 재능과 가치를 발견해 자신을 사랑하고 자기다운 삶을 찾길 소망한다. 그리고 자신의 성격을 인생 자본으로 개발하고 활용할 수 있길 바란다. 에니어그램에 대해 잘 모르는 초보자라면 에니어그램과 성격자본에 관심을 갖는 계기가 되길 바라는 마음이다. 성격이 가장 중요한 인생 자본이기 때문이다.

이 책을 쓰기 전에 가졌던 마음가짐이 있다. 어떤 분야든 자신이 진정으로 가치가 있다고 느낀다면 다른 사람들과 나눌 수 있어야 하지 않을까? 비록 명장의 반열에 오르지 않았더라도 뭔가 가치 있는 것을 줄 수 있다면 행복하지 않을까? 이런 믿음으로 이 책을 썼다. 그리고 이 책은 특정 계층을 대상으로 하지 않는다. 성격을 이해하는 것은 자신의 성장이나 타인과의 소통을 위해 누구에게나 필요하기 때문이다. 하지만 인간관계 관리가 중요한 경쟁력인 직장인과 영업인들에게 특별히 도움이 되길 바란다. 사람들의 행동 동기를 이해해 문제의 원인과 해결책을 찾는 데 도움이 될 것이다.

돌이켜보면 책을 완성할 때까지 많은 시간과 노력이 필요했다. 에니어그램을 생활 속으로 끌어들이는 '에니어케이션'을 보급한다는 사명감이 없었다면 해낼 수 없었을지도 모른다. 조용히 책의 완성본을 보면서 그동안 휴일도 휴가도 없이 지내온 시간을 보상받는 느낌이다.

그리고 떠오르는 고마운 분들, 이 책이 나오기까지 오랜 기간 많은 분들의 도움을 받았다. 특히 가장 든든한 지원그룹이자 아이디어 뱅크인 '나비연구회' 멤버들과, 항상 따뜻한 격려를 보내주는 가족 이상의 '시크릿 가든' 회원 여러분께 무한한 감사의 마음을 전한다. 끝으로 부족한 나를 항상 지켜보고 기다려준 가족들에게 진심으로 감사드린다. 오지 않을 것만 같았던 가을을 맞이하며 나의 노래, '성격자본'을 시작한다.

CONTENTS

성격자본의 시대

에니어그램 성격유형 이해

성격자본의 결실,
사례 편

# 성격자본 꽃 피우기, 활용 편

1

성격자본의
시대

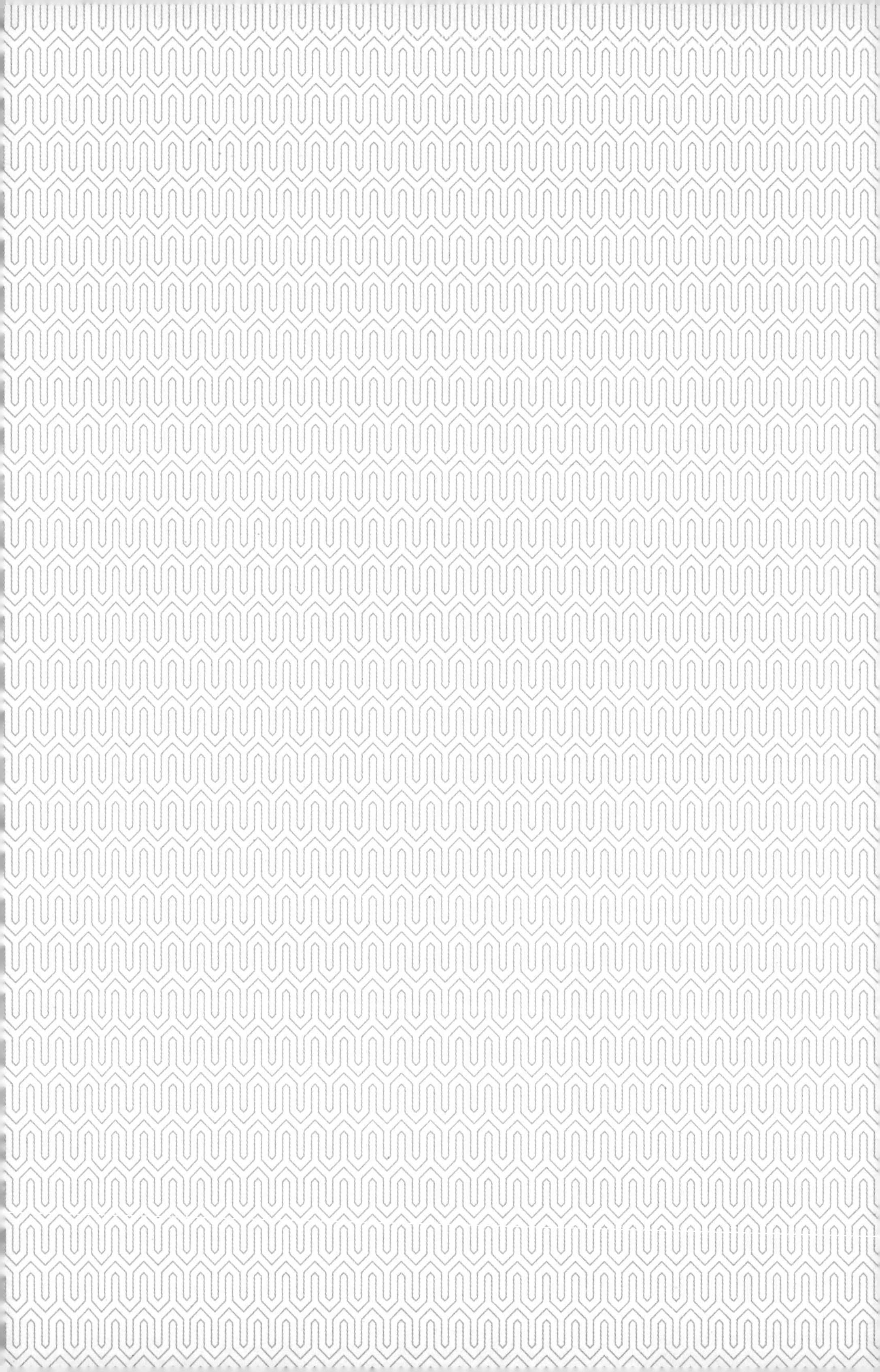

지금 인류는 '꿈의 혁명'으로 불리는 4차산업혁명 시대에 접어들었다. 4차산업혁명 시대는 융합의 시대다. 인공지능, 빅데이터, 사물인터넷, 모바일 등 첨단 정보통신기술이 여러 분야의 신기술과 융합해 새로운 가치를 만들어내는 차세대 산업혁명이다. 특히 빅데이터는 우리 일상 속에 깊이 자리잡고 있으며 모든 산업에서 필수적인 기초자원이라고 할 수 있다. 영국의 경제 주간지 '더 이코노미스트'는 "세상에서 가장 가치 있는 자원은 더이상 석유가 아니라 데이터다"라며 데이터 경제시대를 예고했다.

이런 트렌드의 변화는 무엇을 시사하는가? 이제 세계 자본시장의 힘의 중심은 이미 이동했고 치열한 자원개발 전쟁이 시작되었다고 봐야 할 것이다. 나는 오랫동안 이런 생각을 해오면서 자연스럽게 미래, 트렌드, 자본이라는 용어들을 접하게 되었다.

나는 성격 전문가로 활동 중이다. 그리고 성격 도구 중에서도 '에니어그램'이라는, 일반인들에게는 다소 생소한 분야를 다루고 있다. 전문분야 외에는 별 관심이 없던 내가 '자본'이라는 말에 관심을 갖게 된 것은 이런 시대적 변화와 무관하지 않았다. 그렇다면 미래자본은 어떤 모습일까? 과연 나도 미래 자본시장에 참여할 수 있을까? 그렇다면 성격 분석가인 내가 준비해야 할 것은 무엇일까? 매일 이런 자문을 하면서 생각하고 또 생각했다.

그러던 어느 날 내게 운명과도 같은 한 단어가 떠올랐다. 바로 성격, 자본 그리고 성격자본이라는 단어였다. 하지만 그것은 갑자기 하늘에서 뚝 떨어진 것이 아니었다. 살아오면서 항상 생각하고 고민하고 궁금했던 나의 정체성에 대한 답을 누군가로부터 받은 느낌이었다. "맞아! 이 단어를 내게 보내준 사람은 바로 나 자신일 거야!"라는 생각이 들면서 그것은 나의 또 하나의 미션이 되었다. 그리고 나름대로 깊이 연구하면서 성격자본의 정의를 내려보았다. 성격자본이 내게 주는 의미는 다음과 같다.

성격자본은 인간이기 때문에 가질 수 있는 자본이다. 깨닫는 자는 무상으로 얻을 수 있는 타고난 자본이고, 평생 사용해도 고갈되지 않는 무한한 자본이다. 누구에게나 공평하게 주어지며, 아무도 빼앗을 수 없는 자본이다. 내가 나답게 사는 힘의 원천인 자본이며 운명을 바꿀 수도 있는 자본이다. 이처럼 성격자본의 의미는 깊고 다양하다. 그리고 성격자본의 활용도는 매우 넓다.

자, 그럼 이제부터 성격자본에 대해 자세히 알아보자. 성격자본의 시대는 어떤 시대인가? 성격이란 무엇이며 성격자본은 무엇인가? 그리고 성격자본의 기반이 되는 성격 도구인 에니어그램은 무엇인지 함께 알아보자.

01

이제 성격자본이다

새로운 물결,
성격자본의 시대가 온다

오래 전 일이었다. 빅데이터를 활용한 타깃 마케팅 효과를 단적으로 보여주는 유명한 일화가 있었다. 어느 날 미국의 한 대형 마트로부터 한 여고생의 집으로 우편물이 왔는데 그녀의 아버지가 우연히 뜯어보게 되었다. 그런데 우편물에는 출산용품 할인쿠폰이 들어 있었다. 그것을 받아든 아버지는 그 회사를 방문해 "왜 미성년자에게 이런 쿠폰을 보냈는가?"라며 거칠게 항의했다. 하지만 곧 아버지는 고등학생 딸이 임신했다는 말을 듣고 경악했다.

마트는 딸의 최근 구매 패턴과 관련 정보를 분석해 조만간 필요할 것으로 예상되는 제품을 추천하는 시스템을 가동했던 것이다. 아버지는 회사의 타깃 마케팅 능력을 인정할 수밖에 없었다.

또 다른 예를 보자. 구글의 CIO였던 더글라스 메릴(Douglas C. Merrill)은 빅데이터를 분석해 신용등급이 낮은 고객에게 단기대출을 해주는 스타트업인 '제스트 파이낸스(Zest Finance)'사를 설립했다. 일반 은행들은 개인의 자산, 소득, 부채, 신용거래 기간 등 약 30가지 변수를 분석해 개인 신용을 평가한다.

반면, 이 회사는 고객의 인터넷 체류 시간, SNS 포스팅 내용 등 1만 가지 이상의 광범위한 정보를 수집한다. 또 고객이 어떤 브랜드의 어떤 제품을 언제 사는지 등 고객 소비성향 등도 데이터에 포함된다. 실제로 이 회사는 이 알고리즘을 활용해 개인신용평가의 정확도를 획기적으로 향상시켰다고 한다. 이제 개인의 성격에 기반한 성향이나 취향으로 인해 발생할 투자선호도나 위험요소도 분석할 수 있게 된 것이다.

이처럼 개인의 고유 성향이나 취향을 활용하는 예는 우리 일상생활과 기업활동에 이미 깊이 자리잡고 매우 중요한 가치를 창출하고 있다. 그동안 인류의 발전을 이끌어온 모든 물질자본은 소진되고 있고 새로운 자원이 필요한 시대가 되었다. 이제 인간의 정신적 자원이 주목받고 있다.

그렇다면 인간의 정신적 자원은 어떤 의미이며 무엇이 중요한 것일까? 그것은 인간이 살아가는 삶의 방식, 생각하고 느끼고 행동하는 경향, 성향, 취향 등에 대한 것들이다. 이 모든 것을 포함하고 담을 수 있는 것은 무엇일까? 바로 성격이다. 앞에서 언급한 것들은 모두 성격과 관련 있으며 성격에서 나오는 것들이다.

나는 성격을 연구하는 사람이며 동시에 한 명의 사회구성원이자 직업인이다. 그래서 변화하는 시대적 트렌드를 어떻게 받아들이고 대처할지 항상 고민해왔다. 앞으로 다가올 미래세계는 모든 것이 빠르게 변화하는 시대이며 모든 분야에서 혁신적 접근이 필요하다고 본다.

그리고 이 책은 새로운 변화를 불러올 성격자본(Personality Capital)을 소개하는 책이다. 이 책에는 오랫동안 경험하고 터득한 나의 노하우가 담겨 있으므로 나의 성격 이야기가 주요 소재다.

내 성격은 한 마디로 매우 예민하다. 그리고 다른 사람들과는 다른 시각으로 보거나 다르게 생각하는 나 자체로서의 성격이 강하다. 예민한 데다 독특함까지 추구한다고 할까. 그래서인지 다른 성격 전문가들이 쓴 이론서들이 대부분인 업계 현실과의 차별화를 하고 싶었다.

그래서 나의 실생활 속에서 직접 체험할 수 있는 실천서를 써야겠다고 마음먹고 책을 쓰기 시작했다. 그것이 5년 전이었다. 하지만 막상 책을 쓰기 시작하니 그동안 업계가 왜 이론서들을 써야만 했는지 이해되기 시작했다. 실천서가 되려면 자신이 직접 체험하지 않으면 불가능하다는 것을 뼈저리게 느꼈기 때문이다.

하지만 내게는 일생일대의 중대 결심이어서 결코 포기할 수 없었다. 그래서 모든 것을 내려놓고 처음부터 다시 시작하게 되었고 힘든 고통의 시간도 시작되었다. 하지만 일단 결심이 서자 다양한 분야의 컨텐츠 개발에 본격적으로 뛰어들었다. 그리고 이후 약 5년 동안 많은 실험과 시행착오, 크고 작은 성공 경험들을 꾸준히 쌓아왔다.

그리고 드디어 성격을 미래사회의 중요 자본으로 명명하는 '성격자본(Personality Capital)'이라는 용어를 창안했다. 성격자본이라는 용어를 만들어낼 수 있었던 것도 아마도 나의 이런 독특한 성격 때문일 것이다.

성격자본, 생소하게 들릴지 모르지만 현실적인 우리 삶 속에서 찾아낸 말이다. 3년 전 나는 한 중견기업으로부터 특별한 제의를 받았다. 성격 테스트를 활용해 자사 제품을 고객 성향별로 매칭

할 수 있는 툴을 만들어달라는 것이었다.

새로운 개념의 특별한 제안이었기 때문에 나는 아무 조건도 달지 않고 흔쾌히 응했다. 하지만 새로운 분야에서 성격 컨텐츠를 개발하는 호기심과 기쁨은 잠시였고 곧바로 어려운 개발 과정에 몰입했다. 그리고 3개월 후 업계 최초로 에니어그램이라는 성격 진단 도구를 활용한 고객 소비성향 진단 컨텐츠를 만들어 제공했다.

연구 결과는 한마디로 예상을 뛰어넘는 대성공이었다. 그 회사가 내가 만든 성격 진단 알고리즘을 활용해 많은 신규 회원을 확보했기 때문이다. 매출에서도 큰 효과를 보았다. 그 과정은 이 책 3장에서 상세히 설명하고 있다.

이렇게 기업 마케팅을 성공적으로 경험하면서 그동안 고민해오던 문제해결의 실마리가 풀리는 느낌이었다. 우선 내 전문분야인 성격연구가 일상생활뿐만 아니라 비즈니스와 산업 분야에까지 폭넓게 활용될 수 있다는 것이었다. 그리고 그 결과, '성격은 자본'이라는 것과 '성격자본'이 구체화되는 데 확신을 갖는 계기가 되었다. 또 일반인들이 폭넓게 참여할 수 있도록 어려운 성격이론을 쉽고 재미있게 받아들이게 할 수 있다는 것도 큰 수확이었다. 이렇게 에니어그램은 나를 성격자본에 눈뜨게 해주고 성장시켰다.

융합의 시대인 4차산업혁명 시대에 우리가 주목해야 할 가장 가치 있는 분야는 무엇일까? 앞에서도 말했듯이 인간의 정신, 마음을 연구하는 것이다. 그리고 그 인간의 마음을 다른 문명의 기기들과 연결하고 교감시켜 살아 움직이게 하는 것이다. 그것은 이미 앞서 나가고 있는 기업들이 일찍부터 시작했고 우리 삶 속에도 층층이 스며들어 최고의 부가가치를 창출하고 있다.

앞으로는 빅데이터 환경 속에서 개인의 성격을 이해하는 조건이 더 세부적으로 갖추어지고 그것을 활용하는 경우들이 계속 늘어날 것이다. 즉, 개인의 성격이 또 다른 재생자원이며, 성격이라는 이 재생자원을 바탕으로 많은 사업이 재생산되어 산업자본으로 탄생할 것이다. 그리고 이 비밀의 열쇠인 성격자본을 이제 이 책에서 소개할 것이다.

성격자본
(性格資本, Personality Capital)이란
무엇인가?

성격이란 개인이 지닌 고유한 특성이다. 성격의 특성은 선천적 요인과 후천적 영향, 기타 다양한 이유로 만들어진다. 이 성격은 평생 반복적, 지속적으로 일관된 행동 패턴을 유지하게 함으로써 인간의 행동을 예측하게 해준다.

자본은 재화나 용역을 생산하는 데 필요한 자산이다. 쉽게 말해 장사나 사업을 할 때 상품을 만드는 데 필요한 밑천이다. 자본은 돈이나 실물자산뿐만 아니라 각종 생산수단, 노동력, 무형자산까지 포함하는 개념이다.

그렇다면 성격자본이란 무엇일까? 개인의 고유한 특성, 즉 '성격이 자본이 된다'라는 말이다. 다시 말해 개인의 성격적 특성이 상품과 서비스의 가치를 만드는 데 매우 큰 영향력을 미친다는 뜻이다.

성격자본은 내가 만들어낸 신조어다. '성격이 자본이다.' 이 말은 내가 수년 동안 많은 고심을 하며 내린 성격자본의 사전적 의미다. 오랫동안 매일 이 용어를 생각하면서 잠들었고 잠에서 깨면 또 생각하고 고민했다. 누구나 가지고 있는 성격을 자본으로 개념화하기 위해서는 나 자신부터 쉽게 이해되어야 했기 때문이다.

'앞으로 다가올 미래에 진정 필요한 자본은 무엇일까?'라는 질문은 여러 해 동안 나를 괴롭혔다. 노동자본, 경제자본, 산업자본, 사회자본, 매력자본까지 자본의 종류와 개념은 그 시대의 변화를 대변해왔다. 결국 나는 소진되지 않는 인간의 고유한 성격이 자본이 된다는 트렌드를 직감적으로 간파했다. 그리고 매일 이 성격의 힘에 대해 민감하게 촉을 세우고 있던 도중 '성격자본'이라는 용어를 창안했다.

성격이 자본이다! 이렇게 신비한 용어를 만났던 그때를 생각하면 지금도 가슴이 설렌다. 유레카를 발견하듯이 나는 '성격자본'을 브랜드 자산으로 구축해야 했다. 나는 전문가를 소개받아 특허청 출원을 의뢰했지만 전문가들은 성격자본이 개인 상표가 될 가능성은 거의 없다고 했다. 매우 실망했지만 수년 간의 피나는 노력을 포기할 수 없어 한 줄기 간절한 희망으로 특허청에 출원 신청을 했다.

1년 후 특허청으로부터 뜻밖의 소식이 왔다. 상표등록 마지막 단계인 공시가 끝나면 출원된다는 것이었다. 아! 정말? 그 공시 기간 몇 개월은 마치 수백 년처럼 느껴졌고 드디어 등록 완료 소식이 전해졌다. 내가 세계 최초로 성격자본이라는 용어를 공식적으로 쓰게 되는 역사적인 날이었다.

너무나 기쁜 마음도 잠시, 내가 창안하고 체험하며 전파해온 이 성격자본을 책으로 연결해야겠다고 마음먹었다. 그래서 지금

세계최초 성격자본 특허청 상표등록

이 책을 쓰고 있는 것이다. 지금부터 '성격자본'이라는 용어를 쓰게 된 배경과 그 개념을 소개하고자 한다.

어릴 때부터 나는 나의 정체성에 대한 혼란과 궁금증이 많았다. 그래서인지 성장하면서 호기심과 내면 탐구에 관심이 많았다. 지금 생각해보면 숱한 날을 고민하면서 나의 정체성을 찾기 위해 자문하고 방황했던 것 같다. 그러다 보니 자연스럽게 다양한 심리 분석에 관심을 가졌고 쉽게 접근할 수 있는 성격 분석 도구들을 배우게 되었다.

이후 다양한 성격 도구들을 접했지만 그 중에서도 특히 에니어그램을 통해 나다움을 찾아가는 데 가장 큰 도움을 받았다. 그것이 지금도 에니어그램 성격 분석 전문가로 꾸준히 활동하는 이유다. 그리고 이 일은 내 개인적 관심뿐만 아니라 타인에게 전파할 만큼 의미가 있었다. 따라서 이 책의 모든 내용은 에니어그램을 통해 경험하고 실천해 얻은 실질적 효과에 기반하고 있다.

되돌아보면 에니어그램을 만난 것은 내 인생 최대 행운이었다. 내가 성격 분석 도구를 처음 만난 것은 직장생활 도중 시작한 대학원 시절이었다. 당시 교양과목이었던 에니어그램 수업 때의 일이다. 심리학자인 지도교수님은 내가 4유형 같다고 말씀하셨다. 4유형은 예술가로서 타인들이 자신을 이해해주지 못한다고 느끼므로 자주 외로움을 느낀다는 것이었다. 어쩌면 그렇게 나를 잘 대변해주는 말이었던가! 그렇다. 교수님의 말씀처럼 4남매 중 막내인 나는 여러 형제자매 안에서도 혼자인 것 같은 외로움을 자주 느꼈다.

엄마는 어린 시절 내가 항상 울어대 어딜 데려가도 유독 내게만 신경이 쓰였다고 말씀하신 적이 있다. 다른 아이들은 방긋방긋 웃으며 잘도 노는데 말이다. 공무원인 아버지의 월급으로 4남매 키우기가 버거웠던 엄마는 생활비를 보태느라 억척스럽게 사셨다. 그런 상황에서 예민한 나를 감당하기 힘드셨을 거라고 엄마를 이해해본다. 더구나 성격이 강인했던 엄마는 나의 작은 예민함을 들여다보지 못하셨다. 당시 언니, 오빠들을 순탄하게 키운 데 비하면 어쩌면 나라는 아이는 골치덩어리였는지도 모른다는 생각이 자꾸 들었다. 이런 내가 왜 태어나 엄마를 힘들게 하는지 어린 마음은 상처로 더 우울해져만 갔다.

그런 우울감은 사춘기 시절 더 크게 다가왔다. 엄마가 우유 대리점을 운영할 때의 일이다. 당시 엄마는 오토바이 뒤에 유리병이 든 박스를 3단으로 높이 싣고 온 동네를 배달까지 다니셨다. 어느 날 마음을 나누던 유일한 친구와 학교 근처에서 손을 잡고 걷고 있었는데 멀리서 오토바이를 탄 엄마가 "지연아!"라고 큰 소리로 부르셨다. 그 순간 나는 그런 엄마가 창피해 못 들은 척했다. 그리고 친구의 손목을 끌고 막다른 골목으로 도망쳤다. 영문도 모르고 끌려온 친구는 "너희 엄마 아니니?"라고 물었고 나는 주저앉아 그만 울고 말았다.

그날 저녁 집에 들어가니 엄마는 그런 내 행동에 엄청 화를 내며 혼내셨다. 하지만 나는 엄마가 화내는 것보다 단짝 친구에게 우리 엄마를 들킨 것이 더 부끄러웠다. 오토바이 탄 엄마의 모습이 부끄럽게 느껴졌던 것이다.

뒤에서 설명하겠지만 엄마는 에니어그램에서 말하는 8번 도전가 유형의 성격이며 행동 곳곳에서 강한 이미지가 느껴진다. 반면, 나는 4번 예술가 유형의 성격으로 독특하고 예민해 감성적이고 감정 기복도 심한 편이다.

이런 수치심과 독특함은 내 인생에서 자주 등장해 나를 괴롭혔다. 성인이 되어서도 직장생활은 물론 대인관계가 원만하지 못했다. 직장에서는 독특한 발상으로 앞서가는 아이디어와 의견을 제안하며 나만의 세계를 펼치려고 했지만 동료들은 그런 나를 이해하지 못했다. 직장 상사들은 나를 '4차원'이라고 불렀다.

매일 아웃사이더 같던 나는 직장생활에 적응하지 못했고 깊은 고독과 슬픔이 자주 밀려왔다. 그 우울한 감정은 나를 공격하기 시작했고 꽤 오랫동안 힘들게 일상생활을 엄습했다. 급기야 스스로 정신의학과에 찾아갔는데 의사는 1주일치 약 처방과 함께 심각한 정도는 아니라는 말을 해주었다.

우울증 약은 한없이 잠이 쏟아지게 했고 몸은 계속 무기력하고 가라앉았다. "심각하지 않다는데 왜 이렇게 힘이 들지? 아! 이렇게 사느니 차라리 죽는 게 편하겠다"라며 극단적인 생각에 사로잡히기도 했다. "나는 정말 사회 부적응자일까? 나는 이상한 사람이구나! 왜 사람들 속에 속하지 못하고 이런 감정이 계속 올라올까?"

주변 모든 것이 암울하게 느껴졌다.

그런 우울한 감정 속에서도 생활은 이어졌다. 그 어두운 터널에서 빠져나오게 된 것은 바로 에니어그램 덕분이다. 에니어그램은 내 인생의 한 줄기 빛과 같았다. 그때 지도교수님이 해주신 "류 선생은 그냥 그렇게 예민하고 민감하게 태어나신 것뿐이에요! 이상한 게 아닙니다"라는 말씀이 10여 년이 지난 지금도 기억에 생생하다.

"아! 내가 이상한 게 아니라고?" 나는 그날 밤 꼬박 두꺼운 에니어그램 책을 다 읽어 내려갔다. 내용이 어려워 잘 모르겠지만 내 성격 유형이라는 4유형 예술가에 대한 설명 부분을 천천히 정독했다. 그런데 읽으면 읽을수록 "내 이야기가 여기 다 쓰여 있네."라며 놀랐고 감정에 북받쳐 눈물이 쏟아졌다. 아무도 이해해주지 못한 내 성격 이야기를 보며 밤새 울었다. 다음 날에도 울고 일주일 동안 그렇게 펑펑 울었던 것 같다.

그렇게 슬픈 감정의 나를 만난 후로 이전과 좀 다른 나를 알아차렸다. 뭐랄까? 나를 좀 더 객관적으로 보게 되었다고 할까? 더이상 내가 틀리거나 이상하지 않다는 것을 알게 해준 것이 바로 에니어그램이라는 공식적인 이론이었다. 그날부터 나는 정말 열심히 수업을 들었다. 더 알고 싶어서 심화 과정을 공부했고 두꺼운 에니어그램 서적을 찾아 읽기 시작했다. 그리고 국내 에니어그램 전문가들을 찾아다니기 시작했고 에니어그램의 원류인 국제 에니어그램과 성격 심리 연구에 깊이 매료되었다. 그리고 10여 년이 지난 지금 나는 성격 분석가로 활동하고 있다. 이렇게 에니어그램과의 만남은 나의 고유한 성격자본을 발견하는 중요하고 소중한 경험이었다.

최근 5년은 내 인생의 대전환기였다. 우리나라에도 훌륭한 에니어그램 전문가들이 많이 있지만 에니어그램이 아직 대중화되지 못한 것은 일반인들과의 접점이 다양하지 못하고 제한되어 있기 때문이라고 생각한다. 그래서 일반인들이 쉽게 접할 수 있는 '생활 속 에니어그램'을 간절히 만들고 싶었다.

그 시작점은 에니어그램에 기반한 토크쇼였다. 이후 나는 음악, 미술, 와인 등 사람들과의 만남이 가능한 여러 분야에 에니어그램을 접목해 보았는데 나름대로 꽤 신선하고 흥미로운 기획이었다고 생각한다. 특히 교육사업에 관심이 있던 나는 토크쇼 외에도 다양한 분야에 에니어그램을 적용하기 시작했다.

조직활성화, 리더십, 세일즈 교육 프로그램, 기업의 마케팅 툴 개발과 각종 방송 출연까지 정말 바쁜 몇 년을 보냈다. 과거 우울한 감정에 항상 시달리던 나로서는 정말 눈부신 변화와 성과였다. 그러다 보니 '생활 속 에니어그램'은 자연스럽게 '비즈니스 에니어그램'으로 영역이 넓어졌다. 비즈니스도 생활의 중요한 분야이므로 언젠가는 가야 할 길이라고 생각했기 때문이다.

교육사업이 안정되기 시작하면서 나는 가끔 이런 생각을 한다. 자존감이 약하고 감정 기복이 심해 지구력이 약하던 내가 이렇게 한 분야에 몰입하고 있다는 것이 지금도 믿기지 않는다. 다만 한 가지 변화가 있다면 에니어그램을 접하기 전과 후의 내가 많이 달라졌다는 것이다. 나뿐만 아니라 주변사람들까지 놀라는 모습을 바라보는 것도 흥미로운 일 중 하나였다.

우선 내 인생의 미션과 비전이 명확해졌고 무엇보다 타고난 우울감을 즐기고 나다울 때가 많아졌다. 그리고 창의적인 발상으로 많은 것을 이루어가고 있다. 이것은 작은 일 같지만 변하지 않는 인간의 습성을 감안하면 믿기지 않을 만큼의 엄청난 변화다. 그럼 현재의 나를 이끌어준 그것은 과연 어떤 힘일까?

그것은 에니어그램을 통해 나 자신을 있는 그대로 들여다볼 수 있게 되었다는 것이다. 그리고 내가 정신적 건강도를 회복해 나의 재능을 발휘하는 계기가 되었다는 것이다. 이렇게 모든 변화의 출발점이 되는 힘의 원동력은 바로 내 성격이었다. 그렇다! 내가 그렇게도 힘들어하고 싫어하고 닮고 싶지 않았던 나의 성격적 특성이 나를 일으켜 세우는 가장 큰 힘이자 자산이 된 것이다.

이것은 모든 성격은 장·단점이 있으며 건강한 성격을 유지할 때 성장한다는 것을 의미한다. 이것이 바로 성격자본에 주목하는 계기가 되었고 성격자본이라는 개념이 탄생한 이유다. 성격자본, 이 용어는 내가 이 책을 쓰는 목적이자 이 책의 내용을 가장 쉽게 이해할 수 있는 유일한 단어다. 나는 내 성격이 가장 가치 있는 건전자본임을 깊이 체험했다. 그리고 에니어그램은 남들과 다른 독특함에 집착함으로써 괴로움과 부적응에 시달려야 했던 내 성격이 창조적 결과물을 만들어내는, 보석과 같은 소중한 자본이 된다는 것을 일깨워주었다.

지금까지 성격과 성격자본, 에니어그램의 관련성에 대해 알아보았다. 이제 성격자본의 의미를 더 구체적으로 나누어보자. 성격자본은 개인의 고유한 특성, 즉 성격이 자본이 된다는 말이다. 다시 말해 성격자본은 성격을 자본으로 인식하고 자본화해 생산적인 결과물을 창출한다는 말이다. 즉, 성격이 능력이고 경쟁력이라는 말이다. 그것은 성격이 생겨난 원인이 외부에 저항할수 있는 자생력을 길러 생긴 것이기 때문이다. 그렇다면 성격자본의 구성 요소는 무엇일까?

성격자본은 개인의 성격적 특성을 말한다. 이 책은 에니어그램에 기반한다고 앞에서 말했다. 따라서 이론을 간단히 언급하면 에니어그램에서는 인간의 성격 유형을 생각하고 느끼고 행동하는 머리, 가슴, 장형이라는 3가지 힘의 중심과 9가지 세부 유형으로 분류한다.

즉, 이 3가지 힘의 중심과 9가지 유형의 성격적 특성이 가장 중요한 성격자본인 것이다. 9가지 고유한 성격 특성은 과감성, 전체성, 완벽성, 친밀성, 효율성, 독특성, 관찰성, 신중성, 긍정성이다. 이 9가지 특성이 인생의 중요한 자본이 된다는 말이다. 9가지 성격 특성은 다음 장에서 다루기로 한다.

성격은 그것이 좋거나 나쁘거나 맞거나 틀린 것이 아니다. 사람마다 성격이 다르고 장·단점이 있을 뿐이다. 좋은 성격과 나쁜 성격이 따로 있는 것이 아니라는 말이다. 다만 중요한 것은 그 성격의 어떤 점을 발휘하느냐에 따라 그 가치가 엄청나게 달라진다는 것이다. 따라서 성격의 주체인 개인이 정신적 건강도를 유지하는 것이 매우 중요하다.

다시 정리해보자. 성격자본이란 개인의 성격적 특성이며 사람의 정신적 건강도에 따라 좋은 성격과 나쁜 성격으로 나타난다. 따라서 성격의 건강도가 곧 성격자본의 가치를 평가하는 척도다.

인간의 타고난 성격은 쉽게 변하지 않으므로 '성격은 운명을 결정한다'라고 말하기도 한다. 이 책은 변하지 않는 인간의 성격자원을 어떻게 관리·개발하고 인생 자본으로 활용할 것인가에 대한 고민의 흔적이라고 할 수 있다. 그리고 나는 그 해답을 에니어그램에서 찾았으며 그동안 내가 직접 체험한 것들을 이 책에서 소개하고 있다.

기업문화와
성격자본

성격 분석 도구인 에니어그램으로 기업문화를 설명할 때 가장 많이 인용하는 예가 있다. 바로 현대, 삼성, LG그룹이다. 이 기업들을 에니어그램의 성격 특성과 직접 연계하는 것은 부적절하다고 주장하는 사람들도 있다. 하지만 이 기업들의 창업주의 경영철학을 통해 성격을 비교하는 것은 매우 흥미로운 예가 될 것이다.

대기업 전·현직 홍보담당자 모임인 한국 CCO 클럽은 2015년 전국경제인연합회 간행물인 '재계 인사이트' 독자 278명을 대상으로 설문조사를 실시했다. 기업가 정신이 가장 많이 느껴지는 기업인 어록을 묻는 질문에 대한 응답이었다.

그 결과, 정주영 현대그룹 명예회장의 "이봐, 해봤어?"가 기업인 최고 어록에 선정되었다. 2위는 이건희 삼성그룹 회장의 "마누라, 자식 빼고 다 바꿔라", 3위는 김우중 대우그룹 회장의 "세계는 넓고 할 일은 많다"가 차지했다. 박두병 두산그룹 창업주의 "부끄러운 성공보다 좋은 실패를 선택하겠다"와 허창수 GS그룹 회장의 "존경받는 기업이 되어야 한다"가 4, 5위에 올랐다. 그 밖에 구인회 LG그룹 창업주의 "한 번 믿으면 모두 맡겨라"가 10위권에 들었다.

기업인들의 경영철학과 인생관이 녹아있는 어록은 짧지만 강한 생명력이 있기 마련이다. 재계 거목들의 지혜와 열정이 담긴 어록은 곧 기업발전의 원동력이 되었고 오랜 기간 기업문화로 정착되어 면면히 내려오고 있다. 우리나라 대표기업 경영인들의 어록과 성격의 연관성에 대해 알아보자.

첫 번째는 행동형 장형, 불굴의 의지와 도전형 기업가 정신이다. 정주영 현대그룹 명예회장의 "이봐, 해봤어?"라는 말이다. 1984년 충남 서산 간척지 개발사업을 맡은 현대건설은 최종 물막이공사를 앞둔 시점에 방조제용 바위가 거센 바다 물살에 휩쓸려 계속 유실되는 바람에 공사가 진척되지 못하고 있었다.

당시 현장을 방문한 정주영 회장은 폐유조선을 가라앉혀 물길을 잡자는 아이디어를 냈다. 담당자가 '현실성이 없다'라며 머뭇거리자 정 회장은 "이봐, 해봤어?"라고 물으며 "고민만 하지 말고 일단 해보라"라고 말했다. 결국 정 회장의 아이디어는 성공적으로 마무리되었고 공사 기간을 3년이나 앞당길 수 있었다. 이후 그는 이 말을 입버릇처럼 했다고 한다. 뉴욕타임스는 이 공사를 '정주영 공법'이라고 소개하기도 했다.

정주영 회장은 대표적인 행동형, 장형으로 분류된다. '도전'으로 함축되는 그의 기업활동 역정은 수많은 성공 신화를 써왔고 중공업을 기반으로 꾸준히 국내 1위 기업의 자리를 지켜냈다. 행동이 앞서는 장형들은 시행착오를 많이 겪을 수도 있어 운이 따라주어야 성공할 수 있다는 비판도 받는다. 하지만 불굴의 의지와 추진력으로 결과를 만들어내는 장형 현대의 기업정신은 오늘도 그 힘을 발휘하고 있다.

두 번째는 사고형 머리형, 미래를 준비하는 이성형 기업정신이다. 이건희 삼성그룹 회장의 "마누라, 자식 빼고 다 바꿔라"다. 지난 1993년 이 회장이 독일 프랑크푸르트에서 '신경영 선언'을 하면서 변화를 강조한 내용이다.

이 선언에 이어 초일류 기업으로 도약하기 위해 그가 제시한 몇 가지 조치들, 예를 들어 제조 공정 도중 한 부분에 문제가 생기면 전체 라인 가동을 중지하는 라인스톱제, 고객 클레임이 발생하면 3개월 안에 무조건 환불해주는 품질보증제 등은 일반인들의 상상을 초월하는 것이었다. 그는 고위 임원들의 거센 반대에도 과감히 이 조치들을 실행해나갔다. 우리나라 기업 역사상 최대의 충격적 사건이었다.

당시 이건희 회장의 이런 혁신적인 조치에 온 국민이 경악하며 기대 반 우려 반으로 삼성의 행보를 주시했다. 첫째는 재벌 총수라고는 믿기지 않는, 제품에 대한 이 회장의 깊은 실무지식과 강점과 약점을 꿰뚫어보는 통찰력, 둘째는 평소 조용하고 외부에 자신을 잘 드러내지 않던 그가 보여준 엄청난 추진력 때문이었다.

하지만 에니어그램을 아는 사람들은 그를 이해할 수 있다. 그는 원래 그런 사람이고 충분히 그럴 사람이라고 생각한다. 그의 언행에서 나타나는 많은 정황이 그가 대표적인 사고형, 머리형이며 당시 높은 정신적 건강도를 유지하고 있었다고 보기 때문이다.

삼성그룹 창업주 이병철 회장 이래 이건희 회장에 이르기까지 삼성그룹에는 머리형 경영자의 경영철학이 짙게 배어 있다. 이병철 회장의 유지는 '경청'이었다고 한다. 그리고 용인 에버랜드 내에 있는 삼성그룹 연수원 중앙홀에 '집영각'이라는 휘호를 새겨놓았다. 또 이건희 회장의 대표적인 책 제목은 '생각 좀 하며 세상을 보자'다. 그로부터 20년 후 삼성은 마침내 영원한 라이벌 현대를 제치고 국내 1위 기업에 등극했다.

세 번째는 감정형 가슴형, 사람을 중시하는 인화형 기업정신이다. LG그룹은 우리나라의 대표적인 동업자 그룹이다. 사업하는 사람이라면 동업이 얼마나 어려운지 잘 알 것이다. 그런데 무려 57년 동안이나 동업해오면서 국내 대표기업의 위상을 유지해온 것은 세계적으로도 유례가 없다. 이 동업자 정신을 받쳐주는 것은 구 씨와 허 씨 두 가문 수장이 지닌 성격, 기업가 정신이었음은 부인할 수 없는 사실이라 하겠다.

LG그룹은 대표적인 가슴형 기업으로 분류된다. 그것은 허창수 GS 회장의 "존경받는 기업이 되어야 한다", 구인회 회장의 "한 번 믿으면 모두 맡겨라"라는 어록에 잘 나타나 있다. 그리고 '사람'과 '사랑'으로 표현되는 그룹 로고와 이미지, '인화원'이라는 그룹 연수원 명칭 등 곳곳에서 따뜻함과 인간미를 강조하는 기업문화의

혼적들이 느껴진다. 이처럼 LG는 사람과 화합을 중시하는 가슴형 기업문화를 바탕으로 기업 발전과 위상을 유지해왔다. 오랫동안의 동업을 끝내는 시점에서도 자신의 이미지를 중시하는 가슴형 기업답게 아름다운 이별을 택했다는 평가를 받았다.

이 대표적 기업들의 기업 이미지 광고와 홍보 모델들을 살펴보면 그 차이가 확연히 느껴진다. 많은 홍보 광고들이 장형 기업 현대, 머리형 기업 삼성, 가슴형 기업 LG를 연상시킨다.

기업 광고는 기업의 경영전략과 마케팅 조화를 통해 기업 이미지를 창조하는 종합예술이다. 그리고 기업의 광고 마케팅에서 가장 중요한 기준은 경영자의 기업 철학이라고 할 수 있다. 기업 철학은 결국 경영자의 성격에서 나온다고 봐야 한다. 경영자의 성격이 곧 기업문화를 만드는 것이다.

나의 사회생활 중 첫 직장은 광고 마케팅 회사였다. 당시 나는 어려서 이런 기업문화에 대한 시각이 없었던 것 같다. 그런데 아이디어 회의를 할 때마다 기업 사주의 입장에서 생각해보라는 선배들의 말을 수없이 들은 기억이 난다. 그리고 연신 담배 연기를 내뿜으며 창의적 사고를 강요하는 분위기에 질려 1년 만에 회사를 그만두고 말았다.

　그 후 나는 10여 년 동안 한 직장에서 교육업무를 담당하다가 교육 컨설팅 회사를 창업했는데 초기에 많은 어려움을 겪었다. 신생업체가 기존 교육업체들과 경쟁하기에는 인지도와 레퍼런스에서 밀릴 수밖에 없었기 때문이다. '절실한 사람이 우물을 판다'라는 말처럼 나는 차별화를 위해 노력해야 했다. '니즈가 있는 곳에 해결책이 있다'라고 했던가. 고민 끝에 찾아낸 교육 컨설팅 분야의 차별화는 역시 내 전문분야인 '성격'이었다.

　나는 '성격'과 '성격자본' 개념을 기반으로 9가지 컨텐츠를 만들었다. 이 '나인 컨텐츠' 중 기업교육 프로그램은 해당 기업의 기업문화와 직원들의 성격을 다루었다. 그리고 '성격 공감 리더십'이라는 테마로 운영하는 이 프로그램은 나름대로 경쟁력을 갖추게 되었다.

　이후 나는 교육 프로그램을 개발할 때 기업가의 철학과 기업문화를 더 깊이 들여다보게 되었다. 그것이 곧 기업교육과 마케팅의 시작이자 목표이기 때문이다. '나인 컨텐츠'는 다음 장에서 소개하기로 한다.

내가 만난 사람들의
성격자본 이야기

성격자본을 먼저 알아본 것은 역시 기업이었다. 아니, 기업 중에서도 인간 중심의 영업력을 만들어내는 파이낸셜 업계였다. 세상만사가 대부분 그렇겠지만 중요한 모든 일은 항상 우연한 작은 사건에서 시작되는 것 같다.

5년 전 일이다. 나는 어느날 나를 찾아온 한 베테랑 세일즈맨을 통해 새로운 분야인 세일즈에 눈을 뜨게 되었다. 그녀는 고등학교를 졸업한 후 생활고 때문에 대학 진학을 포기하고 궁여지책으로 보험 영업을 시작했다. 그렇게 그녀는 20년 동안 업계에서 잔뼈가 굵은 베테랑으로 억대 연봉자의 '명인' 칭호를 갖고 있었다. 그런 그녀가 심한 우울증에 빠져 고객을 만나는 것이 더이상 즐겁지 않다고 고백했다.

우선 나는 그 명인을 소개받았기 때문에 성격 진단보다 그녀의 살아온 이야기가 더 궁금했다. 그래서 그녀가 세일즈를 처음 시작하게 된 동기부터 듣게 되었고 이야기를 듣다가 놀라운 진실을 알게 되었다. 명인으로서 억대 연봉을 받는 그녀의 세일즈 방법은 특출난 기술이 있었던 것이 아니라 성격대로 영업했다는 사실을 알게 되었다. 그녀는 자기 성격에 맞는 영업 스타일을 구축해 20년

동안 자신과 궁합이 맞는 고객들만 찾아다녔다고 했다. 물론 지금
도 그녀의 일하는 방식은 바뀌지 않았다고 했다. 하지만 성격으로
인한 관계와 갈등의 원인을 이해하게 되면서 한결 즐거운 마음을
갖게 되었다고 한다.

그 사건을 계기로 나는 다른 세일즈 분야 전문가들을 소개받
아 인터뷰를 시작하게 되었다. 실제로 실적이 뛰어난 많은 세일즈
맨과 인터뷰했는데 대부분 영업조직에서 가르쳐준 세일즈 기법보
다 자신의 성격대로 영업해왔음을 알게 되었다. 그 중 보험영업 명
인들의 사례를 들어보면 다음과 같다.

1번 개혁가 유형의 강인한 명인, 그는 입사 후 3년 동안 소액
다건 계약 위주로 개미처럼 열심히 일했지만 소득이 신통치 않았
다. 작은 계약을 하더라도 고객관리에 투입되는 시간과 비용이 만
만치 않았기 때문이다. 게다가 활동량이 많다보니 과로로 건강까
지 나빠졌다. 고민하던 그는 기존 계약자 대부분을 동료에게 과감
히 인계해주고 영업 타깃을 중소기업 경영자로 전환했다. 철두철
미한 그의 성격은 사업에 바빠 은퇴 준비에 소홀한 CEO들의 니즈
와 맞아 떨어졌다.

먼저 첫 만남에서 그는 자신의 능력으로 CEO의 니즈를 해결

해줄 수 있는지를 보여준다. 그러면 3명 중 1명은 다음 만남이 이루어진다. 그는 문제해결 능력으로 인정받는 이런 업무적 비즈니스 형태가 깔끔하고 좋았다. 그 결과, 월 한두 건의 고액계약이 계속 이루어졌고 법인사업자 시장에서 자리를 잡았다. 다시 3년이 지난 현재 3억 원대의 고액 연봉을 유지하고 있다.

2번 조력가 나사랑 명인, 20년 동안 명인급 실적을 꾸준히 유지 중인 그녀의 영업활동 인터뷰 내용이 이색적이었다. 고객이 몇 명이나 되냐고 물었더니 5명이라는 것이었다. 내가 깜짝 놀라자 실제 계약고객은 수백 명이지만 VIP 고객 5명을 중심으로 영업한다는 것이었다. 그리고 주요 고객 5명에 대해 들어보니 모두 나사랑 명인과 같은 조력가 유형이다. 그들은 관계를 중시하고 남을 도와주는 것을 좋아하는 유형이었다. 그리고 소유욕이 강해 도움을 줌으로써 관계를 강화하는 경향이 있다. 그 5명의 소개로 영업한다고 했다. 그런데 주의할 점은 소개받은 사람과 더 친해 보이면 안 된다는 것이었다.

이 유형은 대체로 인간관계의 달인들이 많다. 눈치 백 단, 상대방이 원하는 것을 재빨리 알아차리고 기꺼이 도와주는 인간미가 있다. 하루 내내 함께 대화해도 지겹거나 지칠 줄 모르는 사람들이다. 머리형이나 장형들은 정말 하기 힘든 일이다. 어쨌든 그녀는 자신의 성격과 잘 맞는 고객들을 관리해 나가면서 계속 성장하고 있다.

8번 도전가 유형인 차강한 명인, 그녀는 강남 고급 주상복합 아파트 상가의 대형 피부 미용샵 원장 출신이다. 부자 동네이다보니 피부 미용샵 고객 중에는 부자 사모님들이 많았다. 어느 날 그녀는 거래하던 보험설계사로부터 초대장을 받았다. 회사에서 사업설명회를 하는데 한 번 와보지 않겠느냐는 것이었다. 행사에 와주면 설계사에게 도움이 된다는 말에 배려하는 마음으로 참석했다. 그런데 거기서 마음에 와닿는 말을 듣게 되었다. 이 사업은 사람들에게 베풀 수 있는 일이고 당신과 같은 사업가들이 해야 할 일이라는 것이었다.

자신의 넓은 인맥을 잘 활용하면 해볼 만하다는 생각이 들었다. 회사 부유층 고객용 지원시스템도 마음에 들었다. 그녀의 고객 관리는 선이 굵은 스타일이다. 상대방이 누구더라도 잘 굽히지 않는다. 다정다감하지 않고 명령하듯 상담하다보면 거부감을 가진 고객도 있지만 그런 스타일을 바꿀 수도 바꿀 생각도 없다. 오히려 그런 자신감에 압도되어 잘 따라오는 고객들도 많기 때문이다. 현재 그녀는 보험사업가로 변신해 남들을 당당히 도와주고 베풀며 살고 있다.

나는 인터뷰를 진행하면서 큰 감동을 받은 한편 궁금했다. '저렇게 영업을 잘하는 사람들은 영업을 어떻게 가르칠까?'라는 생각이었다. 그래서 신입 컨설턴트 육성법을 물어보았다. 신입들은 입사 초기 회사에서 제공하는 기본 교육을 받은 후 소속조직에서 선배들을 따라 배우며 일한다고 한다. 그런데 영업을 잘하는 선배들의 방식을 따라하기 어렵다보니 1년도 못 가 그만두는 경우가 절반이 넘는다는 것이었다.

이 명인들은 자신의 성향에 맞는 고객과 영업방식을 찾아 성공했고 자신의 방식대로 후배들을 가르치는 것이 전통이었다. 특히 전문영업을 한다는 영업조직이 더 그랬다. 사람의 성향은 역시 어쩔 수 없다고 생각하니 회의감이 들었다. 그때 문득 호기심이 생겼다. 성격 유형론을 세일즈에 접목해보면 어떨까 생각한 것이다.

나는 에니어그램 분야에 세일즈 적용 사례가 있는지 즉시 찾아보았다. 한국에는 전무했고 미국 기사에서 가끔 비즈니스 에니어그램의 한 영역으로 세일즈와 성격의 관련성을 언급한 내용이 일부 있었다. 나는 더이상 여기 있을 수 없었고 그 해 미국에서 개최된 국제에니어그램협회(IEA) 컨퍼런스에 참석했다. 거기서 각국 에니어그램 전문가들에게서 에니어그램 세일즈 자문을 구하려고 애썼다. 하지만 별다른 정보를 얻지 못하고 돌아왔다.

한국으로 돌아오자마자 나는 세일즈 전문 교육기관을 찾아나섰다. 생각해보면 영업 경험이 없는 나로서는 절박한 심정이었고 무모한 도전이기도 했다. 다행히 지인의 소개로 세일즈 고수들의 강사 양성 과정에 참가할 기회를 얻었다. 그리고 수많은 어려움과 시행착오 끝에 에니어그램 세일즈, 일명 '에세'를 만들었다. 국내 최초의 에니어그램 세일즈 프로그램을 만들어낸 것이다.

'에세'의 시작은 이 성격자본을 만들어내는 신호탄이 되었고 성격자본의 대표적 사례 중 하나다. 이후 내가 보는 세상은 성격자본이라는 프레임이 지배하게 되었다. 이렇게 성격자본은 내게 새로운 세상을 보여주었고 나는 성격자본과 동반자의 길을 걷게 된 것이다.

성격자본 개발과
에니어케이션(Enneacation)

이렇게 성격자본이라는 개념에 눈뜨게 된 나는 에니어그램을 바탕으로 다양한 분야에서 컨텐츠를 생산하기 시작했다. 그래서 지금은 휴일도 없이 바쁘지만 즐겁고 행복한 나날을 보내고 있다. 이 모든 것이 에니어그램이 내게 선사한 축복이라고 생각하며 감사할 뿐이다.

여기서 성격이 우리의 인생자본으로서 어떤 가치가 있는지 생각해보자. 우리가 자신의 성격을 인생자본으로 인식하고 받아들여야 할 이유는 무엇인가? 성격은 인생자본으로서 왜 중요한 의미가 있을까?

그것은 첫째, 성격은 누구에게나 공평하게 주어진 자본이기 때문이다. 부자가 되고 싶은가? 성공하고 싶은가? 그렇다면 당신의 성격부터 알아야 한다. 성격은 당신의 인생에 가장 큰 영향을 미치는 소중한 자원이기 때문이다. 그런데 자신을 아는 사람은 많지 않다. 자신의 성격을 잘 관리할 수 있는 사람은 더더욱 많지 않다. 이 소중한 자원을 극소수만 자본으로 활용하는 것이다. 그러므로 자신을 찾는 사람이 인생의 승자가 될 수 있다. 성격자본은 금광이나 유전의 몇 배, 몇십 배 가치가 있다. 또 성격자원은 모든 사람에게 공평하게 주어진다. 금수저에게도 흙수저에게도 이 자원만큼은 똑같이 주어진다. 다만 깨어있는 사람만 자본으로 활용할 수 있다. 그래서 성격은 인생의 소중한 자본이다.

그리고 둘째, 성격을 알면 사람을 깊이 알 수 있기 때문이다. 성격을 제대로 이해하면 대인관계, 의사결정 과정, 적합한 직업, 일이나 돈을 대하는 태도, 생활습관 등을 알 수 있다. 그 사람이 살아가는 모습이 눈 앞에 펼쳐진다. 그리고 중요한 순간 그가 취할 행동을 알 수 있다. 성격은 삶의 시나리오와 운명을 짐작하게 해준다. 그래서 에니어그램은 고대 정치 · 종교 지도자들의 통치술을 뒷받침하는 비기였으며 극소수에게만 은밀히 구전되어 왔다고 전해진다. 인간의 타고난 본질과 행동 패턴에 대한 연결성과 법칙을 아는 것은 엄청난 가치가 있었을 것이다. 더구나 자신을 통제하는 성격을 넘어 자신과 타인의 성장을 돕고 리드할 수 있다면 세상 그 무엇과도 바꿀 수 없는 자산이었을 것이다.

타고난 천연자원, 성격이라는 자원을 개발하면 무한한 성격자본을 만들어낼 수 있다. 성격은 영원히 마르지 않는 우물과 같기 때문이다. 지금 내 통장에 자본금이 한 푼도 없어도 나는 전혀 걱정하거나 두렵지 않다. 유한한 물질자본에서 해방되었기 때문이다. 그리고 성격자본을 무한대로 활용할 수 있기 때문이다.

여러분은 자신이 누구인지, 나로 인해 생성될 무한한 에너지가 어떻게 생기는지, 얼마가 될 수 있는지 궁금하지 않은가? 다행히 나는 성격 분석가이고 그 과정을 잘 알고 있다. 그리고 이 책은 내가 걸어온 삶의 과정을 통해 성격이 자본으로 축적되는 과정을 보여줄 것이다. 성격이 자본이 되는 시대가 도래한 것이다.

그동안 자본금을 마련하기 위해 힘들게 살아왔다면 이제 자신의 성격자본을 꺼내보길 바란다. 그것은 바로 당신 안에 있고 먼저 알아차리고 쓰는 사람이 주인이다. 앞으로 미래에 오랜 기간 살아 남을 유일한 자본은 성격자본이 될 것이다. 그리고 당신이 그동안 많은 불행을 겪었거나 힘들게 살아왔다면 더 많은 성격자본을 취할 수 있다. 그것이 성격의 메커니즘이기 때문이다. 그래서 이 책은 당신의 불행을 행운으로 바꿔주는 매우 소중한 책이 될 것이다.

오늘은 어제 우리가 그렇게도 오기를 바랐던 내일의 모습이다. 과거에는 상상조차 못 했던 일들이 현실이 되어가고 있다. 그럼 4차산업혁명 시대라고 불리는 오늘 이후 또 다른 내일 밀려올 미래의 새로운 물결은 무엇일까? 그것은 지금까지 내가 계속 반복해 설명한 성격자본이 중요한 키워드 중 하나가 될 것이다. 그리고 성격자본이 다가올 미래세계의 새로운 물결로 불리리라 믿는다. 그것은 인류 문명과 기술이 획기적으로 발전할수록 사람이 중심이 되는 개인화가 더 심화될 것이기 때문이다. 따라서 미래에는 취향이나 성향과 관련된 컨텐츠가 더 많이 주목받을 것이다.

사람의 성향에 기반한 취향 컨텐츠는 개인뿐만 아니라 산업계 전반에 큰 반향을 일으킬 것이다. 그래서 우리는 사람들의 니즈를 더 정교하게 분석하기 위해 노력해야 한다. 기계화와 자동화 시대를 살아가는 사람들은 자신의 니즈에 부합하는 컨텐츠를 통해 고독과 삭막함을 넘어 행복을 느끼고 싶어하기 때문이다.

내가 에니어그램을 통해 추구하는 내 삶의 미션은 '생활 속 에니어그램'을 통해 사람들이 자기다움과 행복을 찾도록 도와주는 것이다. 그런 차원에서 나는 다양한 분야에서 에니어그램을 활용하려는 시도를 해왔고, 그 중심에는 에니어케이션이 있다.

'에니어케이션(Enneacation)'도 내가 만든 신조어다. 에니어케이션은 성격 진단 도구인 에니어그램(Enneagram)과 커뮤니케이션(Communication)의 합성어로 에니어그램으로 소통하자는 뜻이다. 그리고 나는 내 모든 활동 분야에서 에니어케이션을 적용하기 시작했다. 이제 에니어케이션은 이 책의 주제인 성격자본을 개발하는 핵심 툴로 자리잡게 된 것이다.

지금까지 한 이야기가 뜬구름 잡는 자기계발서의 한 대목으로 치부되지 않길 바란다. 성격자본, 이것은 그만큼 내가 절실히 겪으며 찾아낸 자본이고 모두가 이 자본에 귀 기울이길 바라는 마음이기 때문이다.

운명을 결정하는
성격의 비밀

성격이란 무엇인가?

아래 사진을 보자. 한 여성이 서 있고 차가 달려오고 있다. 그리고 차는 그녀를 지나쳐 갔다. 영화에 나올 만한 '히치하이킹' 장면처럼 보인다. 과연 어떤 상황일까?

어느 날 친구 4명이 함께 여행을 떠났다. 새 차를 산 친구가 운전하며 오랜만에 회포를 풀며 드라이브를 즐기고 있었다. 차가 한적한 벌판의 뻥 뚫린 포장도로를 달리고 있을 때였다. 저 멀리 도로 옆에서 한 여성이 손짓하는 것이 아닌가? 한눈에 봐도 8등신 미녀였다. 게다가 검은색 스커트 밖으로 늘씬한 다리를 드러낸 채 차를 세우려고 했다. 가까이 다가갈수록 그녀의 모습은 더 뚜렷해졌다. 그녀의 표정은 뭔가를 갈구하듯 고혹적이고 애절했다.

자, 여러분이라면 과연 어떻게 했을까? 나는 이 사례를 강의할 때마다 수강생들에게 물어보았다. 그런데 차를 세우겠다고 대답한 사람은 지금까지 한 명도 없었다. 물론 4명이 탄 이 차도 그대로 지나갔다. 그런데 곧이어 또 다른 차가 다가왔다. 하지만 그 차도 더 빠른 속도로 달려나갔다. 그렇게 지나가는 차들을 바라보던 그 여성은 탈진한 듯 그대로 길 위에 주저앉고 말았다. 이후 상황은 어떻게 되었을까?

사실은 이랬다. 지난 밤 심한 폭풍이 불었고 그 도로 바로 앞 강 위의 다리가 무너졌다. 기민하고 순발력이 뛰어난 그녀는 강 아래로 곤두박질할 찰나 자신의 차를 겨우 멈춰세웠다. 그것도 모른 채 뒤에서 달려오는 운전자들이 너무 위험한 상황이었고 그녀는 그들을 구하기 위해 필사적으로 노력했다. 그녀의 늘씬한 다리와 허벅지를 드러내고 유혹하는 듯한 행동도 마다하지 않은 것이다. 필사적으로 뒤차를 세우려고 한 것이다. 하지만 차들은 무슨 이유인지 그냥 지나쳤고 그들은 모두 강 아래로 떨어져 죽고 말았다.

운전자들은 왜 그런 행동을 했을까? 그 이유를 물어보면 대답이 다양하다. "차가 고장났나 보다. 하지만 나와 상관없는 일이지.", "함정이면 어떡하지? 틀림없이 위험한 여자일 거야.", "이런 위험한 곳에 왜 나와 있는 거야? 저런 사람은 도와줄 필요가 없어!" 등 여러 가지 생각이 들었을 것이다. 모두 나름대로 분명한 근거가 있다. 그렇다면 왜 그런 생각이 들었을까? 그들은 왜 자신들을 구해주려는 그녀의 애절한 마음과 다른 생각을 했을까? 그것은 그들의 타고난 성향, 즉 성격이 다르기 때문이다.

성격은 세상을 보는 마음속 안경과 같다. 그런데 그 안경은 나름대로 필터가 있어서 해석이 제각각이다. 같은 상황을 보더라도 자기 방식대로 해석하고 그에 따라 다르게 반응한다. 그래서 우리는 얼마나 많은 오해와 편견 속에서 살아가고 있는지 알아야 한다.

성격은 개인의 '지속적이고 일관된 행동 패턴'이라고 말했다. 즉 변하지 않는다는 말이다. 성격을 이해하는 많은 이론과 학설들은 성격이 변한다고 주장하기도 한다. 그런데 이 책에서 소개하는 에니어그램에서 성격은 변하지 않는다고 말한다.

성격은 변하지 않는다. 이 말을 전제로 하면 다음과 같은 결론을 내릴 수 있다. 그들은 왜 죽었는가? 누가 그들을 죽였는가? 그들은 그들의 성격 때문에 죽었다고 할 수 있다. 즉 그들의 성격이 그들을 죽인 것이다. 이것이 성격에 대한 에니어그램의 관점이며 에니어그램에서 말하는 성격과 가장 가까운 의미라고 할 수 있다. 그들은 결정적 순간에 나타난 그들의 습관이나 성격적 특성 때문에 비극적인 최후를 맞은 것이다.

그들이 갖고 있던 비판적 시각, 아집, 교만, 우유부단, 질투, 시기심, 편견 때문에 차를 멈추지 못한 것이다. 이처럼 삶을 바라보는 인간의 방식은 그들의 운명을 결정한다.

'성격(Personality)'이라는 말은 고대 그리스어의 어원인 '페르소나(Persona)'에서 유래되었다. 페르소나는 연극에서 쓰는 가면이다. 인간은 누구나 이 가면을 쓰고 인생을 살아간다는 뜻인데 성격 형성 과정을 잘 표현한 말이라고 할 수 있다. 그렇다면 사람들은 왜 가면을 쓸까? 가면은 성격 형성 과정과 밀접한 관련이 있다. 인간은 누구나 자신의 본 모습, 즉 본질을 잃고 살아가기 때문에 그 불안한 모습을 감추려고 성격이라는 가면을 쓰고 있다는 것이다.

성격이라는 가면은 특정 상황에서 우리를 자동으로 반응하게 만든다. 하지만 우리는 대부분 그 사실을 모른 채 살아간다. 겉에 드러나는 자동적인 반응을 자신의 본 모습이라고 착각하고 살아가고 있는 것이다.

그런데 만약 자신의 그런 행동이 특정 성격의 메커니즘에 의해 움직이는지를 이해한다면 어떨까? 성격에 의해 나타나는 자동적인 반응이 우리를 어떤 위험에 빠뜨리는지 안다면 어떨까? 앞에서 말한 '히치하이킹' 사례처럼 말이다.

우리가 성격의 메커니즘을 이해한다면 성격으로 인한 자동적인 반응을 멈출 수 있다. 우리는 자신의 성격대로 행동하지 않음으로써 자신의 의식을 성장시키고 타인과의 관계를 크게 개선할 수 있게 될 것이다.

자, 그렇다면 성격은 어떻게 만들어질까? 인생의 중요한 미래자본인 성격자본! 그 성격자본을 구성하는 심오한 성격의 탄생 과정 속으로 들어가보자.

성격은 어떻게 만들어 지는가?

"내 성격이 어떤지 다 들여다 보시겠네요?" 내가 에니어그램 전문가로 활동하면서 자주 듣는 말이다. 처음 보는 사람이나 소개받은 사람들 대부분이 첫 대면에서 이런 말을 한다. 내가 성격 분석가라고 하니 아무래도 신경이 쓰이는 모양이다.

그럴 때마다 나는 이렇게 대답한다. "네, 그런데 알 수도 있고 모를 수도 있어요. 성격을 들여다보려면 속을 봐야 하잖아요? 그 속에 들어 있는 손상되지 않은 본래의 성질을 본질이라고 하는데 그것은 겉으로 드러난 성깔과 다르거든요."라고 말하면 "맞아요, 성깔!"이라며 내담자들은 이내 긴장을 풀고 마음을 연다.

에니어그램 강의에서 처음 배우는 것은 성격과 본질에 대한 이해다. 그것은 다른 성격 이론들과 달리 에니어그램에서는 성격과 본질을 확실히 구분하기 때문이다. 인간은 태어나 필연적으로 누구나 겪는 양육 과정에서 적응 기제를 가지며 그로 인해 상처와 결핍이 생긴다. 그리고 이 상처와 결핍을 감싸고 있는 딱딱한 보호막이 형성되는데 그것을 성격이라고 부른다.

에니어그램에서는 이 상처와 결핍 이전의 모습인 순수하고 깨끗하고 손상되지 않은 본질이 존재한다고 말한다. 다시 말해 우리의 내면 가장 깊은 곳에 본질이 존재하지만 성격으로 덮여 있어 보이지 않는다는 것이다.

에니어그램 분야의 세계적인 대가이자 전문가인 돈 리차드 리소와 러스 허드슨은 본질을 덮고 표면적으로 드러나 있는 이 성격을 아스팔트 위에서 굳은 검은 타르에 비유했다. 이 타르는 어둠 자체여서 빛을 찾아볼 수 없다고 말한다. 하지만 검은 타르에 갇힌 우리의 본질은 손상되지 않은 채 생명력을 가진 빛을 간직하고 있다고 한다. 그래서 자신의 내면을 깊이 들여다봄으로써 이 본질을 찾고 회복하는 여정이 에니어그램의 진정한 목표라고 할 수 있다. 그런데 누구나 본질이라는 생명력을 가진 빛이 있지만 성격을 걷어내고 빛을 찾기는 쉽지 않다.

대화가 이런 식으로 흘러가면 내담자들의 머릿속은 복잡해지기 시작한다. 많은 내담자가 "그냥 내 성격대로 살면 안 될까요? 지금까지도 잘 살아왔는데요"라거나 "내 성격을 남에게 보여주는 것이 부담됩니다. 나쁜 성격이면 어떡하죠?", "내 속, 내 마음을 들여다보는 게 너무 두렵습니다"라고 말한다.

물론 나는 이렇게 대답한다. "아, 그럼요, 당신 자신 그대로 살아도 됩니다. 그런데 당신의 성격 때문에 살면서 부딪히는 수많은 갈등과 쓸모없이 소모되는 시간이나 에너지에 대해서는 책임질 수 없군요!" 이렇게 말하면 내담자는 다시 생각하게 된다.

왜 아니겠는가? 충분히 이해한다. 대부분 자신의 성격과 마주하기를 두려워하고 피한다. 하지만 안타까운 점은 그럴수록 성격의 방어전략은 본질의 빛을 더 잃게 만든다는 것이다. 그리고 그 성격이 자신의 진짜 모습인 듯 동일시함으로써 두려움으로부터 자신을 지키려고 한다. 하지만 사실 지켜지는 것이 아니라 타르의 방어막을 더 두껍게 쌓을 뿐이다.

지금까지 성격과 본질에 대해 말했다. 자, 이제 성격과 본질의 개념을 더 구체적으로 알아보자. 다소 이론적이지만 성격과 본질을 확실히 구분하려면 성격의 탄생 과정부터 이해해야 한다.

성격 형성 과정을 이해하려면 두려움, 욕망, 본질 3가지 키워드를 이해해야 한다. 이해를 돕기 위해 '에니어그램의 지혜(리소&허드슨 저)'라는 책의 내용을 일부 인용해 설명하겠다.

먼저 기본적인 두려움에 대해 알아보자. '에니어그램의 지혜'에서는 "성격의 메커니즘은 각 유형의 기본적인 두려움에 의해 움직이고 기본적인 두려움은 어린 시절 본질과의 연결을 잃어서 생긴다"라고 말한다. 이 말은 어떤 부모라도 아기들을 완벽히 충족시키지 못하기 때문에 그 결핍으로 인해 아기들이 본질로부터 떨어져 나감으로써 불안해진다는 말이다.

이 두려움은 어떤 것일까? 이 두려움의 느낌은 '깊은 내면으로부터 올라오는 끊임없는 불안정함'이라고 할 수 있다. 항상 뭔가 부족하거나 잃어버린 느낌, 불안한 그런 느낌이 계속 드는 것이다. 그렇다면 이 기본적인 두려움은 사람마다 어떻게 다를까? 그것은 한마디로 매우 다르다. 심지어 내가 느끼는 극심한 두려움에 대해 친한 친구가 전혀 이해하지 못할 정도로 다르다.

예를 들어, 장형 8번 도전가의 기본적인 두려움은 타인의 통제를 당하는 것이며 가슴형 2번 조력가는 자신이 사랑받지 못할까 봐, 머리형 5번 탐구가는 무지해질까 봐 두려워한다. 그런데 사실 사람들은 유형별로 한 가지 두려움만 느끼는 것은 아니다.

8번 도전가에게도 2번 조력가나 5번 탐구자의 두려움이 있을 수 있다. 하지만 8번 도전가가 다른 유형들과 다른 것은 타인의 통제를 받는 데 대한 두려움이 특히 강해 지나치게 집착한다는 것이다. 이 기본적인 두려움은 기본적인 욕망으로 발전한다.

다음으로 기본적인 욕망에 대해 알아보자. 인간은 타고난 본질을 가지고 태어났다. 그런데 양육 과정에서 그 본질과의 연결이 끊기면서 두려움이 커지고 그것을 극복하기 위해 자연스럽게 기본적인 욕망을 추구하게 된다. 이것을 '에니어그램의 지혜'에서는 "기본적인 두려움을 보상하기 위해 기본적인 욕망이 생긴다. 기본적인 욕망은 우리가 삶을 영위하기 위해 기본적인 두려움에 대항해 스스로 방어하는 방식이다"라고 설명한다.

기본적인 욕망은 기본적인 두려움에 대응하는 일종의 방어 기제이며 모든 인간이 당연히 가진 욕구다. 문제는 우리가 이 기본적인 욕망을 과도하게 추구함으로써 잘못된 방식으로 욕망이 왜곡된다는 것이다.

예를 들어, 8번 도전가는 자신을 보호하려는 욕망이 끊임없는 싸움으로 왜곡되며, 2번 조력가는 사랑받으려는 욕망이 필요한 사람이 되려는 욕구로, 5번 탐구가는 유능해지려는 욕망이 맹목적인 지식 추구로 왜곡되어 나타난다.

이처럼 기본적인 두려움을 극복하려는 지나친 욕망은 집착으로 발전하는데 이 집착이 바로 성격이다. 그러므로 우리는 성격이 진정한 나 자신, 본질이 아님을 알고 일정한 선에서 멈출 수 있는 노력과 훈련이 필요한 것이다.

마지막으로 본질에 대해 알아보자. 본질을 이해하려면 우선 성격과 본질의 관계부터 이해해야 한다. '에니어그램의 지혜'에서는 '성격에 의해 억제된 본질'에 대해 다음과 같이 설명한다. "어린 시절 충족되지 않은 욕구는 우리의 본질적인 정체성을 경험하는 능력을 방해하는 '공백'이 된다. 발달에 방해가 되는 이 공백을 메우기 위해 성격이 형성된다. 우리의 성격은 부러진 팔다리를 보호해주는 깁스와 같다."

성격은 어린 시절의 본질과 분리되면서 생긴 상처와 결핍을 보호해주는 깁스와 같다고 했다. 그런데 성격은 부상 부위의 깁스처럼 우리에게 매우 유용하지만 우리의 본질을 강하게 감싸고 있어 본질을 볼 수 없게 만든다. 이 깁스를 제거하지 않는 이상, 우리는 본질이 아닌 성격대로 살아갈 수밖에 없다.

그렇다면 본질이란 무엇일까? 우리가 태어날 때 가지고 있던 손상되지 않은 나의 참모습, 본질은 과연 어떤 모습일까? 이것은 에니어그램을 처음 접하는 사람이라면 이해하기 쉽지 않지만 키워드로 간단히 소개하면 다음과 같다.

본질의 모습은 강함(Strength, 8번 도전가), 전체성(Wholeness, 9번 화합가), 선함(Goodness, 1번 개혁가), 사랑(Love, 2번 조력가), 가치(Value, 3번 성취가), 정체성(Identity, 4번 예술가), 깨달음(Illumination, 5번 탐구가), 깨어있음(Awakeness, 6번 충성가), 기쁨(Joy, 7번 열정가)이다.

이것들이 에니어그램에서 말하는 9가지 성격 유형 속에 갇힌 본질의 모습이다. 그리고 에니어그램이 진정한 '나 자신'과 '자기다움'을 찾으려는 우리에게 선사하는 특별한 선물이며 이 세상을 빛낼 내 마음속의 가장 아름다운 보석이다. 그런데 우리는 마음속 깊은 곳에 내재한 이 본질을 볼 수 없다.

본질을 보려면 그것을 덮고 있는 시커먼 타르와 같은 단단한 방어의 껍질, 즉 성격이라는 깁스를 제거해야 한다. 그런데 그것은 정말 쉽지 않다. 영화 '마스크'에서 주인공 '짐 캐리'가 마스크를 아무리 벗으려고 해도 벗겨지지 않는 것처럼.

하지만 이렇게 성격과 본질의 개념을 이해하면 진정한 나를 못 보게 가로막은 것이 무엇인지 알 수 있다. 그리고 성격이 자신의 본모습이 아님을 알고 철탑의 담장을 낮추면 자연스럽게 본질이 드러난다. 이것은 우리를 깊은 무의식의 상처를 치유하는 변화에 다가가게 해준다. 예를 들어, 누군가를 방문할 때 꽃이나 선물을 사가지 않더라도 충분히 존중받고 인정받을 수 있는 자신을 발견하는 것이다.

본질을 둘러싼, 성격이라는 껍질을 벗어내면 욕망에 사로잡힌 고단한 삶이 한결 편해진다. 각 유형의 성격 패턴은 모두 본질(참 자아)에서 떨어져 나간 에고(거짓 자아)라고 할 수 있다. 따라서 에니어그램에서 성격과 본질의 이해는 잃어버린 자아를 찾아가는 가장 중요한 개념이다.

나의 인생 면허증은 몇 개인가?

현대는 바야흐로 전문화 시대다. 각종 자격증이 넘쳐난다. 나날이 치열해지는 경쟁사회에서 살아남으려면 남보다 뛰어난 뭔가를 갖추어야 하기 때문일 것이다. 그러다보니 너도나도 자격증 따기에 열심이다.

자격증과 면허증은 무엇이 다를까? 자격증은 일정 자격을 갖춘 사람에게 주는 것이고 면허증은 자격을 갖춘 사람이 특정 업(Job)을 하는 것을 허가하는 것이다. 자격증은 있으면 좋고 없어도 어떤 일을 하는 데 지장이 없지만, 면허가 없으면 그 일을 할 수 없다고 보면 된다. 조리사 자격증이 없더라도 요리를 할 수 있지만 운전면허나 의사면허가 없으면 운전이나 의료행위를 할 수 없다. 그만큼 면허에는 사회적 책임이 따른다. 그래도 우리 사회는 이런 지식이나 기능이 필요한 자격증에 대한 제도적 장치가 잘 갖추어져 있다고 생각된다. 의사, 변호사, 세무사, 교사, 각종 기능사 자격증 등이 그렇다.

사람과 사람 사이에 발생하는 문제를 다루어야 하는 사람들은 어떨까? 직장의 관리자나 가정에서의 배우자나 부모의 입장이 된다면 어떨지 한 번 생각해보자. 우리가 일생을 살아가면서 가장 많은 시간을 보내는 곳은 가정과 직장일 것이다. 그곳에는 역할과 업무는 다르지만 인간관계가 존재한다. 그런데 항상 좋은 관계와 좋지 않은 관계 때문에 문제가 발생한다.

우선 직장생활의 현실은 어떨까? 2019년 한 취업 포털사가 중소기업과 대기업을 대상으로 실시한 설문조사 결과를 보자. 최근 신입사원들의 3년 이내 퇴사율이 급증했다. 첫 직장 퇴사자들의 퇴사 이유는 대인관계 스트레스, 업무 불만족, 연봉 불만족, 복리후생 불만족 순이었다. 또 다른 설문조사를 보면 직장인 10명 중 6명은 직장 안에서 세대 차이를 느끼고 있으며 세대 차이가 업무에 부정적 영향을 미친다고 답했다.

요즘처럼 취업하기 힘든 시대에 취업에 성공했다면 유능한 인재 아닐까? 그런데 많은 젊은이가 정착하지 못하는 것이 현실이다. 그리고 설문 내용을 보면 역시 인간관계를 가장 힘들어한다는 것을 알 수 있다. 결국 소통의 문제다. 사람들이 함께 일하는 조직사회에서는 문제가 있을 수밖에 없고 문제의 해결책도 사람에게서 찾아야 하기 때문이다.

그나마 기업조직에서는 이런 자격요건을 갖추기 위해 노력하고 있다고 본다. 민간기업이나 공무원 조직은 직급이 올라가면 직무교육 외에 사람관리에 필요한 리더십 관련 교육을 실시하고 있다. 하지만 퇴사율이나 직무만족도 통계를 보면 그 실효성에 의문이 들 때가 많다.

우리 가정의 현실은 어떨까? 우리는 성인이 되면 자동으로 선거권이 부여되고 결혼할 수 있고 자녀도 낳아 기르게 된다. 관련 지식이나 경험이 없더라도 제재 요건은 없다. 물론 결혼이나 육아 자격증이나 면허를 따야 하는 나라는 없지만 말이다.

결혼한 부부들의 상황은 어떨까? 육아와 교육, 노후에 대한 부담이 커지면서 결혼 연령은 점점 높아지는 추세이고 결혼을 기피하는 사람이 늘고 있다. 설사 결혼했더라도 대부분 행복하지만은 않은 것 같다. 우리나라의 이혼율은 세계 1, 2위를 다툰다. 오죽하면 부부는 전생의 원수가 만난 사이라는 말도 있지 않은가? 서로 다른 환경에서 수십 년을 살아온 둘 사이에 갈등이 많은 것은 당연하다.

그런데 이것도 자신의 선택에 의한 자신의 책임이라고 생각해야 하지 않을까? 결혼 전에는 가장 매력적이던 배우자의 장점들이 단점으로 나타나며 갈등의 원인이 될 때가 많다. 이것은 세상을 보는 눈이 다르다는 것만 인정하더라도 대부분 해결될 수 있다. 하지만 말처럼 쉽지 않은 것이 문제다.

부부관계뿐만이 아니다. 자녀교육은 어떤가? 우리나라의 자녀교육은 전적으로 부모에게 맡겨져 있다 해도 과언이 아니다. 많은 부모가 자신의 기준과 잣대로 자녀의 미래를 결정하고 싶어한다.

진로지도뿐만 아니라 수많은 자녀가 부모의 '훈육'이라는 이름의 잣대로 가혹한 폭력을 당하는 경우가 수시로 일어나고 있다. 설문조사 결과, 어린 시절 학대를 받은 경험은 훗날 자신도 폭력을 행사할 가능성이 매우 높았다. 대대로 이어질 수 있다는 말이다.

나는 어떤지 생각해보자. 모든 부모가 자녀의 개성을 무시하거나 매질을 하는 것은 아니지만 자식을 키우는 데 미숙한 것은 똑같다. 왜 그럴까? 부끄러운 얘기지만 우리는 어디서도 제대로 배운 적이 없기 때문이다. 자녀는 나와 다른 성향일 수 있고 나와 같은 인격체로서 존중받을 권리가 있다는 사실을 말이다. 하지만 이것도 부모와 자녀가 서로 다른 성향을 타고났다는 점만 인정해도 대부분 해결될 수 있다.

인생을 살다보면 자격이나 면허 없이 중요한 일을 해야 할 때가 있다. 결혼해 배우자나 부모가 되거나 직장에서 승진해 상사가 되는 경우가 그렇다. 그런데 이때 면허증을 확인할 수가 없다.

운전면허를 생각해보자. 우리는 운전면허시험에 합격했을 때의 기쁨을 기억한다. 운전면허는 생명과 관련된 것이므로 까다롭고 어렵기 때문이다. 그래서 음주운전이나 사고를 내면 면허를 정지하거나 취소한다. 하물며 평생을 함께 살아야 하는 배우자나 부모라면 어떨까? 또 직장 상사라면 어떨까? 그들이 잘못을 저지르는 경우는 운전사고에 비할 바가 아니다. 그들의 절대적 영향을 받는 배우자, 자녀, 부하직원에게는 인생이 걸린 중요한 일 아닌가?

당신의 면허증은 몇 개인가? 배우자 면허, 부모 면허, 직장 상사 면허를 제도적으로 지금 당장 만들 수는 없다. 하지만 결혼하기 전에, 자녀를 낳기 전에, 승진하기 전에 스스로 노력할 수는 있다.

앞에서 사람의 성격은 운명을 결정한다고 말했다. 그리고 그것은 모든 사람이 다 다르기 때문이라고 했다. 거기에 정답이 있다. 다른 사람은 나와 다르며 틀린 것이 아니라는 사실을 아는 것이다.

최소한 결혼하기 전에, 자녀를 낳기 전에, 승진하기 전에 서로 성향이 다름을 이해하고 체험하는 교육을 이수하게 할 수는 없을까? 이것이 성격을 알고 배워야 하는 이유다. 그리고 이 책이 그 역할을 대신할 수 있길 기대해본다.

왜 성격을 알아야
하는가?

세상에서 가장 비싼 식사값은 얼마일까? "소크라테스와 점심을 함께 할 수만 있다면 애플이 가진 모든 기술을 그것과 바꾸겠다." 애플의 창업주 스티브 잡스가 세상을 떠나기 전 마지막 인터뷰에서 남긴 말이다.

투자의 귀재이자 세계적 부호인 워런 버핏은 부호 순위뿐만 아니라 자선사업가로서도 세계 1, 2위를 다툰다. 지난 2000년부터 시작된 그와의 자선경매 점심식사는 부자들이 줄을 서서 기다린다. 점심 한 끼의 경매가는 무려 최고 345만 달러에 달했다. 세상의 많은 부자가 이 현인(賢人)과 식사하면서 삶과 사업에 대한 지혜를 얻는 데 돈을 아끼지 않지만 그 기회는 1년에 1명에게만 주어진다.

물론 돈이 많은 부자라면 그를 만날 가능성이 있다. 그보다 만나기 더 어려운 사람이 있을까? 아무리 많은 돈과 큰 권력을 가졌더라도 만나기 어려운 사람은 누구일까? 세상에서 가장 만나기 어려운 사람은 과연 어떤 사람일까? 우리가 일생을 살면서 가장 만나기 어려운 사람은 바로 나 자신이다.

당신 자신을 만나본 적이 있는가? 이런 질문을 받으면 대부분 당황할 것이다. 진정한 자신의 모습을 들여다본 적이 거의 없기 때문이다. 소크라테스의 지혜를 얻고 싶어했던 스티브 잡스는 과연 자신을 찾았을까? 많은 사람의 추앙을 받으며 지식과 경험을 나눠주는 워런 버핏은 또 어떨까? 물론 그것은 알 수 없다. 하지만 나는 아무리 훌륭해 보이는 사람도 자신을 깊이 들여다보지 못한다면 무슨 의미가 있을까 싶다.

한 번 생각해보자. 여러분은 자신을 소개해야 할 자리에 섰을 때 과연 어떻게 하고 있는가? 교육 과정을 운영하거나 상담하면서 자기소개를 시켜보면 대부분 이렇게 말한다.

"제 이름은 나몰라입니다. 고향은 강원도이고 나이는 35세, 한국대학을 졸업하고 딸 하나를 둔 가장입니다. 저는 고등학교 교사이고 집사람은 카페를 운영하고 있습니다 …" 그런데 이런 인적사항 외에 자신이 어떤 사람이라고 생각하는지 구체적으로 말해보라고 하면 매우 당황한다.

맞선을 본다고 가정해보자. 당신은 자신을 어떻게 소개할 것인가? 진정으로 행복한 인생을 꿈꾼다면 상대방의 외적 조건 외에 무엇이 궁금하고 알고 싶을까? 상대방은 나에 대해 무엇이 알고 싶을까? 이 질문에 자신 있게 대답할 수 있다면 당신은 행복할 자격이 있다. 그것은 바로 성격에 관한 것이다.

비즈니스에서도 마찬가지다. 상대방을 설득시켜야 하는 상담이라면 무엇이 가장 중요할까? 물론 내가 제공하는 제품이나 서비스가 탁월하다면 설득할 필요조차 없을 수도 있다. 하지만 경쟁상황이라면 어떨까? 상대방의 니즈와 취향을 안다면 훨씬 도움이 되지 않을까? 이것도 성격에 관한 것이다.

우리는 사람을 다양한 잣대로 비교하고 구분한다. 성공한 사람과 실패한 사람, 배운 사람과 못 배운 사람, 잘난 사람과 못난 사람, 행복한 사람과 불행한 사람 등. 누구나 세상을 살아가면서 '어떤 사람인가?'를 판단하는 기준이 있기 마련이다. 당신은 어떤 기준을 가지고 있는가?

성격 전문가인 나는 에니어그램을 알게 되면서 사람을 보는 기준이 자연스럽게 바뀌었다. 나는 인간이 한 평생을 살면서 진정한 자신의 모습을 아는 사람과 모르는 사람으로 구분된다고 생각한다. 자신이 누구인지, 어떤 사람인지 아는 사람과 모르는 사람 말이다. 내가 다른 사람들과 조금 다른 점은 나 자신에 대해 처절하게 알고 싶었다는 것이다. 그럼에도 불구하고 다 알지 못해 알아가고 있는 것이다.

실제로 많은 사람들이 죽을 때까지 자신이 누구인지 모른 채 살아간다. 그들이야말로 가장 불행한 사람이라고 나는 생각한다. 도대체 사람들은 자신을 만나는 것이 왜 이렇게 힘든 것일까?

그것은 자신을 찾아가는 길을 막고 있는 성격이라는 강(江) 때문이다. 성격이라는 강은 우리 마음속의 고향인 본질을 찾아가는 성문을 둘러싼 강이다. 그런데 아무나 건널 수가 없다. 모든 사람의 마음속에 존재하지만 누구나 볼 수 있는 강이 아니기 때문이다. 보이지 않는 사람은 건널 수가 없는 것이다. 이것이 에니어그램이 말하는 성격과 본질을 쉽게 이해할 수 있는 개념이다.

자신의 성격을 아는 것은 매우 중요하다. 그것은 성격에 대해 깊이 이해할 때 자신뿐만 아니라 타인에게도 큰 영향을 미치기 때문이다. 그리고 그것이 우리가 자신을 찾기 위해 성격을 공부해야 하는 이유다.

많은 사람들이 자신을 찾기 위해 나를 찾아온다. 성격 공부를 하러 오는 것이다. 그리고 사람마다 성격을 배우는 목적이나 목표가 있다. 성격을 공부하는 사람들은 크게 다음 3가지 부류로 나뉜다.

첫째, 사람의 성격적 특성만 이해하는 사람들이다. 그들은 상대방이 어떤 유형의 사람인지 분류하고 판단한다. 그리고 자신의 이해관계에 도움이 되는 사람인지 평가할 뿐이다. 그들은 성격을 배우지 않은 것만 못하고 가장 위험한 사람들이다. '선무당이 사람 잡는다'는 말이 현실이 되는 것이다.

둘째, 성격에 대한 이해를 통해 다른 사람들과의 관계를 개선할 줄 아는 사람들이다. 그들은 적어도 상대방이 나와 다른 사람이라는 것을 이해하고 상대방의 입장에서 생각하는 역지사지(易地思之)의 관계 관리를 할 줄 안다. 그들은 성격의 중요성을 절반쯤 이해하는 사람들이다.

셋째, 성격을 이해함으로써 자신을 사랑할 줄 아는 사람들이다. 일반적으로 사람들은 자신을 사랑하라고 하면 무엇을 더 가지고 채워야 할지부터 생각한다. 하지만 그보다 자신을 있는 그대로 사랑하는 것이 중요하다. 그랬을 때 우리는 자신을 가두었던 틀 안에서 나를 꺼내 사랑할 수 있게 된다. 그리고 비로소 다른 사람도 사랑할 수 있는 성숙한 인간이 되는 것이다.

성격을 공부하는 가장 중요한 목적은 나 자신을 사랑하는 방법을 깨닫는 것이다. 이것이 성격을 배우는 진정한 목적이다. 그리고 이때부터 비로소 성격이라는 자원을 당신의 인생자본으로 바라보는 눈을 뜨게 된다.

이제 자신을 찾으려는 마음이 생겼는가? 내 안에 있는 그대로의 성격을 이해하고 사랑하고 싶은 마음이 생겼는가? 그렇다면 당신은 그것만으로도 이미 이 세상에서 1% 안에 들어갈 가능성이 있다고 보면 된다.

이제 당신은 자신이 누구이며 지금 어떻게 살고 있는지 알 수 있다. 그리고 앞으로 어떻게 사는 것이 자기다운 것이고 행복하게 사는 것인지 찾을 수 있다. 나를 찾아가는 여행에 동참할 자격을 갖게 된 것이다. 그 여행의 제목은 '나를 찾아 떠나는 여행'이다.

자기답게 사는 법

오늘 하루도 우리는 열심히 살고 있다. 직장인으로서, 사업가로서, 아이를 키우는 엄마로서, 가장으로서, 미래 사회의 주역이 될 학생으로서 매일 최선을 다한다. 그런데 매일 변화 없이 반복되는 일상 속에서 문득 이런 생각이 들곤 한다. 나는 과연 잘하고 있는 걸까? 과연 성공적인 삶으로 가고 있는 걸까?

지금 하는 일이 내게 맞지도 않는 것 같고 왜 하는지도 모르겠다. 일을 하라고 하니까 하고 할 수밖에 없으니까 한다. 하루에도 몇 번씩 일을 그만두고 싶은 충동을 느낀다. 진정으로 내가 하고 싶은 일을 하고 싶다. 그런데 내게 맞는 일이 무엇인지, 잘할 수 있는 일이 무엇인지조차 잘 모르겠다.

어떤 사람들은 자신이 하고 싶은 일을 하면서 즐겁게 사는 것 같다. 또 어려운 가운데서도 묵묵히 자기 일을 해나가는 사람들을 보면 나 자신이 더 초라해지는 느낌이다. 지금까지 앞만 보고 달려왔는데 미래는 불안할 뿐이다. 나는 과연 잘하고 있는 걸까?

한편으로는 새로운 미래를 꿈꾸며 도전해보고 싶은 마음도 아직 있다. 그동안 잊고 지낸 꿈을 다시 찾고 싶다. 뭔가 좀 더 의미 있는 일을 하고 싶다. 하지만 막상 그만두거나 변화를 갖고 싶어도 용기가 안 난다.

그런데 요즘 젊은이들은 어떤가? 어릴 때부터 부모의 극성스
러운 지원 아래 죽어라 공부해 명문대에 가는 것이 지상목표다.
막상 대학에 가서 부딪치는 현실은 절망에 가깝다. 보이는 거라
곤 온통 취업 관련 정보뿐이다. 전공을 제대로 선택했는지도 판
단이 안 선다. 지금 배우는 과목들이 내게 정말 필요한 것인지조
차 잘 모르겠다.

취업에 불리할까 봐 졸업까지 미루어가면서 노력해보지만 쉽
지 않다. 취업을 꼭 해야만 하는 걸까? 일자리를 탓하지 말고 눈높
이를 낮추라는 말을 들을 때는 자괴감마저 든다. 선배들이 자리를
못 잡고 방황하는 모습을 보면 나의 미래를 보는 것 같아 마음이 착
잡하다.

대학 시절은 세상을 배우고 자기가 하고 싶은 일을 구상하고
친구들을 사귀면서 다양한 경험을 쌓고 시각을 넓혀나가야 할 때
다. 하지만 오늘날의 젊은이들은 그럴 시간과 마음의 여유가 없다.
항상 벼랑 끝에 서 있는 자신을 바라보면서 무슨 생각을 할까? 한
번 떨어지면 끝장이다. 앞만 보고 계속 달려야 한다. 이때부터 앞만
보고 달리는 경주마 신세가 되는 것이다.

여러분은 어떤가? 여러분의 자녀들은 어떤가? 물론 나와 상관

없을 수도 있다. 과장된 얘기라고 생각할 수도 있다. 하지만 많은 사람이 '인생은 다 그런 것 아닌가?'라면서 순응하며 살아가는 모습이 낯설지 않은 것이 현실이다. 왜 이런 현상이 생기는 걸까?

그것은 우리가 '자기다운' 삶을 살지 못해서이다. 자기답게 살지 못하는 것은 '자기다움'에 대해 배우고 생각하는 경험을 못 했기 때문이다. 그리고 정말 자기답게 사는 멋진 사람들을 보지 못했기 때문이다. 그러다보니 자신에 대해 생각할 겨를이 없었다. 그러다 어느 날 앞만 보고 달려가다가 절벽 앞에 서 있는 자신을 발견하는 것이다. 여기서 한 가지 사례를 들어보자.

내가 존경하는 분 중에 특별한 분이 있다. 행복 강연가이자 문화심리학자인 김정운 교수는 대학 교수직을 내려놓고 그림을 그리는 '나름 화가'다. 그는 지방 도시의 바닷가 횟집을 개조한 화실과 연구실에서 그림과 저술에 몰입 중이다. 그는 교수 시절보다 현재의 삶이 훨씬 더 행복하다고 말한다. 정신적, 물질적으로도 더 풍요로와 보인다.

가끔 펴내는, 그의 인생 철학이 담긴 책은 중량감과 감동이 있다. 출강하는 강연에는 수많은 청중이 삶의 지혜를 듣기 위해 찾아온다. 그리고 그의 그림 낙관에는 특이하게 '오리 가슴'을 찍어 넣었는데 인간의 '오르가즘(Orgasm)'을 대신하는 의미라고 한다. 그리고 인간은 이 전율과 같은 행복을 느끼며 살아야 할 이유가 있다고 말한다. 동물은 번식기 때만 발정하지만 인간은 하루에도 수십 번씩 느낄 수 있기 때문에 무감각해진 삶을 행복하게 회복해야 한다고 말했다. 그래서 '오리 가슴'이구나! 과연 그답다.

이쯤에서 김정운 교수의 성격이 궁금해진다. 에니어그램의 성격 유형론에 의하면 그는 7번 '열정가' 형으로 보인다. 삶의 재미를 쫓아 바쁘게 살아가며 반짝이는 아이디어로 다재다능하지만 구속받기 싫어하고 상상력이 풍부해 감성적이고 에너지가 넘치는 모험가다. 그런 성격 탓에 자신의 행복인 오리 가슴과 정년이 보장된 대학 교수직을 맞바꾸었는지도 모른다. 에니어그램은 이렇게 상대방의 행동에 대한 내적 동기를 이해하거나 다시 생각하도록 도와준다.

성격 전문가로서 나는 김정운 교수를 존경한다. 그것은 그가 자신을 있는 그대로 사랑하는 사람이라고 느끼기 때문이다. 그는 자신이 좋아하고 하고 싶은 일을 하고 있다. 그리고 그 일을 통해 사람들에게 긍정적인 영향을 미치고 있다. 나는 그가 성격의 강을 넘어 진정으로 자기다운 삶을 살며 많은 사람에게 행복을 전하는 사람이라고 생각한다.

자, 그럼 자기다움이란 무엇일까? 자신의 고유한 성향, 취향, 고유한 빛깔을 말한다. 구체적으로 자신의 정체성, 특성, 장점, 단점 등이다. 그리고 자기다운 삶이란 자신의 고유한 빛깔을 찾는 것이다. 나는 어떤 사람인지, 남들과 다른 나는 누구인지, 무엇을 좋아하고 무엇을 잘하는지, 내가 그 일을 왜 해야 하는지, 어떤 삶이 의미 있는 삶인지, 이 세상에 내가 왜 존재하는지에 대해 정의를 내리는 것이다. 한마디로 자기 몸에 맞는 옷을 입는 것이다.

나는 이 자기다움을 '자기 성격다움'이라고 부른다. 그래서 자기다운 삶이란 한마디로 자기 성격대로 사는 것이다. 사실 자기 성격대로 사는 것이 가장 자기다운 모습이다. 하지만 자기 마음대로 사는 것과는 다른 의미다.

성격대로 사는 것이 자기다움으로 인정받으려면 타인들과 조화를 이루어야 한다. 사람은 누구나 자신의 '성격'이라는 프레임으로 세상을 바라본다. 그리고 성격은 변하지 않는다. 따라서 성격의 이런 메커니즘을 인정하고 받아들일 때 타인과 조화를 이룰 수 있다. 그리고 상대방을 배려해 도와줄 수 있는 마음의 여유가 생기고 그것이 상대방에게 전달되는 것이다.

상담을 하다보면 특히 부부나 연인관계에서 사소한 오해가 큰 사건으로 발전하는 경우를 많이 본다. 냉면이나 치킨을 먹다가 서로 오해해 헤어지게 되었다는 유명한 사례도 있다. 그것은 대부분 상대방의 행동 이면에 있는 동기를 몰랐기 때문이다. 그리고 세상을 바라보는 프레임이 서로 다르다는 것을 인정하지 않았기 때문이다. 그럼으로써 특정 상황에서 본능적으로 나타나는 자동적인 반응을 멈출 수 없었던 것이다.

이때 에니어그램을 알면 도움이 된다. 에니어그램을 알면 사람의 행동 동기를 이해할 수 있기 때문이다. 나는 매우 예민하고 독특함을 추구하는 성격으로 사회생활에서 많은 어려움을 겪었다. 그런데 에니어그램을 만난 후로 새로운 삶을 살고 있다. 에니어그램이라는 성찰 도구가 내게 없었다면 나는 아직도 내 성격의 틀 속에 갇혀 우울증에 시달리면서 세상을 원망하며 피해의식 속에서 살고 있을 것이다.

이제 결론을 내려보자. 이제 어떡할 것인가? 우리는 누구나 행복하게 살기를 원한다. 그런데 많은 사람이 더 많이 가지는 것이 행복이라고 생각한다. 또 어떤 사람들은 버려야 행복할 수 있다고 말한다. 그러나 소유나 무소유의 개념보다 관점을 조금만 바꾸어보자. 우리 자신, 궁극적으로 나 자신에게 초점을 맞추어보자.

그것은 바로 자기다움을 찾는 것이다. 우리가 진정으로 행복하게 산다는 것은 자기답게 사는 것이고 행복한 삶이란 자기다운 삶이다. 자기답게 살려면 어떡해야 할까? 우선 자신을 들여다보아야 한다. 그리고 자신의 성격, 나아가 자신의 참모습(본질)을 발견하고 자기가 하는 일에 가치와 의미를 부여할 수 있어야 한다. 그것이 자기다운 삶이다.

에니어그램은 자신이 어떤 사람이며 자기다움은 어떤 것인지 알게 해주고 어떻게 하는 것이 자기답게 살고 행복해지는지에 대한 통찰을 가져다준다. 그럼으로써 우리는 자신의 정체성을 확인하고 자신만의 관점을 정립할 수 있다. 이렇게 우리는 에니어그램의 지혜를 통해 성장할 수 있다.

03

성격자본의 기반 '에니어그램'

성격진단 도구들
– DISC, MBTI, TA, ENNEAGRAM

사람의 성격을 이해하고 진단하는 도구는 수없이 많다. 그 중 가장 널리 알려지고 사용되는 것은 DISC, MBTI, TA(교류 분석), 에니어그램이다. 이 진단 도구들은 모두 전 세계적으로 보급되어 그 효과가 검증된 것들이다. 따라서 그 효과성을 비교해 순위를 매기기는 쉽지 않다. 다만 각 도구는 장·단점이 있으며 적용 대상자에 따라 유용성이 달라질 수 있다. 각 도구의 유래, 특성, 구조, 장·단점을 살펴보면 다음과 같다.

DISC

DISC는 1928년 미국의 윌리엄 마스톤(William M. Marston)이 개발했다. DISC는 인간의 행동 유형 진단 도구다. 상대방을 한 눈에 알 수 있는 쉽고 탁월한 심리 도구다.

DISC 행동 유형 모형은 속도와 우선순위에 따라 4가지 행동 특성으로 나뉜다. 주도형(Dominance, D형), 사교형(Influence, I형), 안정형(Steadiness, S형), 신중형(Conscientiousness, C형)이 그것이다. 주도형(D형)은 경쟁적이고 지시적이며 사교형(I형)은 말이 많고 사교적이다. 그리고 안정형(S형)은 수용적이고 실천적이며 신중형(C형)은 평가적이고 사색적이다.

DISC의 장점은 행동을 통해 사람의 성격을 쉽게 설명하고 검사가 간편하다는 것이다. 반면, 인간의 행동 특성이므로 내면을 이해하는 데 부족한 것이 단점이다. DISC는 전 세계에 그 효과성이 입증된 도구다. 한국에서는 1992년부터 개인 행동유형 진단 도구 PPS(Personal Profile System)가 개발되어 기업체 임직원 연수 프로그램으로 활용되고 있다.

MBTI

심리학의 대부, 칼 융(Carl Jung)의 심리 유형론을 바탕으로 마이어스 브릭스와 캐더린 브릭스가 무려 70여 년 동안 3대에 걸쳐 개발한, 인간 이해를 위한 성격 검사 도구다.

MBTI에서는 인간의 성격은 4가지 기준의 선호 경향에 따라 결정된다고 한다. 에너지 방향에 따라 외향형(Extraversion, E)과 내향형(Introversion, I)으로, 정보수집 방법에 따라 감각형(Sensing, S)과 직관형(Intuition, N), 의사결정 기능에 따라 사고형(Thinking, T)과 감정형(Feeling, F)으로, 생활양식에 따라 판단형(Judging, J)과 인식형(Perceiving, P)으로 나뉜다.

이 4가지 선호 경향을 조합해 4×4=16, 16가지 성격 유형으로 분류된다. 이때 어떤 기능과 기질을 주로 취하는가에 따라 성격 유형이 달라진다.

MBTI의 장점은 사용하기가 쉽고, 많은 대상을 한꺼번에 분석할 수 있어 단기간에 학습이 가능하다는 것이다. 경험에 의한 성격 유형이므로 설명이 친근하고 같은 유형끼리 공감대 형성이 쉽다. 반면, 너무 많은 변수 때문에 헷갈리고 성격 유형이 변화할 가능성이 있다는 것이 단점이다.

MBTI는 각종 연수 및 집단 상담에 널리 사용되고 있으며 직무적성과 인간관계 개선에 유용하게 활용된다. 현재 전 세계에서 가장 많이 쓰이는 성격 검사 도구로 알려져 있다.

TA(교류 분석)

1957년 정신과 의사 에릭 번(Eric Berne)이 창안한 인본주의적 인간관에 기반한 성격 이론이다. TA는 프로이트(Freud)의 정신분석 이론에서 출발한다. 에릭 번은 환자의 대화, 행동 등을 관찰해 연구의 기초를 마련했고 어려운 정신분석 이론을 쉽게 활용할 수 있도록 심리치료법으로 개발했다. 교류 분석은 한마디로 인간관계의 교류를 분석하는 것으로 인간관계가 존재하는 모든 장면에 적용할 수 있는 이론이다.

에릭 번은 환자의 대화와 행동을 관찰한 결과, 사람의 마음은 어른의 상태일 때, 어린이 같은 상태일 때, 부모와 같은 상태일 때가 있다는 사실을 알아냈다. 그래서 마음의 구조를 설명할 때 PAC라는 3가지 자아로 부르기로 했다.

P는 부모 자아(Parent, P), A는 성인 자아(Adult, A), C는 어린이 자아(Child, C)를 뜻한다. P는 부모의 마음으로서 '가르치는 나'이고 A는 성인의 마음으로서 '생각하는 나', C는 어린이의 마음으로서 '느끼는 나'를 말한다.

TA는 이 가설을 기반으로 ① 자아 상태 분석, ② 대화 분석, ③ 스트로크(Stroke), ④ 인생의 태도, ⑤ 게임(Game) 분석, ⑥ 각본 분석 분야에서 인간관계의 교류를 분석하는 일종의 성격이론 체계인 동시에 심리치료 기법이라고 할 수 있다.

TA의 장점은 DISC나 MBTI에 비해 인간의 내적 자아에 더 가까우며 대인관계 개선이 쉽다는 것이다. 반면, 주요 개념들이 어렵고 추상적이어서 지적능력이 낮은 사람은 이해하기 어려울 수 있다는 것이 단점이다.

TA는 상담가나 목회자들의 심리상담 치료 기법으로 매우 유용하며 기업이나 조직구성원들의 자기계발, 리더십, 대인능력 개발, 동기부여, 인간관계 개선, 원활한 커뮤니케이션 등에 다양하게 활용된다.

에니어그램

에니어그램(Enneagram)의 어원은 그리스어 '에니어(Ennea)'라는 숫자 9와 '그림, 점'을 뜻하는 '그라모스(Grammos)'의 합성어로 9개 점으로 이루어진 그림을 뜻한다. 에니어그램은 원과 9개 점, 그리고 그 점들을 잇는 선으로 구성된 단순한 도형이지만 그 안에는 우주의 법칙과 인간 내면의 모든 것이 상징적으로 표현되어 있다. 에니어그램 이론은 한 가지 근원에서 온 것이 아니며 고대 전통에서 비롯된 지혜와 현대 심리학이 결합된 것이다.

에니어그램은 기원전 2,500년 중동지역에서 유래했다고 전해지며 정확한 기원은 알 수 없다. 1920년경 러시아 신비주의 학자 조지 이바노비치 구르지예프(Gurdzhiev)가 서방세계에 소개한 이후 1970년대 이카조(Ichazo)와 정신과 의사 나란조(Naranjo)가 미국에 전파했으며 우리나라에는 1990년대 소개되었다. 현대에는 돈 리차드 리소(Don Richard Riso)와 러스 허드슨(Russ Hudson)이 성격 진단 검사지를 개발해 발전시켰다.

에니어그램은 모든 인간은 9가지 본질이 있고 그 중 하나를 가지고 태어난다는 것을 전제로 한다. 에니어그램의 구조를 살펴보면 먼저 본능적인 에너지의 원천을 머리형, 가슴형, 장형 3가지 힘의 중심으로 구분한다. 그리고 장형은 8번 도전가, 9번 화합가, 1번 개혁가로, 가슴형은 2번 조력가, 3번 성취가, 4번 예술가로, 머리형은 5번 탐구가, 6번 충성가, 7번 열정가로 나뉜다.

에니어그램의 장점은 행동 유형으로 밝힐 수 없는 인간의 내적 동기를 이해할 수 있다는 것이다. 또 내면을 통합해 깊은 영적 도구로 활용할 수도 있다. 단점은 다른 도구에 비해 이론이 어렵고 아직 보편화되지 않았다는 것이다.

에니어그램은 심리치료, 상담뿐만 아니라 교육, 진로지도, 코칭, 경영, 정치, 종교에 이르기까지 폭넓게 활용할 수 있는 성격 도구다. 미국 스탠포드, 로욜라, 타우슨, 토론토 대학이 강좌를 개설하고 있으며 GE, AT&T, 제록스 등 글로벌 기업의 인사조직 관리와 비즈니스 코스에 적용하고 있다.

에니어그램의
시스템

에니어그램을 발견한 구르지예프는 에니어그램의 상징이 존재의 모든 것을 관장하는 3가지 부분으로 구성되어 있다고 주장했다. 그것은 원, 삼각형, 헥사드(Hexad)로 이 3가지 도형을 결합하면 오늘날 사용하는 에니어그램의 상징이 된다. 이것은 전체성(원)과 3가지 힘(삼각형)이 어떻게 상호작용해 그 결과가 얻어졌고 그것이 어떻게 계속 변화·진화하는지(헥사드)를 보여준다.

첫 번째는 원(Circle)이다. '우주의 만다라'라고 한다. 원은 통합, 전체, 단일성을 가리키며 신은 하나임을 상징한다. 원은 하나의 선으로 이루어진 도형으로 모든 것은 하나로 귀결된다는 '1의 법칙'을 내포한다. 9가지 성격 유형은 하나로 통합됨을 상징적으로 표현하고 있다.

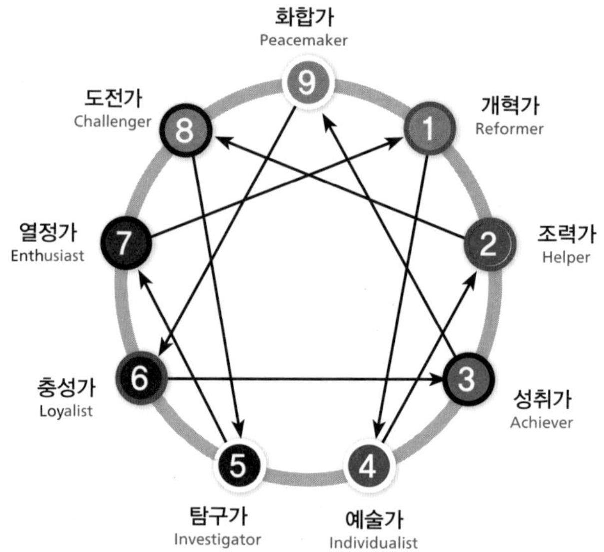

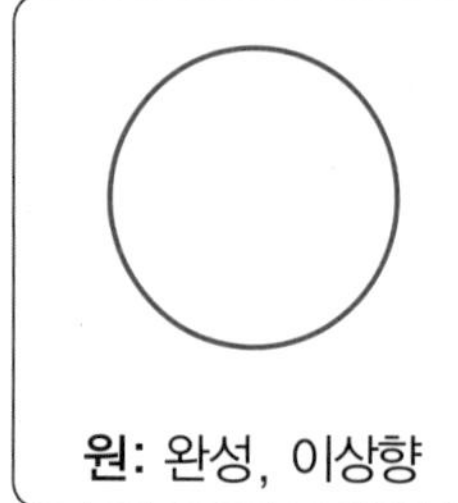

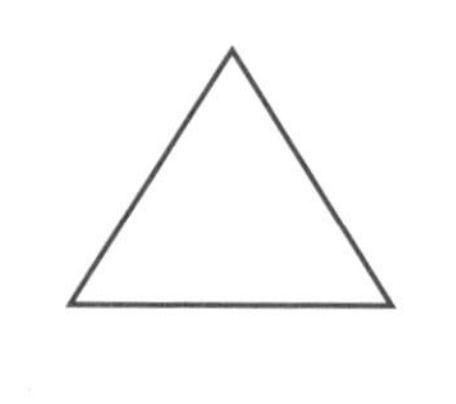

두 번째는 삼각형(Triangle)이다. 기독교의 삼위일체(성부, 성자, 성신), 불교의 불, 법, 승, 도교의 천, 지, 인 등 세계의 주요 종교들도 우주가 이원성이 아닌 삼원성에서 생겼다고 한다. 9, 6, 3으로 이어지는 삼각형은 3가지 힘이 균형을 이룰 때 가장 완벽해진다는 '3의 법칙’을 의미한다. 3의 법칙으로 이상적인 인간상에 다다를 수 있음을 표현하고 있다.

세 번째는 헥사드다. 에니어그램의 상징에서 1-4-2-8-5-7로 연결되는 부분이다. 이것은 구르지예프가 명명한 ‘7의 법칙’을 상징하며 존재하는 모든 것은 정체되어 있지 않음을 보여준다. 9가지 성격 유형이 항상 상호작용하며 변화한다는 것을 의미한다. 일주일, 원소 주기율표, 서양 음악의 옥타브도 모두 ‘7의 법칙’에 근거하고 있다.

에니어그램의 구조는 크게 3가지 힘의 중심과 9가지 성격 유형으로 구성된다. 그리고 부속 유형으로 날개, 화살, 발달 수준, 하위 유형이 있다. 힘의 중심은 사람이 살아가면서 얻게 되는 에너지의 근원으로 머리형, 가슴형, 장형 3가지가 있다.

머리형의 내적 정서는 주로 근본적인 두려움이며 사고 중심으로 생각한다. 가슴형의 내적 정서는 주로 수치심이며 감정 중심으로 느낀다. 장형의 내적 정서는 분노이며 주로 본능에 의존해 행동하게 된다.

힘의 중심 센터는 다시 3가지로 나뉘어 9가지로 분류되는데 여기에 성격 명칭과 번호를 붙여 기본 유형이라고 부른다. 장형은 8번(도전가, Challenger), 9번(화합가, Peacemaker), 1번(개혁가, Reformer)으로, 가슴형은 2번(조력가, Helper), 3번(성취가, Achiever), 4번(예술가, Individual-ist)으로, 머리형은 5번(탐구가, Investigator), 6번(충성가, Loyalist), 7번(열정가, Enthusiast)으로 나뉜다. 유형을 번호로 지칭하는 것은 연령, 성별, 지역과 상관없이 동등하다는 중성적 의미를 담고 있다.

날개는 기본 유형의 양 옆에 있는 두 유형이다. 그 중 점수가 높은 유형을 우세한 날개라고 하며 기본 유형이 균형적으로 발전하도록 도와준다. 어떤 날개를 쓰느냐에 따라 성격이 다르게 보인다.

화살은 인간의 역동적인 성격 변형의 흐름을 말한다. 건강할 때는 에너지가 화살표 반대 방향으로 향하는데 이때는 해당 유형의 장점을 닮게 된다. 반면, 불건강할 때는 에너지가 화살표 방향으로 향하며 이때는 해당 유형의 단점을 닮게 된다. 따라서 자신이나 타인의 에너지 흐름과 행동을 예측하는 데 매우 유용하다.

마지막으로 성격의 발달 수준은 성격의 건강도를 말하며 1~9 단계로 나뉜다. 발달 수준은 크게 건강한 범위(1~3 수준), 평균 범위(4~6 수준), 불건강한 범위(7~9 수준)로 구분하며 개인이 자신의 성격과 진정한 자신을 얼마나 동일시하고 있는가를 보여준다.

또 다른 부속 유형으로 하위 본능이 있다. 하위 본능은 자기보존 유형, 사회적 유형, 일대일 유형 3가지로 구분되며 좀 더 깊이 있게 유형을 탐색할 수 있다. 에니어그램은 이렇게 개인의 성격을 깊이 있게 알고자 할 때 탁월함을 발휘하는 도구다.

에니어그램의
차별성

국내에서 사용 중인 유명한 성격 도구들이 많이 있다. 그 중 특히 에니어그램은 인간의 겉모습이 아닌 속마음을 읽는 도구로 다른 성격 진단 프로그램을 뛰어넘는 독보적인 차별성이 있다.

첫째, 에니어그램의 독창적인 시스템이다. 에니어그램의 원형은 3가지 이상의 도형이 합쳐진 형상으로 이 시스템을 이해하면 삼라만상의 의미를 풀어낼 수 있을 만큼 신비스럽다. 원은 단일성, 합일, 완전함을 뜻하며 삼각형은 원 안에서 조화와 균형을 이룰 수 있는 안정감을, 헥사드는 방향성과 연속성을 의미하며 9가지 성격 유형이 항상 상호작용하고 역동적으로 변화한다는 것을 표현하고 있다. 에니어그램 외에 어떤 성격 도구도 이렇게 완벽한 시스템을 가지고 있지 않다.

　둘째, 에니어그램의 깊이다. 에니어그램은 활용되는 성격 도구 중 역사가 가장 오래되고 강력한 자기성찰 도구다. 성격의 겉모습인 행동의 내적 동기를 이해함으로써 근본적인 관계개선이 가능하다. 또 다른 성격 도구와 달리 그 깊이를 더해주는 것이 의식 수준이다. 타계한 돈 리차드 리소는 인간의 의식세계를 건강도에 따라 1~9의 수준별로 밝혀내 에니어그램의 발전을 한 단계 높였다. 에니어그램의 수평적, 수직적 구조와 깊이를 어떤 성격 도구도 따라갈 수 없다.

　셋째, 에니어그램의 규칙이다. 한 번 찾은 자신의 성격 유형은 변하지 않는다는 불변성과 1~9라는 숫자로 표시한 상징성이다. 에니어그램에서 성격 유형을 숫자로 표현하는 것은 전 인류가 숫자 앞에서 동등하다는 객관성과 중립성을 의미한다. 그리고 10여 년 동안 에니어그램 교육을 해오면서 수강생이 자신의 번호를 잊어버린 사례를 단 한 번도 볼 수 없었다. 그만큼 숫자가 쉽게 받아들여진다는 뜻이다. 예를 들어, MBTI의 경우, 복잡한 영어표기를 외우기가 쉽지 않고 자기 유형을 잘 기억하지 못하는 것이 사실이다.

　넷째, 에니어그램의 역동성이다. 에니어그램은 그밖에도 부속 유형으로 발달 수준, 날개, 화살 이론이 있다. 이것은 자신의 성장이나 타인을 코칭할 때 매우 강력한 힘을 발휘한다. 단순히 성격을 알고 대인관계를 개선하는 데 그치지 않는다. 현재 건강도와 날개의 활용 상태를 인지하고 자기 성격의 성장과 퇴보 방향을 예측할 수 있다. 이것은 에니어그램이 매우 역동적이라는 것이다. 에니어그램의 성격 유형들은 살아 있는 생명체처럼 항상 움직이며 변화한다. 그래서 에니어그램의 원형을 보고 있으면 그런 역동적인 움직임을 느낄 수 있다. 따라서 사람이 어떻게 변화하는지 예측 가능하고 효과적으로 커뮤니케이션할 수 있다. 이것이 에니어그램이 다른 성격 유형론들과 가장 다른 점이다.

성격 분석가로 활동 중인 나는 수많은 성격 도구를 경험했다. 물론 사용 목적에 따라 분명히 장·단점이 있을 것이다. 그런데 에니어그램의 통합적이고 완벽한 시스템의 우수성은 다른 어떤 도구와도 비교할 수 없다고 자신 있게 말할 수 있다.

전세계 에니어그램 진단법

사람의 성격 유형을 진단하는 방법은 여러 가지다. 그 중 가장 대중적으로 널리 사용하는 것은 진단 설문지를 활용하는 방법이다. 이 방법은 가장 간편하고 실용적이지만 여전히 그 한계가 있을 수밖에 없다. 스스로 설문을 읽고 답하는 진단 방식이므로 자기 진술의 정확도에 따라 결과도 달라지기 때문이다.

내가 에니어그램 진단지 개발을 적극적으로 시작하게 된 것은 기업체 강의를 시작하면서부터다. 기업체 강의 의뢰가 들어왔을 때 가장 어려운 점은 수강생의 성향 진단을 어떻게 할 것인가다.

기업체의 강연 요청은 일반적으로 시간적인 여유가 별로 없다. 그런데 기존 진단지는 81문항 이상으로 설문 진단시간과 답지에 옮기는 시간, 해설 시간까지 최소 1시간은 소요되다보니 절대적인 강의시간이 부족하다. 그렇다고 진단을 생략하는 것은 강의의 의미 자체가 반감되는 것이므로 가장 큰 고민이라고 할 수 있다.

이 문제를 해결하기 위해 전 세계에서 사용되는 에니어그램 검사지를 수집했다. 우선 미국에서 주로 사용하는, 돈 리차드 리소와 러스 허드슨이 최초로 개발한 RHETI 검사지는 문항 수가 무려 144문항이고 진단시간만 40분이 넘는다.

미국은 주로 리소&허드슨 기관의 RHETI, 일본은 RHETI를 일본어로 번역한 진단지를 일본 에니어그램협회에서 사용했고 유럽은 에니어그램의 구루인 헬렌 팔머, 나란조 등의 진단지를 사용하고 있었다. 한국은 RHETI 검사지를 토대로 한국식으로 개발한 81문항이나 90문항을 주로 사용하고 있었는데 그래도 30분은 족히 걸렸다.

그밖에도 협회와 각 유관기관들이 사용하는 모든 국내·외 진단지를 수집·분석했다. 그 중에는 정말 매우 실망스러운 진단지들도 있었다. 유명 전문 교육기관에서도 설문 문항에 오류가 있는 진단지를 그대로 쓰고 있는 경우도 있었다. 교육을 받고도 자신의 성격 유형을 찾지 못해 다시 배우는 사례들은 이 진단지의 영향 때문이라고 추측해본다.

결국 한국의 기업교육 실정에 더 적합한 진단지를 만들어야겠다고 판단했다. 2016년 나는 새로운 검사지 개발을 시작해 3년 후인 2019년에 완성했다. 진단시간을 단축하기 위해 불안하지만 설문을 45문항으로 줄였다.

우선 한 유형당 5문항으로 정확한 성격 특성과 요소들을 추려내 적절한 문항을 만들어야 했다. 그렇게 완성한 45문항으로 무려 3년 동안 기업체와 상담자들을 대상으로 임상 테스트를 지속적으로 실시했다. 짧은 문항으로 변별력을 높이기 위해서는 많은 테스트를 거쳐 잘못된 문항을 수정하고 걸러내면서 신뢰도를 높여야 했기 때문이다.

처음 45문항 진단지를 사용했을 때 반응은 별로 호의적이지 않았다. 사용자들은 크게 문제 삼지 않고 잘 따라주었지만 특히 에니어그램 전문가나 강사들이 그랬다. 아무래도 설문 문항이 많아야 더 정확하지 않겠느냐고 생각한 것이다. 충분히 그럴 수 있지만 문항 수가 줄어들면 정확도도 반드시 비례해 떨어지는 것은 아니라고 나는 생각한다.

수년 동안 내가 사용해본 결과, 그런 새로운 시도와 노력은 헛되지 않았다고 본다. 45문항이면 충분히 유의미한 진단 결과를 도출할 수 있다고 본다. 실제로 기존 진단지를 통한 진단 결과보다 더 정확했고 성격 진단에 걸리던 시간을 15분 이내로 단축시키는 데도 성공했다.

물론 진단 대상자에 따라 편차는 있겠지만 기업교육 참가자들은 20분 안에 에니어그램 성격검사를 끝내고 분석표인 프로파일을 읽고 설명할 수 있는 나머지 시간을 확보하게 만들었다.

그렇게 탄생한 에니어그램 성격 진단지 EETI가 45문항용 에니어그램 검사지다. EETI라고 명명한 이유는 빠르게 진단한다는 뜻으로 Easy Enneagram Typing Inventory의 약자인데 이 검사지로 진단을 받은 심리학 박사님들은 이름을 다시 만들 것을 권하셨다.

Easy가 아니라 Excellent Enneagram Typing Inventory라며 극찬해 주셨다.

하지만 짧은 시간 안에 진단할 수 있다는 것이 가장 중요한 것은 아니다. 진단 대상자의 자기인식이 부족하거나 심하게 왜곡된 경우, 진단지는 하나의 기초 데이터일 뿐이기 때문이다. 어쨌든 이 45문항 설문 진단방식은 짧은 시간 안에 간편하게 사용할 수 있다는 장점이 있고 이 진단지는 임상은 물론 통계적 검증을 거쳐 신뢰도도 확보했음을 자부한다.

최근 이렇게 문항 수를 줄여 간편하게 진단하는 교육기관들이 속속 생기고 있다. 그런 방법이 에니어그램의 정통성을 훼손한다고 지적하는 사람들도 있을지 모르지만 나는 더 다양한 형태의 시도가 필요하다고 생각한다. 심지어 나는 10문항 정도의 설문으로 성격 유형을 분석하는 툴을 만들어 적용하기도 했다. 이런 실험이 에니어그램이라는 도구를 우리에게 더 친숙하게 다가오게 할 수 있다면 발전적인 일이라고 생각한다.

실용적인 진단지와
프로파일

프로파일은 성격 유형 진단 후 자신의 유형과 개념을 소개하는 내용, 즉 개인 성격 프로필을 담고 있다. 이 프로파일은 각 교육기관마다 다양하게 제작해 소개하고 있다. 그런데 대부분 내용이 방대해 페이지가 너무 많고 내용도 어려워 처음 접하는 사람들은 빨리 숙지하지 못했다.

심지어 프로파일을 워크북으로 오인해 제작한 교육기관들도 있었다. 게다가 교육현장에서 진단할 때 제값을 주고 사온 프로파일들을 강의실에 버리고 가는 참가자들도 있었다. 오랫동안 교육현장에서 그런 일들을 보면서 항상 문제점들을 보완할 생각을 하곤 했다. 그래서 EETI 45문항용 진단지를 만든 후 이 진단지에 맞는 프로파일 제작을 기획했다. 내용을 최소한으로 줄이고 쉽게 설명해 가독성이 좋고 실용적으로 쓸 수 있도록 제작해야겠다고 판단했다.

그래서 EETIP라는 이름을 붙이고 제작에 들어갔다. 진단지에 답지를 따로 쓰는 방법이 일반적이지만 나는 프로파일 맨 뒷장에 답지를 디자인했다. 그래서 진단지와 프로파일 한 세트만 구입하면 따로 답지를 살 필요가 없고 프로파일 내용을 숙지하면서 자신의 진단 결과를 계속 체크할 수 있게 만들었다. 비용도 절감되었다.

10여 년 동안 에니어그램 강사들을 육성해오면서 진단지 비용 때문에 무단복제하거나 재사용하는 경우들을 보아왔다. 특히 기업체 강의 때는 강의료 외에 진단지 비용을 따로 지원받아야 하지만 실제로 그렇지 못한 경우도 많았다. 그때 자의든 타의든 복제품을 사용해 비용을 서로 절감하는 방법을 택했던 것이다.

나는 이 문제를 해결하기 위해 고민한 끝에 결국 단가를 낮추고 퀄리티를 높이는 매우 모순적인 모험을 감행했다. 나와 함께 일하는 강사들이 내가 만든 진단지를 복제해 쓰는 것은 정말 슬픈 일이기 때문이다. 다행히 나의 그런 마음을 알기라도 하는지 전 직장에서부터 오랫동안 거래해오던 인쇄소 사장님이 원가 공급을 약속해주셨다. 이제 우리 강사들에게 저렴한 가격에 공급해줄 수 있게 된 것이다. 그렇게 제작된 EETIP 프로파일은 매우 심플하게 구성했다.

1면에는 에니어그램 이해를 돕기 위해 맨 먼저 기대효과를 넣었다. 다른 프로파일들은 기대효과가 먼저 나와 있지 않아서 맨 처음에 넣고 싶었다. 그 다음은 에니어그램의 유래, 힘의 중심 순으로 설명했다.

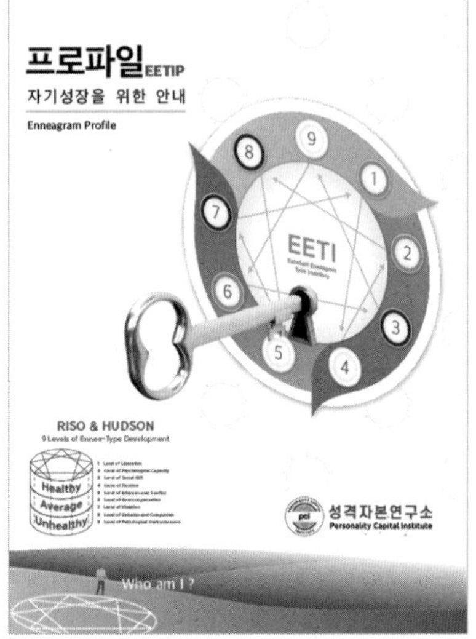

45문항용 에니어그램 성격 검사지 EETI 표지, EETIP 프로파일 표지

2면에는 에니어그램 성격의 구조와 시스템이라는 제목으로 원형을 싣고 상세히 설명해 놓았다. 오래 전 강연 때의 일이다. 기업체의 빔 프로젝트가 고장나 준비한 강의안 파워포인트를 사용할 수 없는 난감한 상황이었다. 그때 준비해간 한 장의 에니어그램 원형 현수막은 4시간 강의를 하는 데 일등공신이 되어주었다. 아무 자료가 없더라도 이 원형이 그려진 현수막 하나만 있으면 에니어그램을 설명하는 데 전혀 지장이 없음을 그때 깨달았고 나는 한 장의 에니어그램 원형에 많은 공을 들였다.

당시 제작한 원형 걸개에 '나비랑'이라는 이름을 붙여주었다. 원형을 디자인한 후 벽에 걸고 들여다보는데 노랑, 빨강, 파랑, 하얀 나비들이 나풀대며 날아오르는 현상을 보고 나비들이 춤추는 것 같아 그렇게 이름 붙인 것이다. 현상학적으로 설명할 수 없었지만 나비랑 걸개를 강사들에게 전파한 후로 나뿐만 아니라 그들에게도 좋은 일들이 일어났다.

그래서 이 '나비랑'을 프로파일 안에도 고스란히 싣고 상세한 설명을 써주었다. 처음 보는 사람도 에니어그램의 구조를 이해할 수 있도록 말이다. 에니어그램의 목적, 핵심 아젠더, 기본 유형, 날개, 화살, 발달 수준과 같은 용어의 해설과 성격의 분류 방식을 심플하게 실었다.

3면에는 9가지 성격 유형의 특성, 상징동물의 이미지, 4면에는 성격의 변형과 칭찬 솔루션, 5면에는 나와 조직의 성장을 위한 셀프 리더십, 6면에는 더불어 살아가는 '연습장'이라는 제목으로 실습 시트지를 넣었다. 그리고 마지막 장에는 성격 유형 진단 답지를 실었다.

내가 만든 이 프로파일은 자기인식이 가능한 사람이라면 나이와 상관없이 사용할 수 있도록 애니메이션을 삽입한 것이 장점이다. 물론 타 교육기관들의 프로파일의 퀄리티가 떨어진다는 말은 당연히 아니다. 나는 성격 유형별 캐릭터를 표현하는 애니메이션에 내 나름의 기준으로 많은 공을 들였다.

특히 성격 유형별 캐릭터 제작을 위해 일러스트레이터와 합숙하면서 함께 작업했다. 내가 이론 교육과 개인 코칭을 직접 해가며 에니어그램을 완벽히 이해시킨 후 작업에 들어가 9가지 캐릭터를 완전히 살아 움직이게 만들 수 있었다. 그렇게 탄생한 캐릭터들의 표정이나 행동이 각 성격 유형을 잘 표현해 만족스럽다.

동종업계 전문가들도 애니메이션만 보아도 성격의 변형을 이해하는 데 도움이 된다는 과분한 평가를 해주었다. 이것도 나의 독특하고 예민한 성격자원이 건강함을 유지할 때 완벽한 결과물을 만들어낸다는 성격자본의 힘이 발휘되는 경험이었다.

2

에니어그램
성격유형 이해

에니어그램에서는 인간의 성격을 3가지 힘의 중심과 9가지 성격유형으로 분류하는데 힘의 중심을 3개의 자아라고 부르기도 한다. 힘의 중심(Power Center)이란 사람이 살아가면서 얻는 에너지의 근원이다.

에니어그램에서 힘의 중심은 머리(Head), 가슴(Heart), 장(Body) 3가지다. 당면한 문제나 급박한 상황에서 본능적으로 이 3가지 신체 기능 중 하나를 주로 사용한다. 머리형은 사고(Think), 가슴형은 감정(Feel), 장형은 본능(Instinct)에 의존해 행동한다. 각 중심은 다시 3개 유형으로 세분화되어 9개 기본 유형(Type)을 이룬다.

장 중심의 사람들은 본능과 직관에 따라 행동하는 행동파이며 식도부터 항문까지 하복부와 소화계에 무게중심이 있다. 주요 관심사는 환경에 대한 저항과 통제이며 그로 인해 독립성을 강하게 추구한다. 이들이 주로 느끼는 감정은 분노다. 장형은 다시 8번 도전가, 9번 화합가, 1번 개혁가로 나뉜다.

가슴 중심의 사람들은 감정의 흐름에 따라 행동하는 감성파이며 심장을 비롯한 순환계에 무게중심이 있다. 주요 관심사는 자아 이미지와 인간관계이며 타인의 인정과 사랑을 받고 싶어한다. 이들이 주로 느끼는 감정은 수치심이다. 가슴형은 다시 2번 조력가, 3

번 성취가, 4번 예술가로 나뉜다.

　머리 중심의 사람들은 분석적 사고를 통해 행동하는 이성파로 뇌와 신경계에 무게중심이 있다. 주요 관심사는 객관적인 이치와 정보수집이며 안전을 추구한다. 이들이 주로 느끼는 감정은 두려움이다. 머리형은 다시 5번 탐구가, 6번 충성가, 7번 열정가로 나뉜다.

　이제 3가지 힘의 중심과 9가지 성격 유형별 특성에 대해 알아보자. 성격 유형별 특성을 이해하는 데 다양한 기법을 활용할 수 있다. 그 중 특히 드라마 인물 연구가 효과적이다. 그래서 이번 장에서는 드라마 '미생'에 등장했던 주요 인물들의 대사를 일부 원용했다. 짧은 대사 내용이지만 에니어그램의 유형별 캐릭터를 이해하는 데 도움이 되리라 기대한다.

01

장형(Body Center)
본능적으로 행동하는 사람들

힘의 중심과 특징

장형은 본능에 충실히 행동하는 사람들이다. 이들은 에너지의 중심을 장, 즉 배에 두고 있으며 장에서 나오는 에너지로 세상을 살아간다. 배는 본능과 관련 있으므로 이들은 먼저 생각이나 계획을 하기보다 본능적인 느낌에 따라 몸부터 먼저 움직이는 행동파들이다.

세상을 대하는 이들의 방식은 자신의 의지대로 행동하려고 하며 자신이 사람들을 통제하려고 한다. 이들은 타인에게 힘을 행사할 수 있을 때 자신이 존중받는다고 느낀다. 즉 자신의 영역을 확보해 영향력을 미칠 때 존재감을 느낀다. 때로는 세상에 맞서 대항해 자신의 존재감을 얻는다.

장형의 외형적 특징은 풍채가 대체로 좋은 편이라 골격이 건장하며 겉보기에도 단단해 보인다. 목소리도 크고 힘이 있으며 단도직입적이고 직설적인 언어를 많이 사용한다. 장형들의 얼굴 표정을 보면 눈에 힘이 들어가 있다. 장형들은 걸음걸이도 힘차다. 여성은 대자 걸음이나 팔자 걸음으로 걷거나 여장부 같은 느낌이다.

기본 정서

장형이 주로 느끼는 감정은 분노다. 이들은 자신의 내적 의지를 중심으로 움직이며 분노가 행동의 가장 중요한 동기 요인이다. 장형은 다시 8, 9, 1번으로 나뉘며 이들은 분노를 다루기 위해 애쓴다. 8번은 도전가로 분노가 일어나는 대로 표출함으로써 자신의 영역을 지키려고 하며, 9번은 화합가로 분노를 부인함으로써 외부의 힘으로부터 자신을 지키려고 한다. 1번은 개혁가로 스스로 분노를 참고 억제함으로써 분노를 극복하려고 한다.

의사결정 방식

장형은 사람이 아닌 일 중심으로 의사결정을 한다. 타인들의 생각이나 감정보다 자신의 원칙을 고수한다. 이들은 직관이 발달해 판단이 빠르고 자신의 생각을 자신 있게 주장한다. 또 계획하고 생각하는 것보다 경험이나 몸으로 직접 체험하는 것을 중시한다. 사람들과 대화할 때도 공격적이거나 주도적인 자세와 말투로 분위기를 선제적으로 제압한다.

리더, 보스, 보호자, 챔피언, 불도저, 독불장군, 독재자, 브로커, 복수자, 골목대장 (The leader, protector or challenger)

>>>> 당신은 성격자원을 어떻게 개발할 것인가?

건강도

긍정적인 묘사	힘있다, 단호하다, 영향력있다, 원기왕성하다, 자신감있다, 의지가 굳세다, 앞장서다, 존경할 만하다, 용감하다, 대담하다, 솔직하다, 강하다, 진지하다, 독자적이다
부정적인 묘사	거칠다, 앙심을 품는다, 과격하다, 복수한다, 협박한다, 목소리가 크다, 약자를 괴롭힌다, 남의 말을 듣지 않는다, 고집이 세다, 독재적이다, 싸움을 건다, 도발적이다

"최선은 학교에 다닐 때나 대우받는 것이고 직장에서는 결과로만 대접받는다." 이들은 자신감과 적극적으로 밀어붙이는 강한 추진력을 타고났다. 현실적이며 과업지향적이다. 자기 주장이 강하며 약자를 보호하려는 정의감이 있고 능력도 뛰어나다.

"고양이 목에 누가 방울을 달 것인가?"라는 문제에 대해 용감하게 방울을 달거나 장렬하게 전사하기도 한다. 일단 일을 시작하면 불도저처럼 밀어붙이면서 약한 모습을 보이기 싫어 자신을 벼랑 끝까지 밀어붙여 도전하고 추진해 인간의 한계를 극복하려는 강한 의지의 소유자다.

"인생은 끊임없는 반복, 반복에 지치지 않는 자가 성취한다. 버텨라. 버티는 게 이기는 거다. 기왕 들어왔으니 어떻게든 버텨봐라. 여기는 버티는 게 이기는 데야. 버틴다는 것은 어떻게든 인생에서 도전해 앞으로 나아가는 것이다." 머리로 분석하거나 감성적으로 표현하기보다 직설적인 화법으로 직감적으로 행동하며 타인의 통제를 받는 것을 참지 못한다.

"처음부터 마음에 안 들었어! 기본도 안 된 놈이 빽 하나 믿고 에스컬레이터 타는 세상. 나는 아직 그런 세상 지지하지 않아." 본능적으로 권위를 남용하거나 부당하게 통제하려는 사람들에게 응징하거나 복수할 수도 있다.

"아들 10명은 낳아야 축구팀도 만들 수 있잖아." 실제로 도전가들이 후세를 많이 번성시키고 키우는 데 몸을 많이 쓴다.

도전가의 특징

힘 있는 사람이 되려고 노력하며 자기 주장이 강하고 타인들을 지배하려는 경향이 강하다. 자신감과 결단력이 있어 강한 리더십을 발휘한다. 친구들을 돌봐주고 약자를 보호하며 책임감이 강하다. 분노가 쉽게 폭발하고 직설적이며 공격적이다. 다소 거친면이 있지만 내면은 의외로 순수하고 연약하다. 불건강한 상태에서는 복수심을 불러 일으킬 수도 있다. 반항적이며 타인들이 자신을 통제하려는 것을 싫어해 영역 구분이 확실하다.

이들의 근본적인 두려움은 통제당하는 것이다. 통제당하지 않기 위해 반대로 타인을 통제하는 데 집착한다.

중재자, 협상가, 치유자, 순응자, 평화주의자, 마라토너, 곰탱이, 순둥이
(The peacemaker or mediator)

>>>> 당신은 성격자원을 어떻게 개발할 것인가?

건강도

긍정적인 묘사	인내심 있다, 협상에 능하다, 내색하지 않는다, 용기를 준다, 겸손하다, 안정적이다, 편안함을 준다, 잘 받아들인다, 사정을 고려한다, 관대하다, 평화적이다, 간섭하지 않는다, 부담을 주지 않는다
부정적인 묘사	미룬다, 우유부단하다, 분노를 억압한다, 게으르다, 둔감하다, 분별력이 없다, 헤아리기 어렵다, 산만하다, 공격에 소극적이다, 건망증이 있다

"거래처 관계에서 인심을 잃지 않는 모범적인 사람으로 한마디로 외유내강형 영업맨이라고 이구동성으로 말한다." 인정받고 싶어하는 비즈니스 세계에서도 이들은 항상 뒤에 물러서 있는 것 같다. 자기 생각을 주장하기보다 전체의 조화를 맞추어 타인의 말을 경청하려는 태도가 강하다. 양쪽 입장을 이해해 중재하거나 협상한다. 미련스럽게 참아내며 결국 끝까지 살아남는다. 이 인내와 끈기는 불가능을 가능으로 만드는 창조적 결과를 만들고 흔들리지 않고 자기 효능감을 발휘한다.

"이 모든 것은 사실 제게도 문제가 있습니다. 제가 책임을 다하지 못했습니다. 회사에서 책임을 물어야 할 사람은 바로 저입니다." 겸손함을 넘어 자신감 없이 말하지만 대립하던 양쪽 사람들도 진심으로 이해받는다는 느낌이 들게 해 결국 합의점을 끌어낸다.

"다른 사람들에게 손해를 끼치거나 강요해야 하는 일은 하고 싶지 않아요!" 이런 태도 때문에 게으르고 우유부단해 보이며 문제 해결력이 없어 보인다는 평가도 받는다.

"No라고 말하는 게 힘들어요." 실제로 하고싶은 의사가 전혀 없음에도 '아니오'보다 '예'라고 대답해 '호미로 막을 일을 가래로 막는다'는 말을 듣기도 한다. 편안하고 부드러운 에너지 때문에 가슴형처럼 보일 수 있다. 갈등이 생기면 대응하지 않거나 조용히 사라지는 수동적 공격성을 띤다. 하지만 화가 치밀면 뒤도 안 돌아보는 과감성과 결단력으로 관계를 끊어버릴 수도 있다.

"10년 전 일이지만 내게 큰 상처였고 모든 관계를 정리하는 것으로 그들을 용서할 수 있었습니다." 아무도 그가 10년 전 일로 직장을 그만둔 것이라고는 전혀 생각하지 못했다.

화합가의 특징

9번 화합가 유형은 안정과 평화를 추구하는 사람들이다. 이들은 타인의 말을 잘 들어주고 이해심과 포용력이 있어 사람들이 편하게 여긴다. 편견이 없고 모든 점에서 긍정적으로 보기 때문에 중재를 잘하고 화합하게 만드는 능력이 있다. 속마음은 타인과 갈등을 피하려고 하므로 결정을 못 내리고 우유부단해진다. 드러내지는 않지만 은근히 고집이 있어 속으로 저항하거나 단호한 면도 있다.

이들의 근본적인 두려움은 혼자 남겨지는 것이다. 친구와 동료를 잃지 않기 위해 평화를 유지하는 데 집착한다.

완벽주의자, 도덕주의자, 비평가, 교사, 이상주의자, 사감선생, 교관, 도덕 군자(The perfectionist or reformer)

>>>> 당신은 성격자원을 어떻게 개발할 것인가?

건강도		
↑	**긍정적인 묘사**	진지하다, 책임감 있다, 양심적이다, 정확하다, 시간약속을 잘 지킨다, 정직하다, 근면하다, 도덕적이다, 기준이 높다, 이상주의적이다, 공정하다, 끈기있다, 윤리적이다, 잠재성을 개발한다, 명석함을 추구한다
	부정적인 묘사	비판적이다, 화를 낸다, 날카롭다, 집착한다, 남을 휘두른다, 지나치게 노력한다, 완벽주의적이다, 기대치가 높다, 집요하다, 꼼꼼하다, 엄격하다, 설교적이다, 해야 할 일이 많다, 지나치게 심각하다

"기존 일을 등한시하면서 그 일을 진행하는 것은 용납 못 합니다. 왜인 줄 압니까? 꼭 그런 순간에 안 하던 실수가 나오기 때문입니다." 이들은 매사 양심적으로 옳고 그름을 분별하고 기본을 지키려는 윤리적인 사람들이다. 원칙을 지키려고 노력하며 높은 기준으로 완벽히 잘하고 실수하지 않으려고 노력한다.

"우리 일은 보수적인 사업입니다. 장기간 한 가지 아이템이 조금씩 사업시장에 맞게 변형되기 때문에 우리 팀원은 당장 화려한 언변이나 표현에 능한 사람보다 멀리 묵직하게 끌고 나갈 수 있는 기본기를 갖춘 사람이어야 합니다." 차갑고 냉정한 분위기의 외모, 행동, 성격으로 철두철미한 업무 태도를 고수한다. 자기 부서에 배치된 신입사원에게 배추 숨죽이기, 투명인간 취급하기 등으로 업무 능력과 잘못됨을 개조시킨다. 매우 훌륭하다고 정평이 나 있는 것조차 비판적인 시각으로 바라본다.

"가르치는 선생님 같은 스타일이라고 할까요?" 이들이 아랫사람들로부터 많이 듣는 말이다. 알려주기보다 자신이 깨우치면서 배우길 원하는 스타일이다. 책임감 있게 행동하는 것이 중요해 일에서 근면과 깔끔한 마무리, 적당히 대충 넘어가지 않는다.

"팀에 배치된 후 신입 씨가 맨 먼저 한 일이 뭔지 기억하십니까? 우리 팀에서 신입인 당신이 읽어야 할 파일은 산더미입니다. 그런데 신입 씨는 오자마자 사업계획서부터 들이밀었습니다. 우리 팀 관련 파일들을 읽기도 전에 말이죠. 자신을 드러내고 돋보이고 싶은 의욕이 앞서면 조급해지는 법입니다." 다른 사람들이 자신과 같은 올바른 태도를 보이지 않으면 상대방의 잘못을 내면의 장부처럼 쌓아두었다가 이처럼 조금씩 분개한다.

"나만 왜 이렇게 일하지? 당신도 똑바로 할 수 없어?" 원칙대로 하다보니 창조보다 개혁에 집중하고 융통성도 부족하다. 항상 내면의 비평가가 저울질하며 자신을 비판하고 상대방을 개혁하며 올곧은 사람이 되려는 이상을 꿈꾼다.

"처음에는 나쁜 선배로 보였지만 알고 보면 꼭 필요한 제대로 된 선배이자 상사라는 것을 알게 되었습니다." 부하나 후배들이 이들에게 하는 인물평이다. 지나고나면 이처럼 좋게 평가하지만 함께 일하기는 부담스러운 스타일이다.

개혁가의 특징

1번 개혁가 유형은 이성적이고 완벽함을 추구하는 유형이다. 올바름을 추구하는 모범생이며 진지하고 열심히 노력한다. 정리정돈을 잘하고 약속시간을 잘 지키고 책임감이 강하며 예의 바르다. 그래서 원칙적이고 도덕적이며 철두철미하다. 매사에 솔선수범하며 자신과 세상의 잘못을 고치려고 노력한다. 자신이 세운 기준에 사람들이 못 미칠 때는 분노를 느끼며 그것을 바로 잡기 위해 끊임없이 지적한다.

이들의 근본적인 두려움은 부도덕함과 결함이다. 그래서 완벽하고 올바른 것에 집착한다.

02

가슴형(Heart Center)
느낌으로 말하는 사람들

힘의 중심과 특징

가슴형은 가슴으로 느끼고 행동하는 사람들로 에너지의 중심을 가슴, 감정에 두고 있다. 심장, 즉 가슴에서 나오는 에너지를 통해 세상을 살아가므로 마음이 먼저 움직여야 행동하며 사람들에게 친절하고 따뜻한 감성파들이다. 자신의 이미지를 중시하므로 타인들에게 어떻게 보일지에 신경을 많이 쓰고 주변의 평가나 의견에 영향을 많이 받는다. 사람들의 관심과 인정을 받을 때 존중받는다는 느낌을 갖는다. 즉 세상과 관계하는 이미지로부터 자신의 존재감을 얻는다.

가슴형의 외형적 특징은 대체로 얼굴과 체형이 동글동글하고 말투가 부드럽고 리듬감이 있으며 애교가 있다는 것이다. 사람을 매우 친근하게 생각하므로 사람을 보면 잘 웃어주며 친절하다. 항상 분위기가 따스하고 다정다감해 사람들에게 호감을 주는 매력적인 사람들이다. 가슴형은 걸을 때도 가슴으로 걷는다. 가슴을 펴고 리드미컬하게 사뿐사뿐 예쁘게 걷는 경우가 많다.

기본 정서

가슴형이 주로 느끼는 감정은 수치심이다. 이들은 감정과 관계를 중심으로 움직이며 수치심이 행동의 가장 중요한 동기 요인이다. 가슴형은 다시 2, 3, 4번으로 나뉘며 이들은 수치심을 다루기 위해 노력한다. 2번 조력가는 타인을 도와줌으로써 그들에게 필요한 존재가 되려고 노력한다. 3번 성취가는 성공함으로써 타인의 칭찬과 존경을 받을 수 있다고 믿는다. 4번 예술가는 독특한 사람이 됨으로써 타인이 알아주길 바란다. 이것이 이들의 수치심을 극복하는 방식이다.

의사결정 방식

가슴형이 의사결정을 할 때는 인간관계를 중시한다. 내가 아는 사람인지 아닌지, 좋아하는 사람인지 아닌지가 큰 영향을 미치는 경우가 많다. 자신의 결정이 주변 사람들에게 어떤 영향을 미칠지, 타인들이 어떻게 생각할지가 중요하다. 대화할 때도 내용보다 분위기를 따지며 그날그날 기분에 따라 결정하는 경향이 강하다.

이타주의자, 돌보는 사람, 나누는 사람, 사랑주의자, 헬퍼, 싹싹이, 푼수
(The helper or giver)

>>>> 당신은 성격자원을 어떻게 개발할 것인가?

건강도		
	긍정적인 묘사	도와준다, 이타적이다, 베푼다, 신경을 쓴다, 갈채를 보낸다, 보살핀다, 사랑한다, 돌본다, 상냥하다, 동정심 있다, 지지한다, 흔쾌히 받아들인다, 희생한다, 인정이 많다, 칭찬한다, 관계중심적이다
	부정적인 묘사	침해한다, 소유한다, 조종한다, 요구한다, 피해자를 구조한다, 죄책감을 유발한다, 받기를 거부한다, 남의 기준에 따른다, 숨막히게 한다, 어린아이 취급을 한다, 도움 받을 가치가 없다, 질투한다, 지나치게 상냥하다

사랑주의자 "사람들과 마음을 나누면 행복해져요."

　"고등학교, 대학교, 전 직장까지 내가 아버지 때문에 어떻게 살았는데요, 어떻게 나한테 또 돈 달라는 말을 할 수가 있어요? 내가 아버지 한테 뭘 잘못 했는데요?" 이들은 타인의 마음을 잘 이해하고 친절하다. 다른 사람이 무엇을 필요로 하는지 금방 눈치채 상대방에게 도움을 주려고 한다. 상대방의 마음을 얻기 위해 감정적으로 다가가거나 필요한 존재가 되어주기도 한다. 그런데 문제는 자신이 힘들어도 이처럼 상대방이 간절히 부탁하면 뿌리치지 못하고 상대방의 희생양으로 살아갈 수 있다.

　"아버지는 군인이셨어요. 내가 사내아이가 아닌 게 못내 못마땅했죠. 자라면서 가장 많이 들은 말은, 내가 사내아이였어야 했는데 계집애한테 공들이지 말라였어요. 저는 학비 한 번 받아본 적이 없어요. 고등학교 때부터 아르바이트했고 아버지는 제대 후 이런저런 사업에 손을 댔어요. 그러다가 제 알바비까지 털어가게 되시고, 그런데도 저는 아버지를 위해 졸업 전부터 취업해 돈을 댔어요." 이렇게 자신의 욕구를 포기한 지 오래되었기 때문에 자신의 욕구를 물어보면 이렇게 말한다. '누군가가 나를 필요로 하는 것'이라고. 그리고, 자신을 챙기지 못하고 이타적인 사람이 자기 모습인 것처럼 살아간다. 사람들을 좋아해 기꺼이 다리가 되어주고 연결해주면서 소식통이 된다. 그리고 자신을 인정해주는 사람에게 열정적으로 봉사하며 자신의 진정한 가치라고 믿는다.

"어느 날 아버지가 나 몰래 내가 존경하던 팀장님을 찾아갔어요. 그분은 내가 나로 살게 해준 분이세요. 노동의 보람, 나, 내 가치들이 소중해졌어요. 아버지가 그분에게 돈을 빌려달라고 하기 전에는요." 따뜻하고 친절하지만 수치심이 들면 감정적으로 분노하고 자신의 상처를 되갚아주는 무모한 면이 있다. 하지만 내면 깊은 곳의 과거의 수치심은 자신의 열등감에 상처를 더하곤 한다.

"수치심에 회사를 그만두고나서 6개월 동안 집에 처박혀 있었어요. 죽은 사람처럼요. 그러다가 어느 날 집에서 사람들이 우루루 모여 이야기하는 것을 보면서 이대로 죽어선 안 되겠구나. 나도 저 '우루루' 속에 있어야겠다. 내 인생을 살아야겠다면서 다시 일어났어요." 이들은 사람들에게서 상처를 받았지만 다시 사람들 속에서 위로받고 싶고 그럴 때 살아 있음을 느낀다. 이 조력가들은 힘들어하고 지친 사람들에게 기운을 북돋아주고 나누어 줄 때 살아 있음을 느낀다.

조력가의 특징

2번 조력가 유형은 친절하고 사교적이며 타인을 도와주는 것을 좋아한다. 사람들에 대해 예민해 상대방이 필요로 하는 것을 잘 알아차리며 기꺼이 도와준다. 정이 많아 잘 베풀고 사람들과 교류하는 것을 좋아한다. 하지만 도움을 받은 사람이 감사의 마음을 표현하지 않으면 서운해하거나 힘이 빠진다. 건강하지 못할 때는 상대방의 마음을 읽어 조종하려는 경향이 있다.

이들의 근본적인 두려움은 자신이 사랑받지 못하는 것이다. 사랑받기 위해 남에게 베푸는 데 집착한다.

성공자, 실행자, 소통가, 동기부여자, 롤 모델, 모범자, 베스트, 슈퍼맨, 엘리트, 워크홀릭(The achiever or performer)

>>>> 당신은 성격자원을 어떻게 개발할 것인가?

긍정적인 묘사	효율적이다, 성공적이다, 동기부여, 실용적이다, 목표 지향적이다, 활동적이다, 인기있다, 다양한 면이있다, 유능하다, 자신있다, 경쟁적이다, 열정적이다, 생기있다	
부정적인 묘사	뽐낸다, 성급하다, 일 중독자, 카멜레온 같다, 교활하다, 평판을 중시한다, 체면치레, 허영심, 성공지향적이다, 약삭빠르다, 손해를 안 본다, 정치적이다, 성과중심적, 역할 연기, 감정 무시	

건강도

"맨 먼저 출근했다. 아무도 없는 사무실에 들어가는 기분이 정말 좋았다. 내가 문을 연다는 느낌 때문이었다. 하루의 시작을 결정하는 기분이 정말 좋았다." 적응력이 뛰어나고 성공지향적인 이들은 하루를 스마트하게 계획한다. 한눈에도 엘리트 스타일처럼 보인다. 시간별 스케줄을 다이어리에 정리하고 그 날 목표를 향한 설렘과 긴장감으로 하루를 시작한다.

"뭔가 적당한 긴장감에 적절한 여유, 스타일리시한 TV 드라마 장면처럼 고무되는 시간이었다. 바로 내 위의 선임이 출근하기 전까지는 그랬다." 다른 사람들로부터 존경과 칭찬을 받기 위해 성공한 사람처럼 상황에 맞게 행동한다. 따라서 그 상황에 맞춘 이미지 변신은 사람들에게 긍정적인 인상을 심어준다.

"내가 잘하는 것은 청중의 마음을 헤아리는 거야." 팀에서 동기부여하는 능력이 탁월해 팀 목표를 향한 팀워크를 활성화한다. 팀원들의 쓰임새를 적재적소에 활용해 기대수준까지 효과적으로 끌어내 최고의 성과를 낸다.

"여기까지 오기 위해 기나긴 준비 기간 동안 틀어박혀 죽도록 공부해가며 이 악물고 포기한 것들이 얼마나 많았던가. 그런데 그 노력과 인고의 시간을 거쳐 입사한 나, 노력하고도 취업에 실패한 수많은 취업 고시생을 엿먹이며 아무 노력도 안 하는 저 고졸 낙하산 친구가 이 회사에서 일하고 있는 것은 참을 수 없다." 성공이라는 목표를 향해 전력질주하는 사람들은 자신의 가치가 성공 여부에 달려 있다고 생각하므로 타인들에게 경쟁적이고 야심차고 추진력이 매우 강하고 감정 컨트롤을 잘한다. 하지만 경쟁에서 밀린다고 느낄 때는 평정심을 잃고 감정적으로 공격하기도 한다.

"내가 저 낙하산의 능력을 인정하지 않는 건 내 탓이 아니라 세상의 정의다. 지금은 참지만 결과는 다를 거야! 내가 1등이니까." 결과를 중시해 생산적인 일에 초점을 맞추며 실패를 두려워한다. 따라서 자신이 잘할 수 있는 일, 즉 성공 확률이 높은 것을 찾아 수단과 방법을 안 가리고 성공의 방해 요인을 차단하고 자신을 기만하기도 한다.

성취가의 특징

3번 성취가 유형은 자신의 능력을 바탕으로 성공을 추구한다. 효율적으로 일하며 상황 대처능력이 뛰어나 어떤 경우에도 잘 적응한다. 이들은 성공한 사람이 되어 타인의 인정을 받는 것이 중요한

가치이므로 성공하기 위해서라면 어떤 희생도 불사하며 가슴형이
지만 성공을 위해 감정을 내려놓기도 한다. 현실감각이 뛰어나고
자신감이 있으며 경쟁심이 강해 무능한 사람과 일하는 것을 매우
힘들어한다. 유행에 민감하고 이미지 관리능력이 뛰어나며 기회
포착을 잘해 유능해 보인다.

이들의 근본적인 두려움은 가치 없는 사람이 되는 것이다. 그래서
성공에 집착한다.

낭만가, 개성가, 창조자, 개인주의자, 심미주의자, 비관자, 희생자, 왕자, 공주, 4차원, 폼생폼사(Individualist or romantic)

>>>> 당신은 성격자원을 어떻게 개발할 것인가?

건강도		
↑	긍정적인 묘사	감수성이 풍부하다, 감각이 뛰어나다, 상냥하다, 취향이 훌륭하다, 특색있다, 고급스럽다, 창조적이다, 세련되다, 직관력이 있다, 심미적이다, 교양있다, 표현력이 풍부하다, 열정적이다, 몰입한다
	부정적인 묘사	유별나다, 기복이 심하다, 극적이다, 과장한다, 불평한다, 신경질적이다, 속물근성을 지닌다, 괴벽스럽다, 슬퍼하고 한탄한다, 거만하다, 오해를 산다, 냉담하다

"천상천하 유아독존, 이 세상 사람들이 나를 이해하지 못한다. 내가 느끼는 것은 바로 나 자신이다." 이들은 감수성이 뛰어나고 예민하며 남다르고 독특한 자기표현으로 눈에 띌 만큼 독보적이다.

"외국인 바이어들이 오면 밤새 술 먹이고 접대하는 거 그런 거 하지 않습니다. 숙소 옆에 한국의 고궁이나 인사동에서 오래된 촛대나 주걱, 찻잔 등을 선물해요. 한국에 다시 올 때는 꼭 저를 다시 찾아옵니다." 남들과 똑같은 방법으로는 자신의 독특함을 표현할 수 없다고 느껴 신비로운 뭔가를 갈망하며 다른 세상에서 사는 사람들 같다. 변덕스럽고 까다롭지만 꾸밈없는 솔직한 성격에 많은 사람이 예술가들에게 끌린다.

"신입사원 교육 때 똑같은 단체복을 입는 것이 싫어서 가위로 소매를 잘라 예쁘게 묶었어요! 내 감성을 이해하지 못하는 사람들과 같은 무리에 있고 싶지 않아요. 저를 다른 부서로 보내주세요. 내 세계를 이해할 수 있는 진실한 사람들과 일하고 싶어요." 현실 세계에서 보여지는 평범함보다 극적이고 드라마틱한 삶을 지향하며 감정의 스펙트럼이 있어 양쪽 끝을 오가며 감정 기복이 심하다.

"어릴 때는 백마 탄 왕자가 제게 와주길 바라는 꿈을 항상 꾸었어요. 저는 이 지구상에 잘못 떨어져 이곳에 정착한 것 같아요." 이런 상상은 자신만의 독특한 공상의 세계를 만들어낸다. 황홀하고 로맨틱한 꿈을 현실에서 실현하려고 하지만 높은 괴리감에 심한 우울증에 빠진다. 따라서 상대방이 자신의 깊은 내면세계와 연결되고 진실을 말해주길 바란다. '나는 누구인가?'라는 명제로 깊은 자기성찰을 하곤 한다.

"밤에 하는 연기가 저의 진정한 직업이죠. 무대 위에 서 있으면 미와 환상의 세계로 들어갑니다." 이처럼 낮에는 직장인, 밤에는 연극무대에서 자신의 충족되지 않는 삶의 의미를 추구하기도 한다. 이들은 틀에 박힌 일상, 즉 따분한 현실을 경멸해 가끔 예술적이거나 영혼을 풍요롭게 해줄 과외활동을 즐기기도 한다.

"나다움을 표현하고 싶을 때가 바로 나에요. 내 열정은 아무도 방해하지 못합니다." 예술가들이 뭔가에 한 번 빠지면 깊이 몰입하는데 아무도 생각하지 못한 기발한 아이디어와 앞서나가는 트렌드로 주변사람들을 놀라게 한다. 건강한 수준에 있을 때는 자기 일에 대해 완벽한 근성을 발휘하며 특별한 창작품을 만들어낸다.

예술가의 특징

4번 예술가 유형은 독특함을 추구하며 타인들과는 다른 특별한 사람이 되고 싶어하는 낭만적인 예술가이며 개인주의자다. 이들은 자신의 개성을 무시하는 사람이나 규율, 통제를 싫어한다. 섬세하고 감수성이 풍부해 타인의 정서를 읽거나 공감하는 능력이 뛰어나다. 또 상상력이 풍부하고 음악, 미술, 연극 등의 예술적 재능이 뛰어나다. 친구에게 다정하고 친절하지만 가끔 수줍어하고 외로워하며 자기 감정에 사로잡히는 경향이 있다. 감정 기복이 심하고 고독과 우울감을 즐기기도 한다. 자기만의 독특한 세계를 사람들이 이해하지 못해 항상 혼자인 것처럼 외로움을 느낀다.

이들의 근본적인 두려움은 자기 존재감을 잃는 것이다. 자아 정체감을 강화하기 위해 자신을 타인과 차별화하려고 한다.

03

머리형(Head Center)
생각하고 판단하는 사람들

힘의 중심과 특징

머리형은 머리로 이해하고 행동하는 사람들이다. 이들은 에너지의 중심을 머리, 사고(Think)에 두고 있다. 머리의 에너지, 즉 사고 기능을 통해 세상을 살아가므로 매사 객관적이고 논리적인 근거가 중요한 이성파들이다. 이들은 안전하고 효율적인 삶을 위해 정보수집과 계획 수립을 매우 중시한다. 다른 사람들이 자신의 공간을 허용해주고 너무 가까이 안 올 때 존중받는다고 느낀다. 즉 세상과 적당한 거리를 두어 자신의 존재감을 얻는다.

머리형의 외형적 특징은 대부분 몸이 마르고 날씬하고 가볍고 샤프해 보인다는 것이다. 얼굴 표정은 무표정하며 차갑고 냉정한 느낌이 들 정도로 냉소적인 반면, 진지한 느낌을 준다. 목소리는 대체로 작고 차분하며 말투가 딱딱하고 말수도 적어 대화 분위기도 건조하고 사무적이다. 걸음을 걸을 때도 머리와 상체를 잘 움직이지 않으며 사색하듯 조용히 걷는다.

기본 정서

머리형이 주로 느끼는 감정은 두려움이다. 이들은 머리로 이해하려는 지식 욕구로 움직이며 미래에 대한 공포가 행동의 중요한 동기 요인이다. 머리형은 다시 5, 6, 7번으로 나뉘며 이들은 두려움을 다루기 위해 노력한다. 5번 탐구자는 사물의 원리를 탐색하고 지식을 축적함으로써 두려움에 대비하며, 6번 충성가는 안전에 대해 철저히 점검하고 준비함으로써 두려움에 대비한다. 7번 열정가는 다양한 호기심과 행동으로 즐거움을 추구해 두려움을 극복한다.

의사결정 방식

머리형은 먼저 머리로 이해가 되어야 행동으로 옮길 수 있는 유형이다. 의사결정을 할 때도 논리적 근거를 따지고 감정에 치우친 결정을 내리지 않으므로 결정의 근거가 되는 정보에 관심이 많다. 대화할 때도 논리적 근거나 자료를 많이 인용한다. 객관적 사실 속에서 합리적 판단을 하려고 하므로 결정하는 데 시간이 많이 걸린다.

연구자, 사색가, 은둔자, 현자, 전문가, 초월가, 박사, 컴퓨터, 관찰자, 똘똘이(The investigator or observer)

>>>> 당신은 성격자원을 어떻게 개발할 것인가?

건강도	긍정적인 묘사	사려깊다, 학구적이다, 생각이 깊다, 이해력있다, 핵심을 찌른다, 분별력이 있다, 논리적이다, 신중하다, 명석하다, 이성적이다, 지각력이 있다, 차분하다, 견문이 넓다, 분석적이다, 재치있다
	부정적인 묘사	인색하다, 냉정하다, 지나치게 객관적이다, 무관심하다, 오만하다, 탐욕스럽다, 숨기려 한다, 모아둔다, 남의 경험을 대신한다, 지체한다, 감정을 두려워한다, 은둔한다

"세계지도를 보면 항상 북쪽이 위입니다. 이것도 일종의 관습 아닐까요? 실제로 우주에 떠 있는 지구는 위아래 구분이 없지 않을까요? 지금은 여기 아래에 호주가 있습니다. 그런데 지도를 뒤집으면 호주가 지도 한가운데 있어요. 훨씬 잘 보입니다. 그래서 관습에 맞추고 시작하다 보면 원래 드러나야 할 것이 가려질 수 있다고 봅니다." 이들은 지구상 모든 원리가 궁금하며 동물계, 생물계, 광물계, 우주계 등 각 분야의 지식을 쌓고 싶어한다. 객관적 논리를 바탕으로 관찰·분석하며 심층 정보를 수집하고 탐구하는 것을 좋아한다. 전문가 수준의 지식과 통찰력으로 남들이 못 보는 문제를 밝혀낸다.

"팀장님, 지금 준비 중인 저희 팀의 프레젠테이션 내용이 너무 매뉴얼 같아서 우려됩니다. 마이너스 요소만 부각되는 것 같아서요. 판을 뒤집으면 어떨까요?" 이들은 객관적 분석력으로 전체 상황과 핵심을 파악하는 놀라운 관찰력이 있으며 파격적인 제안과 고도의 전략을 구사하는 전략가들이다. 남들이 가지 않은 길을 걸어가고 길을 만들어 회사에서 혁혁한 공을 세우기도 한다.

"직원들의 냉대와 질시에 시달릴 만도 한데 전혀 감정에 휩쓸리지 않고 묵묵히 자기 일을 해나가는 신입사원을 보고 놀랐습니다." 이들은 사람들로부터 감정적 격리를 하며 사생활 보호를 원한다. 감정 교류보다 문제의 핵심을 파악하고 이성적 판단을 하고 싶어한다.

"저는 책과 CD, DVD, 잡지 등이 가득한 서재에서 나를 재충전합니다." 고립되어 보일 만큼 지식에 탐닉하는 모습은 은둔자처럼 보이기도 한다.

"항상 혼자 떨어져 생활하는 직원을 지켜보면서 나는 점심시간 때 자주 밥을 사주기도 했는데 그 직원은 오히려 점심시간 때만이라도 자기 시간을 갖고 싶다더군요!" 이들에게 혼자만의 시간은 곧 충전하는 시간이다.

"일이 틀어져 회사가 큰 손실을 입고 해고통지서를 받았는데 면담 한 번 없이 이메일로 통지했더군요. 30년 직장을 나올 때 이메일 한 통, 너무 허무했습니다." 해고 통지를 한 사람은 5번 탐구가일 가능성이 높다. 이들의 감정적 격리는 일할 때도 최소한의 에너지로 최대 성과를 낼 수 있는 것만 생각하고 심사숙고하는 듯하다.

탐구가의 특징

5번 탐구자 유형은 호기심과 생각이 많아 관찰력과 이해력이 뛰어나며 문제의 핵심을 파악하는 능력이 있다. 타인들과 어울리기보다 사색하며 혼자 있는 시간과 공간을 중시하며 사람들과 거리를 둔다. 지식에 집착하고 자기 것을 소중히 여기며 타인에게 자신의 시간을 할애하는 데 인색하다. 감정이 없는 듯 차갑고 생각에만 머물러 실행을 미루기도 한다. 지식이 풍부해 똑똑하다는 말을 들으며 지적 대화나 토론을 즐기지만 사생활에 대해서는 경계심이 강하다.

이들의 근본적인 두려움은 무능한 사람이 되는 것이다. 유능한 인재가 되기 위해 지식이나 정보 수집에 집착한다.

전통주의자, 분쟁 조정자, 질문자, 회의론자, 의심자, 신뢰자, 모범생, 선비
(The loyal skeptic)

>>>> 당신은 성격자원을 어떻게 개발할 것인가?

건강도		
	긍정적인 묘사	신중하다, 믿을 수 있다, 전통을 따른다, 공손하다, 충실하다, 책임을 다한다, 준비되어 있다, 정직하다, 조심성 있다, 참을성 있다, 권위를 따른다, 양심적이다
	부정적인 묘사	의심이 많다, 최악의 상황을 우려한다, 권위주의자, 걱정이 많다, 비관적이다, 우유부단하다, 흑백논리, 근심한다, 현상유지, 소심하다, 안전의식, 공포에 대항한다, 보수적이다

"저는 과장님만 보고 갑니다." 상사를 믿고 일하는 의리와 뚝심의 충성파다. 특유의 우직함과 확실한 충성심으로 무장한 열정적인 조직의 살림꾼들이 많다.

"지방 국립대 출신이지만 각종 동아리 활동과 공모전 입상 실적으로 입사한 실력파입니다." 이들은 조직에서 주어진 임무에 최선을 다하는 성실하고 책임감 있는 모범생들이다.

"합격하고 입사해 보니까 말이야. 성공이 아니라 그냥 문 하나를 연 느낌이더라고. 어쩌면 우리는 성공과 실패가 아니라 죽을 때까지 다가오는 문만 열어가며 살아가는 것 같아" 미래에 대비해 최악의 시나리오를 준비하는 안전주의자다. 발생 가능한 문제들에 대해 끊임없이 질문하고 피할 수 있는 해결책을 철두철미하게 준비한다. 동료들과 잘 지내며 앞에 나서기보다 절차대로 일을 마무리하며 철저한 사전 준비로 미래 예측과 위험에 예민하다.

"잘못을 추궁할 때 조심해야 할 게 있어. 사람은 미워하면 안돼. 잘못이 가려지니까. 잘못을 보려면 인간을 치워버려. 그래야 추궁하고 솔직한 답을 얻을 수 있어. 알겠지?" 이들은 문제를 해결할 때 사람보다 일을 먼저 생각하는 냉소적인 면이 있다. 하지만 조직에서 의리와 뚝심으로 윗사람에게 충직하다는 소리를 듣는다. 이것은 평소 충실히 준비해온 일의 방식이나 삶의 태도이며 현명한 판단을 내리는 직관력을 발휘하게 된다.

충성가의 특징

6번 충성가 유형은 안전과 확실함을 추구한다. 법과 규범을 잘 지키며 가장 안전한 조직인 가족과 직장 등 자신이 속한 공동체에 매우 충실하다. 미래에 대한 걱정과 두려움이 많아 항상 최악의 경우를 생각하고 대비하는 경향이 강하다. 이들은 성실하고 주변사람들에게 친절하지만 마음을 다 내보이지는 않는다. 새로운 변화를 받아들이는 것을 매우 힘들어하며 많은 요소를 고려하므로 결정을 쉽게 못 내린다. 매사 돌다리도 두드려보고 건너므로 안내자가 필요하다.

이들의 근본적인 두려움은 타인의 도움이나 인도를 받지 못하는 것이다. 따라서 자신을 올바른 방향으로 이끌어줄 사람에게는 남다른 충성심을 보인다.

쾌락가, 궤변가, 공상가, 팔방미인, 긍정주의자, 덜렁이, 개그맨, 멋쟁이, 만능가(The enthusiast or epicure)

>>>> 당신은 성격자원을 어떻게 개발할 것인가?

건강도		
	긍정적인 묘사	낙천적이다, 열렬하다, 창조적이다, 사교적이다, 상상력이 풍부하다, 기쁨에 차 있다, 명랑하다, 외향적이다, 즐거워한다, 익살스럽다, 유쾌하다, 활기차다, 계획을 세운다, 자발적이다, 밝다
	부정적인 묘사	깊이가 없다, 수다스럽다, 자아도취, 난해하다, 감정에 취한다, 산만하다, 제멋대로 행동한다, 경솔하다, 충동적이다, 무책임하다, 변덕스럽다, 공상가, 쾌락에 빠진다, 현실도피적, 세상물정을 모른다, 장난이 심하다

"회사가 좋아요. 일도 좋습니다. 물론 데이트도 좋고요." 이들은 항상 활기차고 열정적이어서 주위를 화기애애하고 즐겁게 만드는 재주가 있다. '낙천주의자', '현실세계에 들어온 이상주의자', 자신감과 뻔뻔함이 매력적이다. 최대 무기는 때와 상대를 불문하는 강력한 친화력이다. 누구나 친해질 준비가 되어 있다.

"삶이 뭐라고 생각하세요? 거창한 이름 같아요? 선택의 순간들을 모아두면 그게 삶이고 인생이 되는 거예요. 매 순간의 선택이 결국 삶의 질을 결정해주는 거 아니겠어요?" 반짝이는 아이디어 뱅크로 단기간 스퍼트에 탁월하며 화려한 언변으로 설득력이 뛰어나다.

"일하는 짬짬이 회사 구석구석을 쉬지 않고 돌아다니며 정보를 빨아들여 모르는 게 없고 그에게 들어간 소문이 사내에 퍼지는 데는 1초도 안 걸린다." 밤낮 일하는 것이 가장 즐겁다는, 정말 보기 드문 사람이다. 앞으로 펼쳐질 계획들로 항상 가득 차 있고 활기찬 현장에서 활동하며 사람들에게 여러가지 약속을 남발해 뒷수습이 안 되는 경향이 있다.

"꼿꼿이 서 있는 뒷다리를 보면 무릎꺾기를 하고 싶은 충동을 자제하기 힘들어요" 이들은 아이 같은 장난기가 발동해 가끔 선을 넘는 심한 장난으로 주변사람들을 당황시킨다. 이런 유머러스함으로 삶을 행복하게 즐긴다.

열정가의 특징

7번 열정가 유형은 낙천적이고 긍정적인 사람들이다. 이들은 삶의 즐거움과 재미있는 일을 쫓아다니며 항상 바쁘게 살고 상상력과 아이디어가 풍부하고 에너지가 넘치며 뭐든지 쉽게 배우는 다재다능한 능력이 있다. 뭔가에 도전하는 것을 좋아하며 사람들과 잘 어울리고 하고 싶은 일들이 너무나 많다. 반면, 즉흥적인 표현을 잘하며 평범하고 변화가 없는 반복적인 일을 싫어하고 싫증을 잘 내 뒷마무리가 부족하다. 긍정적이고 열정이 넘치며 아는 것이 많지만 깊이 들어가면 흥미를 잃는다.

이들의 근본적인 두려움은 고통을 받는 것이다. 고통받지 않고 불행해지지 않기 위해 항상 즐거움을 찾으려고 노력한다.

04

에니어그램의 변형
(부속 유형)

에니어그램의 성격 유형을 제대로 이해하려면 9가지 성격 특성을 아는 것만으로는 부족하다. 아니, 그것만으로는 매우 위험한 지식이 될 수 있다. '선무당이 사람 잡는다'라는 말처럼 섣부른 지식으로 오히려 더 큰 오해를 부를 수 있다.

기본 유형 외에 다음에 소개하는 몇 가지 변형을 이해함으로써 에니어그램을 통해 잘못된 판단이나 실수를 막을 수 있을 것이다. 아울러 에니어그램이 다른 성격 분석 도구들과 확연히 차별되는 것은 바로 이 변형이 있기 때문이다.

본능 하위 유형

에니어그램은 기본유형 외에 여러가지 부속유형으로 구성된다. 그 중 먼저 3개의 본능적 변형에 대해 알아보자. 본능적 변형은 인간 행동의 동기가 되는 3개의 주요 본능에 바탕을 두고 있다. 그것은 자기보존 본능, 사회적 본능, 성적 본능이다. 이것은 각 유형이 생존하기 위해 삶의 어떤 영역에 초점을 맞추고 있는지 보여준다. 같은 날개를 가진 같은 유형도 하위 유형에 따라 인상이 크게 달라진다.

이 3가지 본능적 변형을 구르지예프는 하위 중심들(본능적, 운동적, 성적)이라고 불렀고 이카조는 구르지예프의 하위 중심들을 3가지 본능(자기보존, 사회적, 성적)으로 다시 분류했다. 자기보존 본능은 안전과 관련된 사항에 주의를 기울이며, 사회적 본능은 다른 사람들의 공동체 안에 있고 싶어하며, 성적 본능은 친밀감으로 다른 사람과의 진정한 교류를 원한다. 그래서 성적 본능을 '일대일(One to One) 본능'이라고도 한다.

한 개인의 성격을 말하려면 기본 유형, 날개, 우세한 본능적 변형을 결합해 설명해야 한다. 예를 들어, 2번 조력가 날개를 가진 자기보존적 1번 개혁가는 1W2SP라고 표기하며 9번 화합가 날개를 가진 성적 8번 도전가는 8W9SE로 표현한다. 이처럼 날개와 본능적 변형을 결합하면 성격 유형별로 6개 변형이 만들어지며 전체적으로 총 54개 유형이 생긴다.

자기보존 변형(SP)은 신체적 안전과 생존 유지에 관심을 보인다. 음식, 옷, 돈, 주거, 가정, 건강 등이 주요 관심사다. 가장 중시하는 것은 '나'이며 '몸이 곧 나'다. 생존하기 위해 항상 자신을 최우선으로 생각한다. 이들은 방어적이고 조심스럽고 개인주의적이다. 예측하지 못한 재난에 대처할 수 있도록 항상 만반의 준비를 한다.

사회적 변형(SO)은 공동체에 적응하고 단체구성원들과의 관계 형성을 위해 노력한다. 소속 욕구가 강하고 가족, 단체, 지역사회, 인간관계, 사회적 이슈 등에 관심이 많다. 가장 중시하는 것은 '우리'이며 '집단이 곧 나'다. 생존하기 위해 어딘가에 소속되려고 노력하며 많은 사람과 함께 있는 것을 좋아한다.

성적(SE/일대일) 변형은 집단보다 개인적 친밀감을 좋아하며 매력적인 사람이 되기 위해 노력한다. 인간관계에서는 한 명과 깊은 관계를 맺는 것을 우선시한다. 가장 중시하는 것은 '너'이며 '일대일의 친밀감이 곧 나'다. 생존하기 위해 일대 다수가 아닌 일대일 관계를 쌓는다.

발달 수준

　　　　　　　　같은 성격 유형도 안정적이고 균형적인 사람이 있는 반면, 항상 불안하고 극심한 스트레스에 시달리는 사람도 있다. 이처럼 에니어그램의 각 유형에서 나타나는 건강하거나 불건강한 수준을 발달 수준이라고 한다.

RISO & HUDSON
9 Levels of Ennea-Type Development

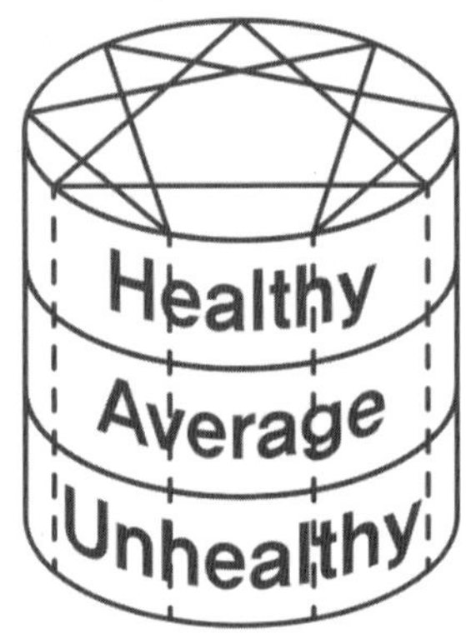

1 Level of Liberation
2 Level of Psychological Capacity
3 Level of Social Gift
4 Level of Fixation
5 Level of Interpersonal Conflict
6 Level of Overcompensation
7 Level of Violation
8 Level of Delusion and Compulsion
9 Level of Pathological Destructiveness

리소&허드슨 성격 발달 수준

　　발달 수준은 크게 건강한 범위, 평균 범위, 불건강한 범위 3가지이고 각 범위는 각각 3개 수준이 있으므로 발달 단계는 총 9단계다. 건강한 범위(1~3 수준)는 각 유형의 장점들을 나타낸다. 평균 범위(4~6 수준)는 각 유형의 평균적 행동, 불건강한 범위(7~9 수준)는 그 유형의 단점과 기능적 장애를 나타낸다.

발달 수준은 개인이 자신의 성격과 진정한 자신을 얼마나 동일시하는가를 보여준다. 성격과 진정한 자신에 대한 동일시 정도가 심해 습관적인 성격 방어전략에 집착할수록 건강하지 못한 수준으로 내려가며, 성격으로부터 자유로워질수록 건강한 수준으로 올라간다.

에니어그램의 9가지 유형은 성격의 '수평적' 분류로 성격의 특성을 설명할 뿐이지만, 그 성격 안에서 끊임없이 변하고 있는 상태를 설명하려면 각 유형 안에서의 수직적 움직임을 알아야 한다. 그것은 '발달 수준'과 '통합과 비통합의 방향'을 이해하면 가능하다. 1977년 돈 리차드 리소가 이 '발달 수준'을 밝혀냄으로써 에니어그램 연구에 크게 이바시했다.

건강한 범위(1~3 수준)의 사람들은 균형이 잘 잡혀 있으며 성숙하고 자기 역할을 잘 수행한다. 각 성격 유형은 자신이 가장 동일시하는 개인적 성격 특성을 나타내는 건강한 방식을 가지고 있다.

1수준(해탈이나 득도 등)은 성격의 굴레에서 자아가 완전히 자유로워진 이상적인 현존 상태다. 2~3 수준에서 각 유형은 자신의 성격 특성을 건강하고 세상에 이로운 방식으로 드러낸다.

평균 범위(4~6 수준)에 있는 사람들은 다른 사람들이 정상이라고 생각하는 방식으로 행동한다. 이들은 자신과 에고를 동일시하는 정도가 크다. 그 결과, 자신이 가진 자아 이미지와 세상이 갈등을 일으키므로 각자 성격 특유의 전략으로 다른 사람들을 자기 의도에 맞게 조종해 자신이 원하는 것을 얻어내려고 한다. 현존을 잃은 상태다.

불건강한 범위(7~9 수준)에서는 어떤 유형이든 파괴적 성향이 드러난다. 다른 사람들이나 세상과의 갈등을 조율하는 데 실패해 두려움이 커지고 자기 성격에 너무 얽매여 다른 해결책이 떠오르지 않는다. 설사 떠오르더라도 외부의 도움 없이 그것을 실행에 옮기지 못한다.

날개 이론

날개는 기본 유형의 양쪽 옆에 있는 두 유형이다. 날개는 기본 유형과 혼합되어 기본 유형을 변형시킨다. 양쪽 옆의 두 개 유형 중 점수가 높은 유형을 우세한 날개라고 부른다. 예를 들어, 1번 개혁가 유형은 양쪽 옆에 있는 9번 화합가와 2번 조력가 중 점수가 높은 유형이 날개가 되는 것이다. 2번 조력가의 점수가 높으면 2번이 날개가 되며 간단히 1W2라고 표기한다.

날개는 기본 성격 유형이 균형적으로 발전하도록 도와준다. 인간은 성장 과정에서 많은 시행착오를 겪는데 자신이 실수를 알게 되면 잘못된 부분을 개선하기 위해 노력하게 된다. 이때 자신을 둘러싼 특정 환경에 적응하기 위해 날개 에너지를 쓰게 된다. 우세한 날개의 강점이 기본 유형의 단점을 보완해주기 때문이다. 일반적으로 젊을 때는 한쪽 날개가 우세하다가 나이가 들면서 반대쪽 날개가 발달하는 경향이 있다. 타고난 기본 유형이 같더라도 어느 날개를 쓰느냐에 따라 성격이 달라진다.

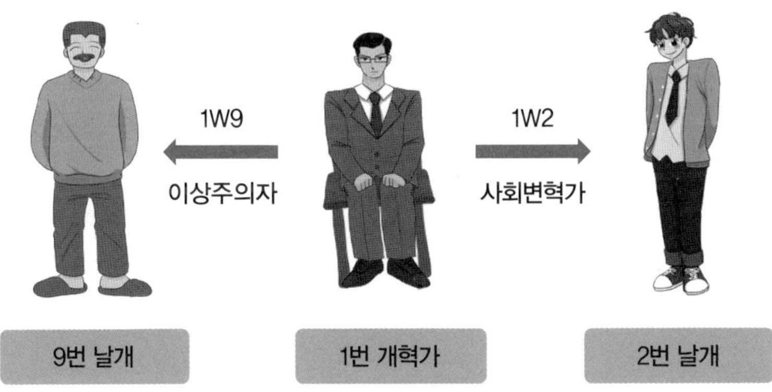

예를 들어, '개혁가'인 1번이 2번 조력가 날개를 쓰면 원칙적이고 완벽주의적인 1번 성격 특성에 배려심 많고 타인과의 관계를 중시하는 2번의 성격 특성이 더해진다. 이들은 자신의 이상을 이타적 관심으로 사람들에게 도움이 되는 실질적 개혁을 추구하는 사회변혁가다.

반면, 1번이 9번 화합가 날개를 쓰면 원칙적이고 완벽주의적인 1번 성격 특성에 평화적, 관용적이고 갈등을 피하려는 9번 화합가 성격 특성이 더해진다. 그래서 이들은 자신의 이상을 세상에 평화적으로 실현하려는 이상주의자가 된다.

화살 이론

사람은 스트레스를 받을 때와 안정적일 때 다르게 생각하고 다르게 느낀다. 그리고 보통 상황 때와 달리 스트레스를 받을 때와 안정적으로 회복될 때 성격 유형의 자리 이동이 반대로 일어난다. 이때 스트레스 상황에서의 이동 방향을 분열 방향, 편안하고 안정적일 때의 이동 방향을 통합 방향이라고 한다.

사람이 스트레스를 받거나 정서적으로 최악의 상태일 때는 화
살표 방향(1 → 4 → 2 → 8 → 5 → 7 → 1, 9 → 6 → 3 → 9)으로 가게 된다.
이것을 미성숙 방향 또는 비통합, 부정이라고 부르는데 이때는 주
로 해당 유형의 단점을 닮는다. 예를 들어, 1번 개혁가 유형이 스트
레스 상황에서는 건강하지 못한 4번 예술가 유형의 우울한 정서를
닮는다.

반대로 즐겁거나 정서적으로 최상의 상태일 때는 화살표 반대
방향(1 → 7 → 5 → 8 → 2 → 4 → 1, 9 → 3 → 6 → 9)으로 향한다. 이것을
성숙 방향 또는 통합, 긍정 이라고 부르며 이때는 주로 해당 유형의
장점을 닮는다. 예를 들어, 1번 개혁가 유형은 최상의 컨디션에서
성장 방향인 건강한 7번 열정가 유형의 긍정적이고 즐거운 모습을
닮는다.

3

성격자본의 결실,
사례 편

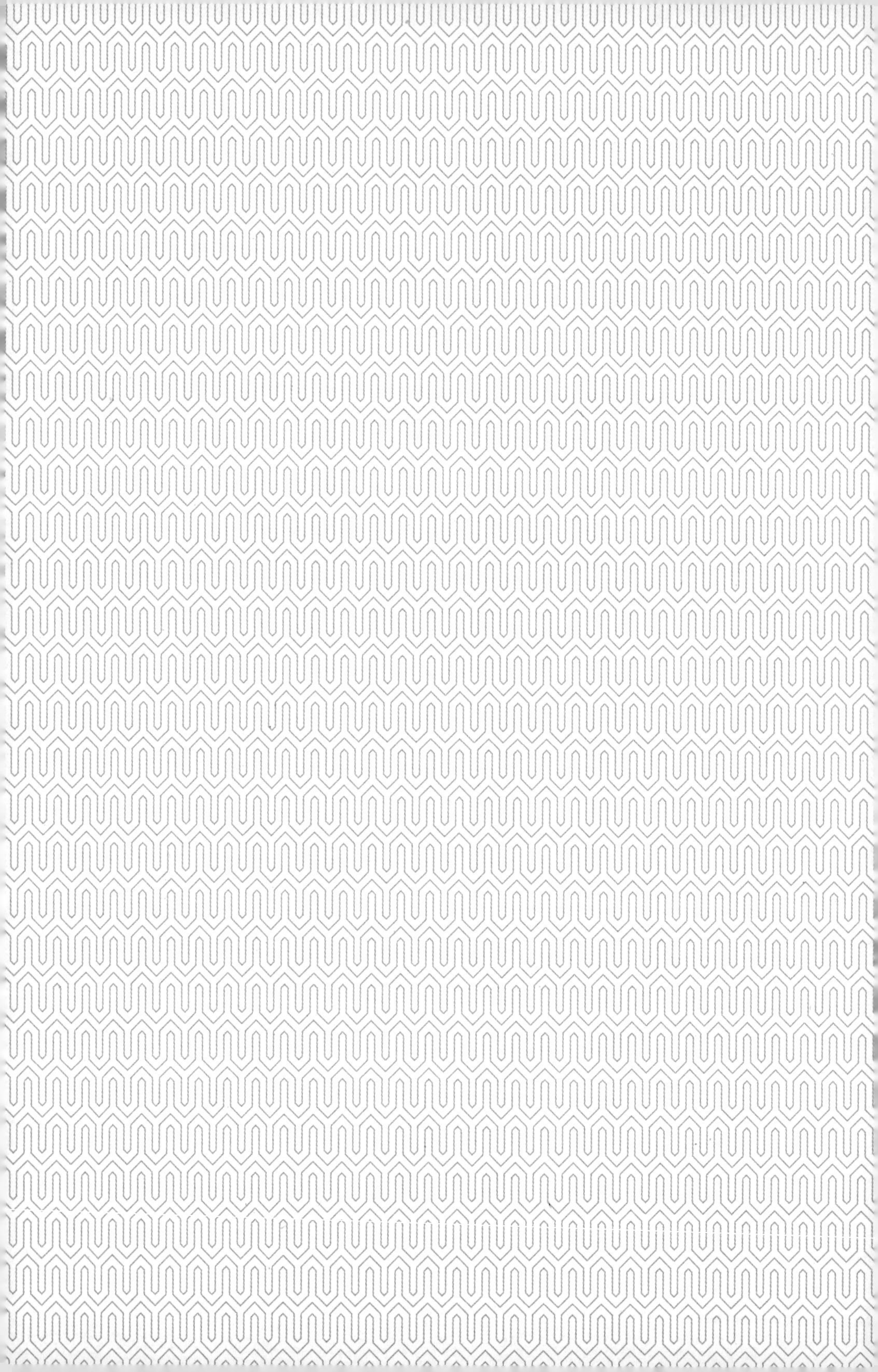

우리나라는 에니어그램(Enneagram) 교육기관이나 전문가가 아직 많지 않지만 최근 많이 늘어나는 추세다. 하지만 에니어그램이 DISC, MBTI, TA 등보다 널리 알려지지 않은 것이 현실이다. 나는 그 점을 안타깝게 생각한다. 에니어그램이 가장 늦게 전해졌기 때문일 것이다. 하지만 현재는 비교적 젊은 세대에 의해 많은 연구활동과 새로운 시도가 생기고 있어 앞으로 급속도로 보급되리라 생각한다. 외국 서적을 번역한 수많은 책이 나와 있으며 관련 논문활동도 활발하다. 에니어그램을 가르치는 기관이나 전문가도 계속 늘어날 것이다. 나도 그 중 한 명이며 사명감으로 일하고 있다.

지금까지 내 삶은 에니어그램 그 자체였다. 무엇보다 내가 에니어그램 전문가이기 이전에 나 자신이 에니어그램을 통해 스스로 치유하고 건강한 삶을 찾는 경험을 했기 때문이다. 그래서 자연스럽게 나의 이 소중한 경험을 어떻게든 삶의 현장에 적용하고 싶어 다양한 시도를 하고 있다. TBN 교통방송을 비롯해 다양한 방송 프로에 에니어그램을 소재로 다년간 출연해 전파했고 기업 현장교육과 문화행사, 상담 등을 통해 에니어그램을 알리기 위해 노력하고 있다. 이렇게 내가 활동하는 것은 때로는 강사로, 때로는 상담가로 사람들과 고민을 나누고 마음을 헤아리며 그들의 아픔을 에니어그램으로 해결해줄 때 비로소 내가 살아 있음을 느끼기 때문이다.

많은 사람이 내가 그렇게 에니어그램에 몰두하는 궁극적인 목적을 가끔 묻는다. 나는 내심 내가 에니어그램에 미친 사람으로 보이는구나 느끼면서도 그런 질문이 싫지 않았다. 물론 내게는 에니어그램에 집착하는 충분한 이유가 있다. 모든 것이 풍족한 시대이지만

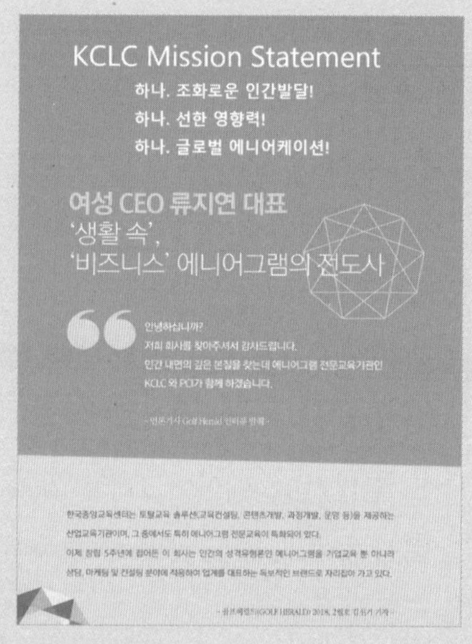

사람 때문에 힘들고 지쳐 심적으로 절박한 사람들은 오히려 늘고 있다. 그리고 그들에게는 삶의 회복을 위해 뭔가가 절실히 요구되고 있기 때문이다. 그래서 나는 그동안 내가 꾸준히 실천해왔던 에니어케이션을 알리고 온 국민이 참여하는 범국민운동을 만들어보고 싶었다. 조금 비현실적으로 들릴지 모르지만 그래서 더 할 만한 가치가 있는 일이라고 생각한다.

에니어케이션(Enneacation), 내 강의를 듣고 갈등이 해소되고 변화가 왔다는 사람들을 보면서 '실천이 이렇게 중요한 것이구나!' 절실히 깨닫고 만든 말이다. 나는 이 말의 의미를 효과적으로 전달할 캐치프레이즈가 필요했다. 그래서 아무것도 따지지 말고 인간의

성격 이해 도구인 에니어그램으로 소통하자는 순수한 마음으로 만들었다.

이렇게 시작된 에니어케이션을 보급해야 할 이유는 분명하다. 오늘날 연일 들려오는 속보들은 정말 끔찍하다. 그리고 우리나라만큼 갈등이 많은 나라도 없다. 이런 환경 속에서 국민의 행복지수가 낮은 것은 당연하다. 그래서 에니어그램의 지향점인 '조화로운 인간 발달'이 그 해결책이 될 수 있기 때문이다.

스스로 한 번 물어보자. 여러분의 마음은 지금 균형잡혀 있고 행복한가? 운 좋게도 나는 국회에서 여러 의원들의 마음을 조금 가까이서 알 기회가 있었다. 그런데 내가 만난 그분들은 그리 행복해 보이지 않았다. 그래서 리더들 자신부터 행복해야 국민도 행복할 수 있다는 데 공감하고 많은 이야기를 나눈 기억이 있다.

우리 국민은 어떤가? 사람마다 살아가는 방식은 다르지만 행복은 모두의 소망이자 목표다. 권력의 힘은 국민에서 나오는데 국민이 불행하다면 너무 끔찍하지 않은가? 나도 한 명의 행복한 국민으로 살고 싶어서 더 그렇다. 그래서 이 에니어케이션 실천운동은 이 땅의 위정자들에게 맨 먼저 권하고 싶은 마음이다.

한편, 내가 에니어그램이라는 한 분야에만 집중하는 것을 보면서 많은 사람이 우려하고 충고했다. 에니어그램은 워낙 깊고 넓은 분야이므로 배워도 배워도 끝이 없고 아직 '돈'이 안 되는 길이라는 것이었다. 현실적이지 못한 나를 위한 진심어린 조언이었을 것이다. 이렇게 나를 지지하고 걱정해주는 그분들의 말이 틀린 것은 아니라고 생각하지만 그런 충고가 오히려 자극제가 되었다. 아무도 가보지 않아서 가야 하는 길이라고 내 성격이 분명히 말하고 있기 때문이다. 그래서 나는 에니어그램이 더욱더 필요하다는 것을 힘주어 말했고 그 기세를 아무도 말릴 수 없었다. 나는 에니어그램에 미쳤던 것이다.

신기한 것은 그렇게 한 분야에 몰입해 미쳤다는 소리를 들으니 어느새 경지에 미치게 되었음을 깨달은 것이다. 이것이 내가 에니어그램을 통해 깨달은 '에니어케이션 효과'였다. 그래서 에니어케이션을 이렇게 힘주어 말할 수 있는 것이다.

이번 장에서는 내가 에니어그램에 입문해 지금까지 소신을 갖고 실천해온 활동들을 소개할 것이다. 그리고 이 활동들은 에니어그램을 현실세계에 뿌리내리는 과정이며 '생활 속 에니어그램'을 통한 나의 실천 방법론이라고 할 수 있다.

01

에니어그램
리제너레이션(Regeneration)

나는 산업교육기관 경영자의 역할을 다하기 위해 다양한 교육 과정을 개발해 운영하고 있다. 물론 모든 교육과정의 뿌리에는 에 니어그램이 있다. 지금까지 나의 에니어그램 솔루션을 에니어케이 션이라고 소개했는데 생소한 에니어그램을 대중에게 전파하기 위 해서는 뭔가 흥미롭고 신선한 접근법이 필요했다. 그래서 시작한 것이 바로 에니어그램 토크쇼, 에니어그램 조직활성화, 에니어그 램 힐링캠프 등의 프로그램이었다.

이 프로그램들은 나와 우리 회사, 에니어그램을 알리는 데 큰 기여를 했다. 그런데 교육사업 영역이 넓어지면서 자연스럽게 대 상자들의 속성별로 디테일한 교육과정 개발이 필요해졌다. 그래서 총 9가지 프로그램이 개발되었고 이것을 '나인 컨텐츠'라고 한다.

교육 관계자들과 미팅해보면 이런 반응이 많다. "에니어그램으로 이렇게 다양한 교육을 할 수 있다는 데 놀랐어요. 성격 분석 정도로만 알고 있었거든요." 이 말처럼 에니어그램의 용도는 매우 다양하다. 사람과의 소통 분야에서는 어떤 형태로든 유용하게 활용할 수 있다.

어떤 학문이나 원리가 현실적으로 꽃 피우려면 그 분야에 뿌리를 단단히 내려야 한다고 생각한다. 그리고 현실세계 즉, 우리가 항상 경험하는 생활 속에서 잘 활용되어야 한다고 생각한다. 그런 의미에서 그동안 내가 걸어온 길의 모든 흔적이 바로 에니어케이션 준비 과정이었다고 믿는다. '나인 컨텐츠'가 그 시작이고 이제 그 열매를 맺을 시간이라고 생각한다.

앞으로는 새로운 트렌드에 따라 학습자들의 요구사항도 더 다양해질 것이다. 따라서 에니어케이션 컨텐츠도 더 늘어날 것이고 9가지가 아닌 99가지가 될 날을 기대해본다.

지금부터 그동안 내가 만들고 체험한 에니어케이션 솔루션, '나인 컨텐츠'에 대해 알아보자. 먼저 '나인 컨텐츠'의 개요와 9개 과정 중 다소 독특한 '에니어그램 토크쇼', '에니어그램 세일즈', 그리고 현재 운영 중인 대부분의 과정에 공통적으로 적용하고 있는 '실천의 방' 프로그램을 자세히 소개한다.

에니어케이션 솔루션
– 나인 컨텐츠 '구혼'

'나인 컨텐츠'는 내가 운영하는 9가지 핵심 교육과정이다. '나인 컨텐츠'는 '구혼(九魂)'이라고 이름 붙였는데 모든 컨텐츠는 에니어그램에 기반하고 있다. 그리고 모든 교육과정은 개인의 삶, 대인관계, 조직 발전을 위한 9가지 '혼신'을 담아낸 컨텐츠로 구성되었다. 이렇게 혼신을 담아 만들어낸 교육과정들은 삶의 균형, 높은 성과, 행복한 삶으로 변화시켜주리라 기대하며 만들었다.

'나인 컨텐츠'의 '9'라는 숫자가 에니어그램의 9가지 성격 유형을 뜻하는 '9'라는 숫자와 중복되어 다소 인위적인 점은 양해 바란다. 에니어그램을 더 효과적으로 전달하기 위해 고민하는 과정에서 '9'라는 신비의 숫자를 중의적으로 사용했다. 그리고 실제 경험에서 얻어낸 결과물들이고 내 혼을 담아낸 만큼 이 이름은 의미가 있기 때문이다.

지금까지 '나인 컨텐츠' 프로그램을 운영하면서 에니어그램과 같은 새로운 컨텐츠를 접목할 때는 배우는 사람들이 편하게 접할 수 있어야 한다고 느꼈다. 그래서 '쉽고 재미있게!' 나는 항상 이 말을 입버릇처럼 달고 산다. 내가 에니어그램을 처음 접했을 때 너

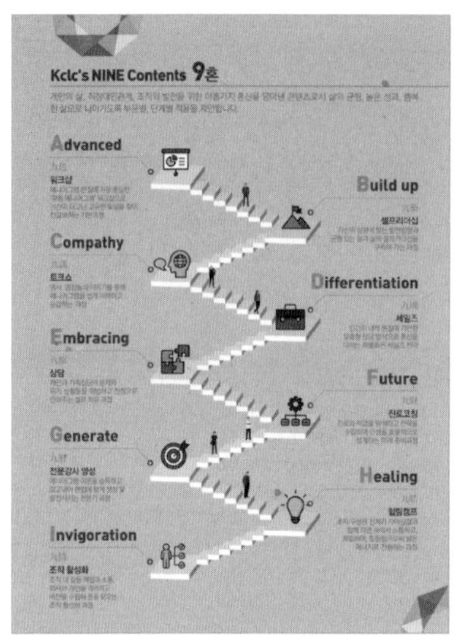

무 어렵게 설명하는 강사 때문에 에니어그램 책을 덮은 적도 있기 때문이다.

현재 내 삶의 대부분이 에니어그램인데 다시 책을 펼치지 않았다면 어떻게 되었을까? 그래서 내용을 쉽고 재미있게 전달하려고 노력한다. 사실 며칠씩 집중학습을 해도 이해하기 어려운 것이 에니어그램이다. 하물며 불과 몇 시간 만에 이해하려면 어떡해야 할까? 그래서 '나인 컨텐츠' 프로그램은 가능하면 이론을 쉽게 전달하고 사례 연구나 실습으로 직접 체험하는 방법을 사용한다. 여기서는 우리 회사의 교육과정을 홍보하는 책이 아니므로 나인 컨텐츠의 개요만 간단히 소개한다. 자, 구혼을 만나보자.

• 구색(九色) Advanced 워크샵 : 에니어그램의 본질에 가장 충실한 '정통 에니어그램' 워크샵으로 인간이 타고난 최고의 빛깔을 찾아내는 과정이다. 이 과정은 에니어그램의 지혜를 바탕으로 생활 속의 사례와 실천기술을 통합해 몸과 마음의 문제 치유를 돕기 위해 개발되었다.

• 구축(九築) Build up 셀프 리더십 : 자신의 성향에 맞는 자기 성장 방향과 바람직한 셀프 리더십을 구축해가는 과정이다. 나를 알고 자신의 성향과 행동 특성에 맞는 발전 방향을 찾는 과정이다. 또 타인과 다름의 차이를 알고 가정, 직장, 비즈니스상 인간관계의 개선점을 찾을 수 있다.

• 구담(九談) Compathy 토크쇼 : 명사와 명장들의 이야기 토크쇼를 통해 에니어그램을 쉽게 이해하고 공감하는 과정이다. '생활 속 에니어그램'을 지향하는 당사의 대표적인 프로그램으로 각계각층의 명사들과 오페라, 미술, 와인문화 등 고품격 문화 마케팅을 연계해 운영한다.

• 구혼(九魂) Differentiation 세일즈 : 탁월한 성격 진단 툴인 에니어그램을 활용하는 차별화된 성향 대응 세일즈 전략 과정이다. 인간의 내적 본질에 따라 효과적인 맞춤형 대응법으로 접근하는 고차원적 세일즈 전략이다! 특히 세일즈, 리크루팅, 코칭 등 영업 분야의 탁월한 전략적 툴로 활용할 수 있다.

• 구원(九原) Embracing 상담 : 개인과 가족의 문제와 위기 상황을 예방하고 진정으로 안아주는 상담 과정이다. 개인과 가족, 집단에서 발생할 수 있는 각종 문제와 위기 상황들을 에니어그램의 지혜를 통해 예방하게 해준다.

• 구재(九財) Future 진로 코칭 : 자신의 성향에 맞는 진로와 직업을 탐색하고 전략을 수립하는 미래 설계 과정이다. 자신의 성격 유형과 최고의 커리어 강점을 알 수 있으며 전략적인 진로 탐색을 통해 남들과 차별화된 자신만의 키워드를 찾아낼 수 있다.

• 구력(九曆) Generate 전문강사 양성 : 에니어그램 이론을 습득하고 갈고 닦아 업종별 현업에 맞게 적용·발전시키는 전문가 과정이다. 에니어그램의 원리를 쉽고 재미있게 현업에 바로 활용할 수 있도록 학습하는 강사인증 자격 과정이다. 3일간의 강사 과정 수료 후 개별 코칭과 심화학습 워크샵을 통해 기업교육 강사로 육성된다.

• 구호(九皓) Healing 힐링캠프 : 조직구성원 전체가 자아성찰과 함께 자연 속에서 소통하고 체험하며 힐링하는 과정이다. 항상 같은 형태와 말만 무성한 조직활성화 교육은 이제 그만! 자아성찰과 함께 바로 자연에서 체험을 통해 배우고 느끼고 깨닫고 힐링하는 소통 캠프다.

• 구정(九糈) Invigoration 조직활성화 : 조직 내 갈등 예방, 회사와 개인의 비전 수립을 위해 격려하는 과정이다. 인류 최고의 지혜의 산물인 에니어그램을 기반으로 기업조직 내 갈등 예방과 개인 비전 수립을 위한 당사의 대표적인 조직활성화 프로그램이다.

에니어그램 토크쇼
– '화요톡'

다음은 에니어그램 토크쇼를 만들어낸 과정을 소개하겠다. 철밥통으로 불리던 안정된 직장에서 10여 년 동안 교육담당관으로 일하던 어느 날 사고를 쳤다. 에니어그램 기반 교육사업으로 새로운 인생을 시작하겠다고 나선 것이다. 여러 가지 이유가 있지만 특히 직장상사이자 스승이셨던 고 박

세직 장군님이 항상 하셨던 말
씀의 영향이 컸다.

"꿈을 펼쳐라. 인재육성 교
육이 답이다." 사범대학을 나오
신 장군님은 항상 교육에 큰 뜻
을 두셨다. 부하직원을 가족처
럼 대해주시던 장군님의 말씀
은 곧 나의 목표가 되었고 마침

故) 박세직 장군님과 함께

내 나는 꿈을 실천한 것이다. 하지만 창업 1년 만에 회사 통장 잔고
가 바닥나면서 망하고 말았다. 회사라는 울타리의 힘을 그때 뼈저
리게 느낀 것 같다.

당시 너무 비싼 수업료를 치르고나니 너덜너덜해져 다시 일어
날 힘조차 없었다. 할 수 있는 거라곤 아무것도 없이 카페에 앉아
못난 나를 한탄하고 후회하며 시간을 보내는 것이 일과였을 때다.
그러던 어느 날 평소 나를 아끼던 지인에게서 전화가 왔다. 그렇게
의기소침해 칩거하는 것이 안타까웠는지 이런 제안을 해왔다. 지
인이 운영하는 카페 2층에 커피 교육장이 있는데 매주 수요일 하루
는 쉬니 사용해도 되고 일요일에도 내줄 테니 뭐라도 해보라는 것
이었다.

아니, 어디서 들려오는 희망의 종소리인가? 나중에 들어서 알게 되었지만 그 카페 주인은 에니어그램에 꽤 관심이 있었다. 나중에 에니어그램에 대해 집요하게 물어오면 나는 대답하며 자주 열띤 토론을 했다. 무모했던 첫 사업 실패의 상처가 아물기도 전에 다시 온 제안인데 그렇게 멍하니 카페에 앉아 있을 수만은 없었다. 뭐라도 해야 한다고 느꼈지만 당시의 절망감은 혼자 힘으로는 도저히 극복할 수 없을 정도였다.

그때 에니어그램 사업으로 망했는데 다시 에니어그램으로 사업할 생각을 했다. 지겨울 만도 한 단어인데도 내가 할 수 있는 것은 다시 에니어그램이라는 생각밖에 없었다. 보장된 철밥통을 버리고 나 스스로 인생을 선택할 힘을 주었던 계기가 그 무렵 내 성격을 알면서부터였기 때문이다. 하지만 현실은 내가 감당하기 힘들었다. 남의 카페에서 다시 시작해야 했기 때문이다.

그래! 내게 주어진 이 카페에서의 하루를 잘 활용해야 하는데 어떡해야 할까? 그때 떠오른 것이 바로 '토크쇼'였다. 기회는 한 번밖에 없었고 한 번만 하

지미 카터 전 미국 대통령 관저에 작품을 전시한 작가 소금 박재현 초대 토크쇼

는 에니어그램 교육기획을 하려다보니 이 예쁜 카페에도 잘 맞는 토크쇼 방식의 교육을 해야겠다고 판단했다.

"기획을 잘해야 하는데, 이번에도 실패하면 어쩌지? 그리고 날 믿고 소개해준 지인에게 민폐가 되면 안 되는데…" 부담감이 엄습했다. 마음을 가다듬고 그동안 경험했던 교육담당자 직무와 국회에서의 CEO 아카데미 등을 떠올리며 대중을 위한 문화마케팅을 컨셉으로 잡았다. 그리고 흥미 유발을 위한 새롭고 신선한 컨텐츠이면서 뚜렷한 테마가 있는 시리즈 기획물에 초점을 맞추었다.

무엇보다 내가 가장 잘 알고 잘할 수 있는 에니어그램을 활용하는 새로운 컨텐츠 개발에 초점을 맞추는 것이 토크쇼라고 생각했다. 그런데 마음에 걸리는 것은 우선 에니어그램이 타 성격 분석 도구에 비해 생소하고 어렵다는 것이었다.

에니어그램에서는 인간의 기본 성격 유형을 9가지로 분류한다. 그러다보니 어떤 사람들은 에니어그램을 머리, 가슴, 장형 3가지 유형으로 간단히 구분해 설명하기도 한다. 하지만 그것만으로 에니어그램을 제대로 이해하기에는 부족하므로 고민 끝에 직접 외국에 나가 사례를 살펴보았다.

외국에서는 에니어그램이 어떻게 활용되는지 직접 전수조사에 나섰다. 그리고 에니어그램을 '생활' 속으로 좀 더 쉽게 끌어들여 보자고 결심했다. 특정한 장소에 가야만 받을 수 있는 검사가 아니라 실생활에서도 응용할 수 있도록 친근하게 만드는 것이다.

외국에서는 실제 토크쇼나 패널, 타운 미팅 형식으로 많은 사람이 모여 에니어그램 이야기를 나눈다. 사회적 인지도가 높은 유명인사들을 초대해 진단해보고 그에 대한 인터뷰를 진행한다. 이런 방식은 에니어그램 이론 공부보다 훨씬 쉽고 친근하게 받아들이는 방법이었다. 이런저런 국내·외 여건과 나의 절박한 상황이 토크쇼라는 기획물을 탄생시켰다. 소위 국내 최초의 에니어그램 토크쇼 '화만나'였다.

이후 '카카오톡'이 등장할 무렵 트렌드를 반영해 이름을 '화요톡'으로 바꾸었다. 당시 '화'만 나는 내 처지를 한탄하지 않고 트렌드를 반영해 리뉴얼한 '화요톡'은 '화요일에 만나는 나눔 토크쇼'로 사람들의 공감을 얻었고 그야말로 대성공을 거두었다.

'화요톡'은 매월 셋째 주 화요일에 사회적 인지도가 있는 명사와 거장들을 초대해 진행했고 일반인들도 함께 참여했다. 명사들은 전문가에게 성격진단과 솔루션을 얻고 일반인들은 유명인사를 눈앞에서 볼 수 있었다. 진행 순서는 먼저 에니어그램을 통해 초빙 인사들의 성향을 진단하고 연사의 강연을 들은 후 에니어그램 전문가가 직접 토크쇼를 진행하면서 에니어그램을 자연스럽게 소개하는 것이었다. 그렇게 시작된 토크쇼는 에니어그램을 생활 속에 끌어들이기 위한 나의 첫 작업으로 내게는 무엇과도 바꿀 수 없는 중요한 경험이었다. 그 행사는 2년 동안 계속했는데 나 자신이 바닥까지 떨어졌다가 다시 회생해 한 단계 성장하는 계기가 되었다. 앞으로도 계속 진행할 만한 충분한 가치와 보람이 있는 일이어서 나중에도 다양한 제안을 수용해 이어나갈 계획이다.

그렇게 에니어그램은 나뿐만 아니라 많은 사람에게 다양한 분야의 좋은 사람들을 연결해주는 플랫폼이 되어 주었고 나의 재능을 발휘할 길을 열어주었다. 그래서 나는 이 도구를 정말 소중히 여기며 남다른 사명감으로 즐겁게 일했다. 특히 당시 참여했던 회원들과 초빙인사들은 지금까지 내가 운영하는 멤버십 커뮤니티의 핵심 멤버가 대부분일 정도로 호응이 좋았다.

되돌아보면 그 시기는 누구의 도움도 없이 혼자 모든 것을 해야 하는 힘든 여정이었지만 나는 실패했던 과거와 슬픈 감정을 내려놓고 다시 일어서야 한다는 목표로 일에만 집중했다. 에니어그램은 내게 이런 힘이 있다는 것을 안내하고 코칭해주었는데 그것을 전문 용어로 성격의 변형이라고 한다.

나는 내 고유한 성격을 뛰어넘어 변형하려고 노력했던 것이다. 어쨌든 나는 새로운 컨텐츠 개발을 위한 기획, 섭외, 인터뷰, 마케팅, 행사 준비, 운영, 팔로우업까지 일련의 비즈니스 프로세스를 온몸으로 부딪치며 체험했다. 그러다보니 자연스럽게 비즈니스 전문가로 가는 기본기를 조금씩 다지고 있었다.

지금 생각해보면 그때야말로 내가 에니어그램 전문강사로 설 수 있는 인적, 물적 인프라를 갖추는 데 가장 큰 도움이 된 것 같다. 하지만 지금도 멍하니 카페에 앉아 전 재산을 날리고 허무함을 달래던 그 시절을 생각하면 코끝이 다시 찡해진다.

시그널 영상: https://youtu.be/pl9erdP1Q6l

토크쇼 본 영상: https://www.youtube.com/watch?v=NAF9g4DpjZE&t=65s

토크쇼 사전 인터뷰

　에니어그램 토크쇼 '화요톡'의 준비 과정 중 가장 중요한 것은 사전 인터뷰다. 토크쇼의 주제가 초빙인사의 '성격'에 관한 것인 만큼 진행자와 초빙인사 사이에 충분한 정보와 이해가 바탕이 되어야 하기 때문이다. 그래서 토크쇼 초빙도 아무나 아는 사람을 하는 것이 아니라 어느 정도 중량감이 있어야 하므로 인선에 많은 신경을 썼다. 초빙인사들은 크게 저명인사, 각 분야의 명인과 거장들로 정하고 직접 찾거나 소개받기 시작했다. 그런데 토크쇼의 특성상 초빙인사들을 초대하는 데 어려움도 많았다.

　예능인이자 유명한 의사인 모 원장님을 초대한 적이 있다. 그런데 성격에 대한 대화이다보니 신경이 쓰이셨는지 인터뷰는 취소하고 참석하는 데만 그쳤다. 이렇게 초빙인사들은 자신의 치적이나 성공담을 소개하면서 자신의 성격적 특성을 드러내야 하므로 꺼리는 경우가 있었다. 특히 유명인들은 예민한 부분이 될 수 있어 조심스러울 때가 많다. 그래서 사전 인터뷰가 반드시 필요하다. 그리고 유명인사들은 알다시피 워낙 바쁘다보니 사전 인터뷰를 하고 나서도 스케줄이 안 맞아 토크쇼 출연이 연기될 때도 있었다. 그래서 나는 섭외 대상자를 항상 3명 이상 확보해 수시로 인터뷰해 나갔다.

인터뷰는 생소한 분야의 간접 경험을 위한 매우 효과적인 방법이다. 나는 '화요톡'의 경험을 살려 틈틈이 분야별 저명인사들을 대상으로 인터뷰를 계속했다. 이 인터뷰는 소위 명사들뿐만 아니라 직장인과 세일즈맨에 이르기까지 다양하게 진행하고 있는데 내게는 가장 소중한 자산 중 하나다. 또 인터뷰는 내가 이 책을 쓰게 된 결정적 계기가 되었다. 에니어그램이 자기 힐링뿐만 아니라 고차원적 비즈니스 전략으로서 강력한 도구가 될 수 있다는 확신을 갖게 되었기 때문이다. 당시 활용했던 핵심 인터뷰 질문지는 아래에 소개한다.

마지막으로 토크쇼 진행은 사전 준비가 매우 중요하다는 점을 강조하고 싶다. 제한된 시간 내에 초빙인사들과의 대담을 통해 그들의 삶과 철학, 성공과 실패 스토리, 성격과의 연계성 등을 모두 보여주어야 하기 때문이다. 토크쇼는 대담을 통해 진행되므로 준비가 소홀하면 자칫 개인적인 이야기 위주로 흐를 수 있어 성공적인 진행을 위해서는 철저한 준비를 통해 가능하면 시나리오에 의한 진행을 이끌어야 한다.

진행 시나리오의 핵심 툴은 질문이다. 실제로 토크쇼는 질문으로 시작해 질문으로 끝난다고 해도 과언이 아니다. 그만큼 질문이 중요한 것이다. 그래서 진행자는 사전에 효과적인 질문을 준비해야 한다. 특히 세일즈맨들의 사전 인터뷰는 그 자체가 값진 정보이므로 철저히 준비해야 한다.

질문은 크게 2가지 주제로 준비한다. 자기 성장 관련 질문과 관계개선 관련 질문이다. 인터뷰 사전 안내문과 인터뷰 질문 내용의 일부를 소개하면 다음과 같다.

인터뷰 사전 안내문 샘플

KCLC 2017-11호
제목: 컨설턴트 및 매니저 인터뷰를 위한 협조 요청
수신: 한국생명보험(주) 서울사업부
발신: 한국중앙교육센터

안녕하십니까? 한국중앙교육센터 류지연 대표입니다. 당사에서는 업계 최초로 고객 유형별 판매기법을 개발해 소개하고 있습니다. '에니어그램 세일즈' 컨텐츠의 업그레이드를 위해 인터뷰를 요청하오니 협조해주시면 감사하겠습니다. 인터뷰 대상자는 본인의 성격진단을 통해 자기성장 방향과 대인관계 전략을 수립할 수 있게 됩니다. 또 본인이 원하면당사의 칼럼과 유튜브 등 매체를 통한 개인홍보를 지원해드립니다. 관련내용은 아래 사항을 참조하시기 바랍니다. 감사합니다.

구 분	내 용	비 고
강 사	류지연 대표 외 당사 전문위원	
대상자	지점 현장의 컨설턴트, 매니저, 관리자	
일 정	상호 협의해 결정	
시간 운영	개인별 성격 유형 진단(에니어그램)	30분
	성격 유형별 특성 소개	30분
	개인별 인터뷰 및 성장 방향 해설	60분

인터뷰 질문 샘플: 인터뷰 시 사용하는 질문

1. 내 인생에서 중요한 소신이나 가치관은 무엇입니까?

2. 당신의 강점과 약점은 무엇이라고 생각하십니까?

3. 당신이 가장 행복했던 때와 힘들었던 때는 언제입니까?

4. 당신의 오래된 습관은 무엇입니까?

5. 당신은 어떤 성격의 소유자인 것 같습니까?

6. 대인관계에서 가장 중요하게 생각하는 것은 무엇입니까?

7. 당신은 어떤 유형의 사람이 가장 편합니까?(힘듭니까?)

8. 타인과의 관계나 일이 내 뜻대로 안 될 때는 어떻게 합니까?

9. 당신이 상대방을 설득하는 스타일은 어떻습니까?

10. 성향이 달라 타인과 갈등을 겪었던 적이 있습니까?

11. 삶에서 가장 성공적인 경험은 무엇입니까?

12. 성공의 원인과 과정은 어떠했습니까?

1. 그는 누구인가? : 대상자 인적사항, 전문 분야, 성취 업적, 평판 등

____

____

____

2. 유형 및 특성 : 유형(w날개), 외형적/내면의 모습과 추정 근거

____

____

____

3. 에피소드 : 자신의 성격이 잘 드러난 사례들(긍정적 사례, 부정적 사례)

____

____

____

4. 자기 성장을 위한 팁 : 인터뷰 대상자 본인의 느낌과 내가 본 느낌

____

____

____

에니어그램 세일즈
– '에세'

주로 강의와 상담을 하던 나는 '화요톡'을 진행하면서 마케팅과 영업 분야에 새로운 호기심을 갖게 되었다. 그 전에는 말도 못 꺼낼 일 중 하나가 세일즈 분야였지만 에니어그램이 내게 도전 의지와 용기를 주었다.

모든 학문이나 지식은 사람과 사람 사이에서 다양하게 활용될 때 진정한 가치가 있다는 점에서 세일즈는 반드시 필요한 분야였다. 그리고 사람을 대상으로 하고 사람을 관리하는 일 중 가장 액티브하고 폭넓은 분야는 결국 세일즈라는 생각이 강하게 들었다.

그러던 중 우연한 기회에 지인의 소개로 보험회사 교육을 접

보험사 컨설턴트 대상 에니어그램 세일즈 강연

하게 되었다. 그런데 보험회사의 세일즈 입문 과정 교재를 보고 깜짝 놀랐다. 그것은 마치 군대 교범처럼 방대한 업무 매뉴얼과 같았다. 교재에는 보험 세일즈의 모든 과정이 단계별로 표준화되어 기록되어 있었다. 인상 깊었던 것은 세일즈맨의 말이나 행동에 대한 고객 반응과 대응화법이 구체적인 시나리오로 정리되어 있고 그 시나리오를 열심히 암기하는 것이 신입교육 과정에서 매우 중요하다는 것이었다.

사람의 성격에 따라 마음을 움직이는 방법을 연구하는 나로서는 다소 충격적인 내용이었다. 복잡다단한 사람의 심리적 반응을 수반하는 세일즈 상황을 몇 가지로 표준화해 적용하는 것이 나로서는 이해가 되지 않았다. 나의 그 질문에 대한 교육담당자의 대답은 간단하고 단호했다.

"회사에서 가르치는 판매 프로세스는 일종의 기술인 동시에 과학입니다. 세상에 원인 없는 결과는 없습니다. 따라서 세일즈에 성공하기 위해서는 이미 성공한 사람들의 행동방식을 알아내 지속적으로 따라하면 됩니다. 이 판매 프로세스는 최고의 세일즈맨들이 수십 년 동안 터득한 기법들을 표준화해 단 며칠 만에 배울 수 있는 가장 효과적인 세일즈 기법입니다."

휴우! 세일즈에 문외한인 내가 무슨 할 말이 있으랴. 국내 최고 회사의 검증된 교육이라고 하니 일단 긍정적으로 받아들였고 그때부터 보험사뿐만 아니라 다양한 세일즈 관련 서적들을 주경야독하며 탐독했다. 이후 이런 판매 프로세스와 관리방법이 소위 '시스템 세일즈'라는 사실도 알게 되었다. 그리고 이런 교육방식이 대부분의 세일즈 분야에서 사용되고 있다는 것도 알게 되었다.

회사가 일정 성과를 계속 유지하기 위해서는 제조공장의 자동화 시스템처럼 영업활동의 표준화 즉 시스템화가 필요한데 그 결과물이 바로 판매 프로세스와 매뉴얼이다. 예를 들어, 1주일에 1건 계약을 하기 위해서는 3명에게 제안해야 하고 3명에게 제안하기 위해서는 10명을 만나야 하고 10명을 만나기 위해서는 50명에게 전화해야 하는 시스템이다. 그러므로 하루 10명에게 전화를 하면 주간 1건의 계약을 할 수 있다는 원리다. 그리고 고객에게 전화하고 만나고 제안하고 계약하는 과정에서 부족한 부분을 찾아 지도해주면 판매시스템이 원활히 돌아가는 것이다. 여기에 직업의식과 멘탈 강화를 위한 특별교육이 더해져 보험사들은 엄청난 성장을 했다고 한다.

이렇게 회사에서 시스템 세일즈를 강조하는 것은 여러 장점 때문일 것이다. 먼저 회사는 판매활동의 모든 단계를 계량화해 활동 현황을 한 눈에 파악할 수 있다. 그래서 성과 예측이 가능하고 관리가 쉬울 것으로 보인다. 그리고 세일즈맨 입장에서는 오랜 기간 성공과 실패를 해봐야 얻을 수 있는 노하우를 매뉴얼로 제공받아 시간과 노력을 절약할 수 있을 것이다. 훌륭한 시스템임에는 의심의 여지가 없었다. 하지만 시간이 갈수록 나의 궁금증은 더해갔다. 성공한 사람들의 행동방식을 아는 것은 매우 중요하다. 하지만 성격 분석가인 나로서는 여전히 이해하기 어렵고 수긍할 수 없는 부분들 때문에 생각이 더 많아졌다.

똑같은 말이나 행동에도 상대방의 성향에 따라 전혀 다른 반응을 보일 수 있다. 상대방의 성향에 따라 약이 될 수도, 독이 될 수도 있다. 세일즈맨 각자의 역량과 만나는 고객의 성격 등 상담환경은 모두 다를 수밖에 없다. 그런데 어떻게 성공한 사람의 방식이 내게도 똑같은 효과가 있을까? 효과가 있다면 상담환경이 비슷한 경우에만 해당하지 않을까?

나는 이런 시스템 세일즈가 잘못되었다고 말하는 것이 아니다. 다만 시스템 세일즈의 장점을 더 빛나게 할 수 있는 중요한 뭔가가 빠져 있다는 것이다. 그 중에서도 가장 아쉬운 점은 고객의 행동에 대한 대응기법은 많지만 행동의 동기가 되는 '성향'에 대한 상담기법이 거의 없다는 점이다. 그러다보니 고객 성향에 따른 대

응방법보다 주로 세일즈 상황에 대한 단답식 화법교육이 이루어
지고 있었다.

고객이라는 '사람'이 중요하다면 다양한 성향의 '사람'에 대한
심도 있는 연구가 필요하다고 생각한다. 더 구체적으로 말하면 고
객이라는 사람의 마음속 구조에 대한 섬세한 연구가 필요하다는
것이다. 여기서 내가 운영 중인 '성향대응 관계전략'과 같은 교육
과정과 비교해보면서 성공한 사람들의 행동방식을 사람의 성향에
따라 맞춤식으로 활용할 수 있다면 훨씬 효과적일 것이라고 생각
해보았다. 그런데 여기서는 왜 획일적인 화법들을 똑같이 외워서
써야 한다는 걸까?

이런 의문은 나를 며칠 동안 뒤척이게 만들었다. 어쨌든 나는
오랜 고민 끝에 한 가지 깨달음을 얻었다. 나의 이 물음이 연구할
가치가 있다는 것이었다. 즉 사람의 성향에 따라 달라지는 세일즈
기법을 연구해보기로 한 것이다.

똑같은 상황이라도 사람의 성향에 따른 반응을 알 수 있다면
좀 더 도움이 되지 않을까? 즉 고객의 반응이나 세일즈 상황이 그
고객의 성향에 따라 어떻게 달라지는지를 알 수 있다면 말이다. 여
기서 에니어그램이 해답이 될 수 있다는 확신이 들었다.

실제로 일반 기업체나 세일즈 업계에서는 DISC, MBTI, TA
와 같은 성격 진단 도구를 활용하는 성향대응 세일즈 기법을 도입
하고 있다. 하지만 대부분 몇 시간 정도의 특강 형태에 그쳐 효과에
대해서는 아직 확신하지 못하는 것 같다. 어쨌든 기업들의 성향대
응 세일즈 기법에 대한 관심이 커지고 있다는 것은 매우 반가운 일
이다.

성향대응 관계전략이나 세일즈 기법이 아직 자리잡지 못한
우리나라 기업교육의 현실도 내게는 기회라고 생각한다. 기업교
육과 비즈니스에 적용할 수 있는 성격 분석 도구 중 에니어그램의
우수성을 경험했던 나로서는 새로운 도전의 장이 될 수 있기 때문
이다. 그렇게 '에니어그램 세일즈'에 대한 나의 연구 욕구는 다시
불타올랐다. 대중들은 용어조차 모르는 아직 낯설고 생소한 성격
도구인 이 '에니어그램'을 세일즈 교육에 접목해보고 싶은 마음이
치솟았다.

우선 내 전문 분야는 세일즈가 아니므로 세일즈 전문가들의
도움이 필요했고 에니어그램 전문가들과 협업해 강사 양성 과정을
시작했다. 그리고 보험사의 영업과 교육담당자들을 소개받아 설득
해 에니어그램 강사로 양성했다. 특히 강사 양성 과정 수료자 중 10
여 명은 나와 함께 에니어그램 세일즈 연구회를 운영해오고 있는

데 이 연구회는 세일즈 교육에 대한 든든한 지원그룹이다.

우리 연구팀은 3년 만에 에니어그램 세일즈를 만들었다. 에니어그램과 세일즈 접목을 위한 노력은 강의, 방송, 인터뷰 등 다양한 형태로 시도되었다. 현재는 세일즈 프로그램으로 개발해 공개강좌를 정기 운영 중이며 전문강사도 지속적으로 양성하고 있다.

'에세'는 세계 최초의 '에니어그램 세일즈 프로그램'이라고 할 수 있다. 이 프로그램은 보험 컨설턴트들이 자신과 고객의 성격 유형에 맞는 화법을 개발해 상담할 수 있도록 만든 것이다. 그리고 국내 최대 보험사인 S생명과 K생명, 또 다른 S생명의 사내방송에 시리즈로 3년 연속 방영되어 호평을 받았다.

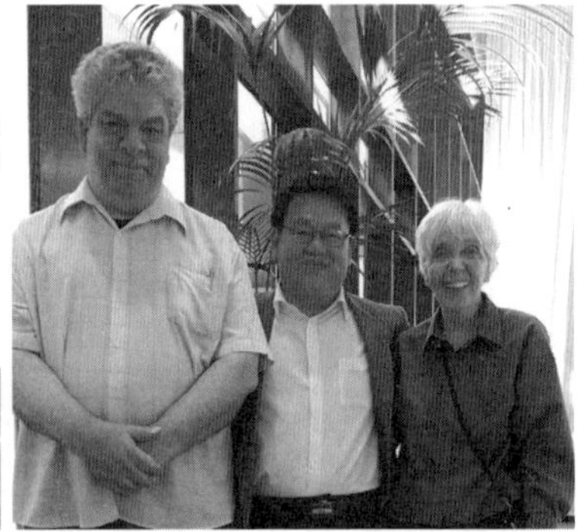

세계적인 에니어그램 대가 헬렌팔머

2016년 미국에서 열린 국제에니어그램협회(IEA) 컨퍼런스에 참석했을 때 에니어그램의 대가인 헬렌 팔머(Helen Palmer)와 그녀의 보디가드로 보이는 거구의 남편과 대화를 나눈 적이 있었다. 반백의 흰머리와 파란 눈의 그녀에게 "헬렌! 나는 한국에서 에니어그램 세일즈를 런칭했어요. 자, 보세요"라고 말했다. 나는 속으로 헬렌이 흠칫 놀라며 이런 일을 해낸 것을 칭찬해줄 것으로 기대했다. 하지만 놀라기는 하는데 칭찬이 아니라 믿을 수 없다는 표정이었다. 나는 용기를 내 다시 말했다. "헬렌, 세계적 글로벌 기업인 S그룹의 S생명에서 런칭한 거예요!"라며 명함 속에 인쇄된 증거를 들이밀었다.

그제서야 헬렌은 "음… 그래요? 당신이 해냈다면 당신이 최초일 거야! 어쨌든 그 노력이 대단해요."라며 건조한 말투로 화답했다. 그 순간 나는 여러 가지 생각이 교차되었다. 세계적 대가로 가톨릭 그룹과 함께 팔머 그룹을 이루고 정통성을 계승해온 헬렌 팔머 여사다. 그런 그녀가 자신의 에고를 뛰어넘지 못하고 의심의 눈길을 보낸 것은 변하지 않는 성격 그 자체였을까?

마치 "아니, 어떻게 세일즈맨이 상대방의 겉모습만 보고 그의 유형을 알 수 있지? 게다가 중요한 비즈니스 상담에서 어떻게 그런 위험한 실험을 할 수가 있어?"라고 내게 말하는 것 같았다. 헬렌 팔머와의 이 짧은 만남은 매우 복잡한 생각들이 오가면서 아쉬운 기억으로 남아 있다. 어쨌든 나는 그동안 아무도 하지 못한 세일즈, 마케팅 업계에 첫발을 내딛은 것이다. 그래서 "정말 내가 아무도 못한 일을 해낸 건 맞지?"라며 스스로 위로했다.

한국에 돌아와 그녀의 말을 곱씹으며 생각해보니 마음이 좀 편해졌다. 그리고 러스 허드슨(Russ Hudson)이 한국에 왔을 때 헬렌이 6번 충성가 유형이라고 했던 말이 떠올랐다. 그녀가 '안전'을 중시하는 6번 충성가라면 그 상황은 충분히 이해될 수 있었다. 다시 생각해보면 세계적인 에니어그램의 대가가 보기에는 동양의 젊은 에니어그램 연구자의 무모한 행동이 놀라운 한편 걱정스러웠을 수도 있겠다는 생각이 들었다. 역지사지로 생각해보니 그리 놀랄 일도 아니었다.

어쨌든 나는 그런 위험천만한 일을 저지른 것이다. 그리고 우리나라 최초의 에니어그램 세일즈 프로그램을 만들어냈다. '에세'는 2017년 1월 14일 화요일 오전 9시, 국내 최대 S생명 사내방송을 통해 처음 소개되었고 약 3만 명의 컨설턴트가 동시에 시청했다. 보안이 삼엄한 S사에서 내가 출연한 영상을 본 것도 한참 뒤였다.

물론 이 일은 나 혼자 할 수 있었던 것은 아니다. 세일즈 경험이 없는 나는 세일즈 전문가 그룹을 찾아 에니어그램을 소개하고 도움을 요청했다. 그리고 약 1년간의 힘든 트레이닝 수업 끝에 세일즈 전문가들의 지원을 받을 수 있었다. 하지만 세일즈 프로그램을 배우는 트레이닝 과정은 결코 쉽지 않았다. 그야말로 숨이 턱턱 막힐 정도로 힘들 때가 많았다.

세상에 공짜는 없는 법이다. 이 프로젝트를 하면서 나는 크고 작은 것들을 포기할 수밖에 없었다. 에니어그램 세일즈 연구에 매달리는 동안 기존 소득원을 거의 포기해야 했다. 회사를 운영하면서 결코 쉬운 일이 아니었다. 하지만 결과적으로 그것은 내가 성장하는 데 더 큰 결과물을 가져다주었다고 생각한다. 그리고 우리 연구팀의 지원과 의지가 없었다면 불가능했을 것이다.

이 세일즈 전문가들은 에니어그램만 알던 내가 더 넓은 세상을 볼 수 있는 길을 열어주었다. 그렇게 에니어그램 전문가와 세일즈 전문가들의 콜라보는 내게 큰 가르침을 주었다. 그런 산고 끝에 에니어그램 세일즈를 전국에 생방송으로 세상 밖으로 끌어낼 수 있었다.

방송 이후 여기까지 오면서 수많은 시행착오도 겪었다. 그 중에는 내가 세일즈를 책으로 익혔고 몸으로 뛰는 현장을 경험한 것이 아니라는 점 때문에 항상 솔직하지 않은 기분이 들었다. 그래서 실제로 보험 컨설턴트 자격시험에 응시해 합격하기도 했다. 그리고 실제 현장에 막 뛰어들려는 찰나 주위에서 "사람은 자신의 본업에 집중하는 것이 맞습니다. 해야 할 일이 더 많지 않습니까?"라며 만류했다. 나는 아쉬움을 뒤로한 채 다시 연구실로 돌아왔다.

나는 세일즈맨들과 깊이 연결되어 진심으로 내 마음을 다해 에니어케이션을 전하고 싶었다. 그리고 그렇게 세일즈 전문회사인 보험사에 새로운 개념의 에니어그램 세일즈 기법을 소개했고 지금도 강의를 통해 계속 보완해 나가고 있다.

마지막으로 한 번 생각해보자. 세일즈를 잘하는 사람은 어떤 사람일까? 세일즈의 전문성이란 무엇일까? 세일즈 관련 서적은 수천 권 이상이고 교육기관이나 컨텐츠도 넘쳐난다. 저명한 세일즈 전문가들이 강조하는 세일즈 명언들은 한결같다. 세일즈에는 성공의 공통분모가 있으며 성공한 사람들을 따라하면 성공할 수 있다는 것이다. 그런데 그 방법들이 대부분의 세일즈맨들에게도 효과가 있는지는 알 수 없는 일이다.

나는 세일즈 전문가는 아니지만 한 가지는 분명히 말할 수 있다. 세일즈의 전문성은 '사람'을 아는 데서 출발한다는 것이다. 고객은 사람이다. 그렇다면 결국 사람의 마음을 움직이는 사람이 세일즈를 잘하는 사람 아닐까? 그래서 사람의 마음을 움직이는 전문성이 세일즈의 전문성이라고 나는 생각한다.

사람의 마음을 움직이려면 무엇을 알아야 할까? 당연히 '성격'일 것이다. 그리고 사람의 성격을 알 수 있는 도구 중 에니어그램을 추천한다. 우리는 에니어그램을 통해 고객이 진정으로 무엇을 원하고 그 동기가 무엇인지 이해할 수 있기 때문이다.

에니어그램 실천의 방
- '프랙티스 룸'

'실천의 방'은 말 그대로 배운 내용을 실천함으로써 몸에 익히자는 뜻에서 만들었다. 좋은 책이나 교육을 통해 얻은 지식도 시간이 지나면 대부분 잊혀지기 마련이다. 또 그 중 대부분은 기억 속에서 사라지고 만다는 것을 우리는 경험을 통해 잘 알고 있다. 우리나라에서는 에니어그램을 접하는 것 자체가 아직 흔치 않다. 그리고 난이도로 따지면 정말 만만찮은 것이 에니어그램이다. 그런데 워크샵이나 정규교육을 이수하고도 한 달만 지나면 대부분 관심이 사라진다. 어떤 교육이든 마찬가지일 것이다. 그래서 교육이 평생 필요한 것처럼. 그나마 에니어그램은 자기 성격이기 때문에 유효기간이 긴 편이다. 그럼에도 불구하고 어렵게 알게 된 에니어그램이라는 지식이 아직 제대로 알지도 못하는 상태에서 사장되어 가는 것을 보면서 안타까움을 금할 수 없었다. 그래서 어떻게든 에니어그램을 접한 사람들이 그 끈을 놓지 않고 생활 속에서 이해하고 실천하는 과정을 보여주고 싶었다. 그렇게 '실천의 방'이 만들어졌다.

그 과정을 들여다보면 나는 정말 복이 많은 사람이라고 생각한다. 이런 갈증을 느낄 때마다 어김없이 자처해 그 역할을 해주는 회원들이 있다. 지금까지 내가 해온 많은 일은 나와 함께 연구회를 운영해온 회원들의 힘이 매우 컸다. '실천의 방'도 내가 운영하는 연구회의 리더 몇 분이 주도적으로 운영하고 정착시킨 사례다. 물론 그 과정에서 그분들도 성장했지만 나로서는 항상 감사할 수밖에 없는 일들의 연속이었다.

'실천의 방'의 운영 목적은 이름 그대로 배운 내용을 실생활에서 실천해 몸에 배도록 하는 것이다. 3년 전부터 내가 운영하는 에니어그램 정규교육 과정 수료자들을 대상으로 적용해오고 있는데 효과가 매우 컸다. 그리고 이 방법은 어떤 교육 과정이나 상황에서도 유용하게 활용할 수 있다. 여기서는 운영 샘플을 소개하고 4장에서 더 구체적인 운영 방법을 보여줄 것이다.

'실천의 방'은 1~4주 동안 운영하는데 내가 교육 컨설팅업을 운영하면서 실천해본 교육 과정의 팔로우업 방법 중 가장 실용적이고 효과가 컸다고 생각한다. 처음에는 경험이 없어 다소 시행착오를 겪었지만 몇 회차가 진행되면서 운영 노하우가 쌓여 이제는 확실히 자신감이 생겼다. 그래서 지금은 내가 운영하는 모든 교육 과정은 이 '실천의 방'을 팔로우업 과정으로 도입하고 있다.

'실천의 방' 운영은 혼자서도 할 수 있지만 어떤 형태든지 그룹으로 묶어 운영하는 것이 효과적이다. 가장 자연스러운 방법은 에니어그램을 배운 사람들끼리 함께 참여하는 것이다. 친구들, 가족, 직장동료들과 함께 운영할 수도 있다.

효과적인 운영을 위해서는 여러 가지 준비가 필요할 수 있지만 처음에는 아무 부담도 갖지 않도록 하는 것이 가장 중요하다. 참가자들이 자신의 에니어그램 지식수준에 대한 부담을 떨쳐버리고 자유롭게 자신의 이야기를 할 수 있도록 배려해주는 것이 가장 중요한 운영 노하우인 것이다. 아래에 운영 초기 과정의 샘플을 소개하니 내용을 참고해 반드시 활용해보길 바란다.

'실천의 방' 운영 샘플
에니어그램 워크샵 9명, 카카오톡 대화록

1일차 : 2018년 5월 3일 오전 8:55
운영 팁 : 리더와 진행자 소개, 자기 소개, 운영 목표, 운영 방법 소개

가슴형 4번 :
예술가

안녕하세요? 이 방의 총괄 책임자 류지연입니다. '나차행' 소중한 이 시간을 아름답게 만들어가겠습니다. 자, 그럼 오늘부터 실천의 방을 통해 성장할 수 있도록 도와주실 이 교수님을 소개하겠습니다.

머리형 7번 :
열정가

안녕하세요? 방금 소개받은 진행자 이 교수입니다. 저는 7W8 열정가 유형에 도전가 날개, 항상 남의 잔디밭이 더 푸르러 보이는 자유로운 영혼입니다. 우선 공감대 형성을 위해 자기 소개부터 하시죠.

장형 1번 :
개혁가

안녕하세요? 저는 강민수라고 합니다. 1W2 개혁가에 조력가 날개입니다. 반갑습니다.

가슴형 2번 :
조력가

초대해주셔서 감사합니다! 저는 허영일입니다. 2W3 조력가에 성취가 날개입니다. 그런데 나차행은 무엇의 줄임말인지 궁금합니다.

가슴형 4번 :
예술가

'나를 찾아 떠나는 여행'입니다. 줄여서 '나차행'은 에니어그램 입문자들의 체득화를 위한 실천의 장입니다. 원데이 워크샵과 강사 양성 과정 이수자들이 생활의 장에서 활용할 수 있도록 운영하고 있습니다. 궁금증이 해소되셨나요?

장형 8번 :
도전가

안녕하세요? 저는 이인숙이고요. 8W9 도전가에 화합가 날개입니다. 현재 사회복지기관에서 기획실장을 맡고 있고요. 8번 도전가 강한 장형이지만 사실 연약한 여자랍니다. 잘 봐주세요.

| **머리형 6번 :** | 안녕하세요? 저는 임정순이라고 합니다. 6W5 충성가에 탐구자 날 |
| **충성가** | 개를 사용합니다. 교육이 끝났어도 이 방에서 안내받을 수 있어서 |

머리형 6번 :
충성가

안녕하세요? 저는 임정순이라고 합니다. 6W5 충성가에 탐구자 날개를 사용합니다. 교육이 끝났어도 이 방에서 안내받을 수 있어서 다행입니다. 성실히 임하겠습니다.

장형 9번:
화합가

안녕하세요. 다시 만나 반갑습니다. 저는 9번 화합가입니다.

가슴형 3번 :
성취가

대단히 반갑습니다. 이번 프로젝트의 목표를 정해주셔서 구체적으로 이 미션을 수행할 수 있게 되어 감사합니다. 나를 찾아가는 일에 최선을 다하겠습니다.

머리형 5번 :
탐구가

이런 참가는 처음 해보는데 배운 것을 실천하는 데 의미를 두겠습니다.

머리형 7번 :
열정가

네, 단톡방의 성격과 참여 방법을 안내해 드립니다. 이 공간은 이론으로 학습된 에니어그램을 각자의 일상 속에서 구체적으로 적용하고 체험하는 것이 목적입니다. 앞으로 함께 할 운영규칙을 공유합니다. 여러분은 학습 과정을 통해 성격 유형을 이해하고 있으며 각자의 성격에 따른 핸디캡도 알고 계십니다. 우리는 이 단톡방 참여 과정을 통해 각자의 성장전략 항목 중 몇 가지를 선택해 매일 삶 속에서 적용하는 훈련을 할 겁니다. 더 자세한 내용은 참여하면서 알아가시면 됩니다. 타인의 사례가 충분히 도움이 될 겁니다. 다음은 세부 규칙입니다.

> 이 단톡방 참여는 평일에 한해 운영된다(07~23시).
> 참여자는 1일 1회 실천을 원칙으로 한다.
> 실천 결과를 매일 단톡방에 기록한다.
> 이 과정의 핵심은 질보다 양이다.
> 좋은 실천이 아닌 꾸준한 실천을 위해 노력한다.

가슴형 4번 :
예술가

황금연휴는 어떻게 보내셨나요? 이 실천의 방은 자기 의지를 가지고 매일 적극적으로 참여해야 도움이 됩니다. 우선 아래 성장전략 중 우선순위로 하셔야 할 문구를 고르고 하루 중에 실천해야 할 일을 이 단톡방에 적어보는 겁니다. 저도 아래 문구 중 하나를 선택해 실천하겠습니다. 저는 '모든 일을 감정에 따라 결정하지 말라!'로 결정했습니다. 자, 시작합시다.

머리형 6번 :
충성가

저는 '끝없는 고뇌에서 벗어나세요'로 정했습니다. 나에 대한 의심을 버리고 두려워하지 않는 하루를 살아보려고 합니다. ^^

가슴형 2번 :
조력가

좋은 아침입니다. 저는 '자신을 진정으로 사랑해주세요'로 정했습니다. ^^ 무엇보다 자신을 사랑해야 남을 사랑할 수 있을 것 같아서 정했습니다.

장형 1번 :
개혁가

저는 '칭찬해보기'입니다. 저는 장형답게 엄청난 분노의 에너지를 쓰게 되는데요. 저는 유난히 잘못된 것이 잘 보여요. 그러니 마음에 드는 게 있어야 칭찬을 하죠. 지금까지 제 칭찬을 받아본 사람이 없습니다. 그래서 반성하는 뜻을 담아 선택했습니다.

머리형 7번 :
열정가

제가 성격 유형을 처음 이해하고 가슴에 가장 와 닿은 것은 '약속을 신중히 하라'였습니다. 당시 저는 교육팀에 근무 중이었고 선심성 약속을 남발하느라 쓸데없이 힘든 시간을 보냈습니다.

머리형 5번 :
탐구가

저는 '타인의 무지를 탓하지 마세요'입니다. 잘 모르는 사람들이 이야기하는 것을 듣기 힘들었거든요.

가슴형 4번 :
예술가

와! 모두 진솔해 보입니다. 마지막 실천 문구를 꼭 써주세요.

**장형 8번 :
도전가**

귀담아 듣고 협상하는 습관을 길러야 할 것, 힘을 빼고 협력하기 위해 노력하고 있습니다. 나의 실천전략은 '타인을 배척하지 말고 협력하자'입니다.

**머리형 7번 :
열정가**

오! 오후 내내 바쁘게 보내는 동안 많은 실천 사례가 채워져 있군요. 출발이 좋습니다! 개인적인 적용, 조직이나 팀 내 적용 모두 좋은 사례입니다. 저의 첫 실천항목은 '계획을 구체화하라!'입니다. 회사 업무 중에서 입사 3년차 세일즈맨을 성장시키는 일을 하고 있습니다. 완성은 내일까지! 할 수 있을 것 같은 막연한 긍정. ^^

**가슴형 3번 :
성취가**

어제, 오늘부터 시작된 이 일로 다른 시간을 조정해야 한다는 것을 알고 스케줄 표를 다시 정리하는 시간을 가졌습니다. 저의 실천 과제는 '다이어리에 일만 채우지 말고 자신을 만나는 시간을 가지세요'입니다.

**장형 9번 :
화합가**

저의 실천 주제는 '하루하루 계획 세우기'입니다. 오늘은 일이 없는 날이었는데요. 휴일에는 하루 종일 잠만 자고 끝나버리거든요. ㅜㅜ 이것도 필요하지만 해야 할 일을 미루는 것이 제 문제입니다. 그래서 이것으로 실천합니다.

3일차 : 2018년 5월 5일 오전 8:30
운영 팁 : 일일 실천 사례 및 소감 소개, 피드백

**장형 8번 :
도전가**

'배척하지 말고 협력하자' 오늘 회의가 있는데 거슬리는 사람들 때문에 그들을 배척하는 마음이 불쑥불쑥 올라와 신경 쓰였습니다. 화가 난다. 화가 나!

**가슴형 4번 :
예술가**

저는 에니어그램을 학습하고 제 삶에서 확실한 성장을 체험할 때까지 약 2년이 걸렸습니다. 그때는 이런 피드백 과정이 없었거든요.

하지만 여러분은 훨씬 더 짧은 시간에 더 극적인 변화들을 체험할 것입니다. 오늘부터 단톡방에 구체적인 행동 중심으로 글을 남겨주십시오!

장형 1번 : 개혁가

저는 작은 딸과 함께 출근합니다. 내가 일어났는데 아이가 아직 자고 있으면 화가 납니다. 그리고 출근할 때 현관에 저보다 늦게 나오면 화가 납니다. 그리고 차를 타고 오면서 잔소리가 시작됩니다. 어제 몇 시에 잤느냐, 왜 늦게 잤느냐, 요즘 시간 있을 때 무슨 공부를 하느냐, 아침부터 부담스러운 아빠가 되는 거죠. 오늘 '칭찬해보기'는 실패했습니다.

가슴형 4번 : 예술가

네, 오늘은 자신의 도전 과제에 좀 더 집중해보시길 바랍니다. 장형 1번 개혁가님, 내일은 따님에게 꼭 칭찬해 보시길 바래요. '칭찬할 게 없네'라고 생각하시는 건 아니죠? 따님이 지금처럼 밝게 자라준 것만으로도 큰 칭찬거리입니다.

장형 9번 : 화합가

'하루하루 계획 세우기', 오늘의 계획은 친구에게 먼저 연락하기! 저는 먼저 연락하는 것이 마음먹지 않으면 어려운 일입니다.

가슴형 4번 : 예술가

여러분의 매일 실천 생활을 응원합니다. 우리가 회복하려는 이것은 그렇게 낯선 것이 아니고 잠시 잃어버렸던 우리의 본질이며 원래부터 가지고 있던 것을 에니어그램을 통해 지금 발견하고 있는 겁니다. 이 모든 것이 현존하면서 가능한 일임을 깨달읍시다. 여러분이 제게 큰 가르침을 주시니 그대들이 나의 스승입니다. 모두 존경스럽습니다.

가슴형 2번 : 조력가

어제 그동안 꾹꾹 참아왔던 이야기를 하려고 했는데… 밝고 긍정적으로 다가오는 후배를 보고 아무 말도 못하고 즐거운 시간을 가졌습니다. 이야기 안 하길 잘했다고 자위하면서. '자신의 욕구를 표현하라!'가 쉽지 않은 2번입니다.

| 머리형 7번 :
열정가 | 우리는 이 과정을 통해 성격상 핸디캡이 있는 부분을 의식적으로 실천하고 있습니다. 이것은 평생 쓰지 않던 근육을 사용하는 것처럼 부자연스럽고 어색할 겁니다. 그래서 작은 실천 하나도 의미가 있고 소중합니다. 그 내용을 공유하는 것도 더 가치가 있습니다! 오늘도 파이팅! |

4일차 : 2018년 5월 6일 오전 8:30
운영 팁 : 일일 실천 사례 및 소감 소개, 피드백

| 머리형 7번 :
열정가 | 좋은 아침입니다! 저희는 자신이 가진 성격 특성상 부정적인 감정이나 행동을 깨닫고 그것으로부터 자유로워지는 실천 과정을 함께 하고 있습니다! 오늘도 다양한 실천 사례를 기대합니다. |

| 가슴형 4번 :
예술가 | 오늘 저는 저의 솔직함으로 포장된 감정이 자주 드러난다는 것을 깨닫습니다. 다시 한 번 반성하면서 실천 의지를 한 번 더 씁니다. '모든 것을 감정적으로 판단하지 말라!' |

| 장형 8번 :
도전가 | 제가 8번이라는 것을 다시 느끼는 계기가 있었습니다. 남자친구와 6시 약속을 하고 서둘러 30분 전에 도착해 연락했는데 받지 않았습니다. 일이 아직 안 끝났나 생각되어 30분 동안 근처에서 쇼핑하면서 놀다가 6시 정각에 연락했는데 또 받지 않더군요. 6시 30분이 되자 걱정보다 '나한테 이럴 수 있어?'라는 생각과 함께 바로 귀가해 일을 시작했습니다. 그 후 계속 연락이 오는데 받지 않았습니다. '받은 만큼 되돌려준다'라며. '일하는 중이니까 카톡 남겨둬'라고 하고는 일에만 집중했습니다. 네가 그랬으니 나도 그러겠다는 마음이 불쑥불쑥 올라오고 화가 치밀어 오릅니다. 그 순간 이것이 타인에게 복수하려는 8번의 특징이라고 생각하고 있습니다. |

| 머리형 7번 :
열정가 | 정말 에니어그램 1개월 차가 맞는지 의심스러울 만큼 깨달음의 깊은 경험을 하고 계시군요. 부럽습니다. |

**가슴형 2번 ;
조력가**

제 미션은 '자신을 진정으로 사랑해 주세요'입니다. 다른 말로는 '남에게 너무 신경 쓰지 말라'인데요. 실천하기가 어려웠습니다. 그런데 글을 올린 이상 노력하게 되더라고요. 이런 생각이 '실천의 방'의 힘인 것 같네요.

**가슴형 4번 :
예술가**

와! 2번 조력가 선생님, 깨달음 후 대단한 의지로 극복 중이십니다. 잘하고 계십니다.

- 5일차, 6일차, 7일차, 8일차, 9일차 중략 -

10일차(마지막 날) : 2018년 5월 12일 오전 8:08
운영 팁 : '실천의 방' 참가 소감, 진행자 피드백, 향후 실천 계획 소개

**가슴형 4번 :
예술가**

오늘이 마지막이네요! '지금 있는 곳에서 꽃을 피워라!' 마지막 미션으로 인사드리고 싶습니다. 에니어그램을 통해 나 자신을 만나지 못했다면 얼마나 더 큰 고통 속에서 살고 있었을지 생각만 해도 슬픕니다! 세상의 모든 살아 있는 것을 부정하고 나만의 세계 속에서 또 다른 삶을 살고 있었을지 모릅니다! 나를 현실 속에서 살게 해준 위대한 에니어그램을 새기며 제 살이 되어버린 이것을 오롯이 태우며… 매 순간 땅에 발을 딛고 감사하며 삽니다. 내 주변의 모든 숨 쉬는 것들과 살아가려는 모든 사람을 사랑하며 삽니다! All is one!

**머리형 7번 :
열정가**

결혼 후 나름대로 배우자에게 잘하려고 노력했지만 잦은 성격 마찰로 인해 항상 부족한 남편이었습니다. 주말여행을 마치고 돌아오는 차 안에서 아내가 이렇게 말하더군요! '여보, 올 한해 나한테 잘해줘서 고맙다고. 당신과 결혼한 것 감사하게 생각한다고.' 쑥스러웠지만 기분은 좋더군요! 사실 그해에 더 잘해주려고 노력한 것은 없습니다. 다만 에니어그램을 통해 나와 아내의 성격의 부정적 요소들을 알아가면서 그것들로부터 조금 자유로워진 것뿐인데… 알면 사랑하게 된다!

장형 9번 :
화합가
제가 류지연 교수님을 통해 에니어그램을 알게 된 지 1년이 되었는데요. 저는 매일 글을 올리는 것 자체가 갈등입니다. 이런 내가 답답한 감정이 올라올 때마다 최선을 다하는 여러분의 글을 보며 저는 '현존'하게 됩니다. 다시 알아차리고 '하루하루 계획 세우기', 운동, 영어공부, 수업 준비는 기본이고 오늘은 밀린 영상과 자료들을 보려고 합니다! 제가 실천할 수 있게 해주신 데 대해 교수님께 깊이 감사드립니다.

가슴형 2번 :
조력가
'자신을 진정으로 사랑해주세요' 항상 그렇지만 오늘 협업하는 팀에서 제 의견과 욕구를 말하는 게 쉽지 않았지만 그래도 전보다는 조금 나아졌습니다. 나 자신을 관찰하면서 최대한 표현하려고 노력하고 있습니다. 그리고 지금까지의 저를 돌아보면서 남을 도와준 대가를 기대하지 않으려고 다짐합니다. 에니어그램을 통해 감정이 올라오기 전 그것을 읽어내는 눈이 조금 생겼습니다. 류 교수님, 지속적으로 동기부여 해주셔서 감사드립니다.

장형 1번 :
개혁가
이 방이 이제 마지막! 에니어그램을 통해 저의 오만과 교만을 보았고 공부하는 내내 깊이 숨겨진 내면이 드러날까 봐 계속 보호막을 치고 있는 저를 보았습니다. 에니어그램을 통해 타인의 아픔과 생각을 진하게 느낄 수 있었습니다. '실천의 방'을 통해 타인을 나의 잣대로 재지 않고 가슴으로 안아주는 가르침을 주신 모든 분께 감사드립니다.

장형 8번 :
도전가
'배척하지 말고 협력하자' 어제는 제가 개발할 프로그램에 숟가락만 올려놓겠다는 선생님을 안아드렸습니다. 정말 화가 치밀어 올랐지만 여러분과의 소통이 큰 도움이 되었습니다. 그리고 앞으로 너무 힘쓰지 않으렵니다. '실천의 방' 덕분에 많이 돌아보고 정말 감사한 시간이었습니다. 머리 숙여 감사드립니다.

머리형 5번 :
탐구가
지켜보기만 하고 제대로 참여는 못 했지만 '실천의 방' 덕분에 나 자신의 감정을 깨달을 수 있었습니다. 감사하다고 할까! 저는 이제부터 시작입니다.

**가슴형 4번 :
예술가**

네, 아직도 열기가 뜨겁군요! 너무너무 아쉽지만 성격의 변화 과정을 잘 인지하시고 생활 속에서 잊지 말고 꼭 실천하셔야 합니다. 너무 아쉽지만 이제 정말 마쳐야 할 것 같습니다. 참가자 여러분의 변화가 놀랍고 저도 하루하루가 배움이자 감동입니다. 에니어그램의 힘이자 기적입니다.

**머리형 7번 :
열정가**

실천 과정을 함께 하신 모든 분들, 수고 많으셨습니다. 에니어그램이라는 공통 주제를 통해 공감하고 소통했던 멋진 시간이었습니다. 다음 주에 오프라인 모임을 공지하겠습니다. 실천 과정 중 글로는 미처 나누지 못한 이야기와 개인 성장을 위한 방법들을 얘기할 것입니다. 모든 '실천의 방'을 마칩니다. 감사합니다.

- 세션 종료 -

* 팁 : 에니어그램 워크샵 수료자, 강사 과정 자격 취득자 분들은 배운 것을 실천하기 위한 '실천의 방'을 꼭 적용해 보시길 바랍니다.

* '실천의 방'은 실제 참가자들의 말을 그대로 기록한 것이며 각 유형별 언어와 생각, 생활방식 등을 잘 알아차리며 읽어보길 바랍니다. 이것은 살아 있는 학습입니다.

02

기업 마케팅 솔루션

나는 마케팅 전문가가 아니다. 하지만 마케팅 분야에서 열정적으로 일하고 싶은 욕구가 있고 또 얼마든지 할 수 있다고 생각한다. 에니어그램이 있기 때문이다. 에니어그램은 마케팅의 어떤 분야에서도 효과적으로 활용할 수 있다. 반복되는 말이지만 나의 에니어그램 사업 목표는 '생활 속 에니어그램', 나아가 '비즈니스 에니어그램'의 정착이다. 에니어그램을 기반으로 '생활 속 비즈니스' 분야에서 더 많은 사람이 도움을 받도록 하는 것이다.

폭발적으로 증가하는 브랜드와 상품들, 정보의 홍수 속에서 살아가는 소비자들은 오히려 선택의 기로에서 혼란스러울 때가 많다. 갈수록 다양해지는 소비자들의 성향과 상품들을 연결해 그들의 더 나은 선택을 도와줄 가이드가 필요한 것이다. 그러기 위해서는 소비자의 취향을 더 디테일하게 파악해 자사 상품과 연계할 수

있다면 어떨까? 그리고 회사의 일방적인 권유가 아니라 소비자 자
신이 중심이 된 구매나 쇼핑의 느낌을 줄 수 있다면 어떨까? 관심
유발과 함께 매우 신선하고 효과적인 마케팅 방법이 되리라 생각
한다.

성격 유형 분석 툴을 활용하면 그것이 가능해진다. 자기 성향
을 진단할 수 있는 테스트 툴은 많다. 그 중 DISC, MBTI, TA, En-
neagram 정도가 경쟁할 것으로 보인다. 그런데 대부분의 마케터들
은 에니어그램을 선택할 것이다. 그 이유는 다양하지만 용어를 우
리말로 쉽게 설명할 수 있고 사람 냄새가 물씬 풍기는 도구이므로
인간의 삶에 반영하는 데 적합하기 때문이다. 자, 이제부터 마케팅
툴로서 에니어그램의 활용 가능성과 실제 사례, 성과에 대해 알아
보자.

고객맞춤형 취향컨텐츠
– 셀렉션샵 사례

최근 나는 기업 마케팅 프로젝
트를 경험할 기회가 있었다. 에니어그램을 활용한 고객심리 테스
트를 만들어달라는 부탁이었다. 이 회사는 꽤 유명한 인터넷쇼핑
몰 회사인 온라인셀렉트샵 29CM㈜이다. 우리 연구팀이 이 회사

에 신규회원 확보와 회사 이미지 제고에 큰 도움을 준 사례다.

이 회사의 인터넷 사이트를 방문한 고객들은 먼저 간단한 테스트를 통해 소비성향에 따른 자신의 모습을 진단한다. 그리고 성향에 맞는 메뉴를 보여주는 셀렉션 타깃 쇼핑을 경험한다. 이것은 업계에서는 매우 획기적인 시도여서 젊은 층에서 큰 인기를 끈 것이다. 바쁜 현대인들에게 내 취향에 맞는 제품을 자동으로 권해주는 것은 최고의 서비스를 받는 고객관리 시스템 중 하나다.

2017년 5월이었다. 기업체 교육 준비로 정신없이 바쁜 와중에 전화 한 통이 왔다. 29CM㈜라는 회사의 마케팅팀 직원이었는데 컨텐츠 개발 프로젝트 관련 건으로 급히 상의할 일이 있다는 것이었다. 29CM㈜는 인터넷쇼핑몰 기업으로 최근 업계 수위로 부상 중인 주목받는 기업이었다. 다가오는 추석을 겨냥해 새로운 형태의 이벤트를 기획 중인데 인간의 성격 유형과 연계한 컨텐츠 개발을 구상하다가 나를 찾게 되었다고 했다.

그 회사는 이름처럼 주로 20대 후반의 잠재 고객층이 타깃이었다. 그래서 매우 다이내믹하고 패스트한 분위기에 자유분방하고 창의력 넘치는 직원들이 많았다. 추진력도 대단해 이번 기획 건도 국내 사례뿐만 아니라 전 세계 마케팅 사례를 수집해 분석했다고 했다. 우선 성격 분석 툴과 분야별 전문가를 비교 · 분석하고 여러 산업 분야에서 수집한 마케팅 사례를 보여주었다. 유명 맥주회사 하이네켄의 광고가 매우 인상적이었다.

한 명이 단답식 문제풀이 형식으로 다양한 장면을 연출해 9가지 캐릭터를 연기하는 성격 분석 툴이었는데 동영상으로 제작해 흥미 유발에 효과가 컸을 것으로 보였다. 동영상에 들어간 제작비가 엄청났을 것으로 추측된 잘 만든 영상이었다. 하지만 성격 이야기와 맥주의 연계성 부각에는 미흡하다는 생각이 들었다. 차라리 패션쪽 옷이라면 더 흥미롭지 않았을까? 그래서 이 영상을 표본으로 29CM(주)팀이 참고했을 거라고 판단했다.

우선 많은 전문가 중에서 특별히 나를 선택한 이유를 물어보았다. 에니어그램 전문가 중 기업교육 관련 경험이 많은 것 같고 이론적이기보다 다양한 시도를 하는 실험정신이 가득 느껴졌다는 대답이었다. 한마디로 좀 특이한 것 같아 연락했다는 말로 들렸다. 그동안의 무모할 만큼 많은 도전이 인정받은 것이라고 할까. 나는 많은 사람에게 그렇게 각인되고 있나 생각이 들었다. 기분이 나쁘지는 않았다. 나도 그것이 나의 자연스러운 모습이라고 생각하니까. 그리고 이런 제안도 받을 수 있었던 거니까.

즉시 마케팅 컨텐츠 개발 프로젝트가 시작되었다. 29CM㈜는 인터넷쇼핑몰 브랜드로 매우 창의적이고 정확한 타깃 고객층을 대상으로 경영하고 있었다. 특히 20대가 잠재고객으로 당시 800여 가지 제품을 판매하고 있었다. 먼저 컨텐츠 개발을 위해 T/F팀을 구성했다. 29CM㈜의 기획 및 개발팀 실무자 3명과 당사에서는 나를 포함해 연구원 3명이 투입되었다.

이번 컨텐츠 개발과 이벤트의 추진 목적은 한마디로 성향 테스트 방식을 접목해 구매까지 이루어지게 하는 것이다. 고객들은 테스트에 참여해 자신의 성향을 파악하고 타입에 맞는 제품까지 추천받는 것이다. 일거양득이다. 이를 통해 소비자는 자신에 맞게 정교하게 큐레이션된 29CM㈜의 제품을 접한다. 그리고 회사 차원에서는 신규회원 확보와 함께 분석된 고객 성향에 따라 자사 제품군을 효과적으로 추천함으로써 매출증가 효과도 기대했다. 이에 따라 회사에서는 이번 이벤트를 촉진하기 위해 무엇보다 잠재고객의 흥미와 관심을 유발할 특별한 뭔가가 필요했다. 그 결과물로 인터넷 설문과 성격 분석이라는 신선한 아이디어를 생각해냈고 에니어그램을 이벤트 성공을 위한 툴로 활용하고자 한 것이다.

컨텐츠 개발의 전제 조건은 2가지였다. 우선 인터넷 방문 고객들은 호기심에 설문에 응하더라도 시간이 오래 걸리면 쉽게 이탈

한다는 것이었다. 따라서 성향 분석 설문 도중 고객 이탈을 막을 조치가 필요했다. 그래서 2분 안에 설문을 마치도록 문항을 12개 이내로 줄이는 작업에 들어갔다. 그것은 이 분야의 전문가만 할 수 있는 일이었다.

그리고 자사 추천제품과의 연계성을 살리도록 설문 내용의 철저한 커스터마이징이 필요했다. 이것은 양사가 함께 할 수 있는 일이었다. 따라서 29CM(주) 개발 실무자들에 대한 기초 소양교육이 필요했다. 에니어그램의 기초 지식과 원리를 체험시켜야 공적 의견을 수렴할 수 있었기 때문이다. 다행히 젊고 학습능력이 뛰어난 친구들이어서 이해도가 높고 빨리 적응해 속도를 낼 수 있었다.

29CM(주)와의 협업 미팅 및 담당자 교육

몇 번의 협업 미팅, 개발 실무작업과 수정·보완작업, 마지막 단계에는 밤샘작업이 계속되었다. 그렇게 3개월간의 노력 끝에 드디어 결과물이 나왔다. 29CM(㈜)의 잠재고객용 설문 내용, 설문 결과에 따른 성격 유형별 페르소나를 형상화한 캐릭터와 트렌드를 선도할 특별한 명칭, 성격 유형별 프로파일 설명문이 완성된 것이다. 최고의 전문가와 기술이 필요한 어려운 작업이었다.

드디어 추석 연휴를 겨냥해 회사 홈페이지에 이벤트가 오픈되었다. 결과는 대성공이었다. 원래는 2주 동안만 반짝 이벤트로 진행하고 또 다른 이벤트로 이어갈 계획이었는데 반응이 너무 뜨겁다보니 2개월간으로 연장하게 되었다.

당시 2개월간의 운영 결과를 보면 총 방문자 수 305,752명, 성격 분석 설문 참여 81,095명, 신규회원 가입 16,415명이었다. 당초 예상을 훨씬 뛰어넘는 고무적인 결과였다. 이 이벤트는 자사뿐만 아니라 업계 마케팅 우수 사례로도 발표되었고 계속 연장하다가 무려 1년간 운영한 끝에 막을 내렸다. 이런 결과를 낼 줄 알았다면 러닝 개런티를 걸었어야 했는데 나는 역시 돈 버는 것과는 거리가 멀다고 생각했다. 어쨌든 보람 있는 일이었고 성격 연구가로서 자부심을 갖고 만족했다. 다음은 해당 업계의 관련 기사다.

"당신은 어떤 스타일의 사람인가요?"

[29CM㈜, 심리검사를 활용한 '라이프스타일 테스트' 서비스 오픈]
– 패션 인사이트(Fashion Insight) 2017년 10월 18일 기사

29CM㈜의 큐레이션은 진화를 계속한다. 엄선된 제품, 감성적 디자인과 글에서 한 걸음 나아가 소비자의 라이프스타일을 진단해 그에 맞는 '더 나은 선택을 위한 가이드'를 제안한다. 에이플러스비(대표 이창우)의 29CM㈜가 심리검사를 활용한 라이프스타일 테스트를 공개했다. 29CM㈜는 이번 서비스로 소비자의 라이프스타일을 파악해 향후 개인 추천 시스템에 반영해 큐레이션을 서비스할 계획이다.

지난 18일 시작된 29CM㈜의 라이프스타일 테스트는 평균 10개 문항으로 작성된 간단한 테스트를 통해 사람들의 성향을 파악하고 그 성향에 가장 적합한 라이프스타일을 제시해주는 방식이다. 테스트를 마치면 15% 할인 쿠폰과 함께 라이프스타일별 추천상품도 제안한다.

이번 서비스는 한국중앙교육센터(대표 류지연)와 협업해 성격심리 검사 도구인 '에니어그램'을 활용했다. 29CM㈜가 정의한 소비자 라이프스타일은 9가지 유형으로 나뉜다. 쇼잉 오퍼, 슬로우 라이프 시커, 미니멀리스트, 소셜 옵티미스트, 라이프스타일 얼리버드, 로열리스트, 브랜드 열정가, 밸류 쇼퍼, 컬처 팔로워 등이다. 예를 들어, 브랜드 열정가는 성취지

향적 삶을 추구하고 브랜드는 나를 보여주는 또 다른 방식, 선별의 꼼꼼
함부터 수집의 열정까지 보여주는 사람으로 표현된다.

이유진 29CM(주) 브랜딩팀 마케터는 "이번 서비스는 국내 쇼핑몰에
서 최초로 시도되는 라이프스타일 테스트 서비스로 각 라이프스타일에
따른 큐레이션을 강화하기 위해 기획되었다"라며 "오픈한 지 일주일이 지
났는데 매일 3만여 명이 테스트 페이지를 방문하는 등 바이럴 효과가 일
어나고 있다"라고 말했다.

- 강경주 기자

실제진행된 이벤트 캡처사진

마케팅 전략
– 업종별 개발 방향

29CM㈜의 마케팅 성공 사례가 입소문이 나자 동종업계는 물론 유사업종들까지 문의전화가 오기 시작했다. 대부분 29CM㈜와 비슷하게 만들어달라는 것이었다. 드디어 고생 끝나고 나도 돈을 버나 보다 들뜬 기분으로 교수회의를 시작했다. 교수팀에서는 동종업계에 유사상품을 만들어주는 것은 상도의상 문제가 있다면서 원칙을 세우자는 의견이었다.

많은 곳에서 제안한 동종업계는 그렇게 정중히 사양했다. 물론 해당 회사와의 계약서에 그런 조항은 없었지만 오랜 기간 세일즈 업종에 종사해온 분들로 구성된 교수팀에서는 1년 동안은 동종업계와 거래하지 않는다는 원칙을 세웠다. 이렇게 돈 버는 일과는 멀어졌지만 이런 교수님들과 일하는 것 자체가 뿌듯하고 든든했다.

이 경험을 바탕으로 나는 마케팅 분야에 자신감을 얻게 되었다. 앞으로는 좀 더 다양한 마케팅 컨텐츠 개발을 시도해볼 생각이다. 이 경험을 통해 에니어그램의 무궁무진한 개발 가능성을 보았고 더 다양한 분야의 기업들에게 제안하고 있다.

올해 계획은 에니어그램을 더 많은 기업에 적용해보는 것이다. 기업들은 좀 더 신선하고 디테일한 고객 소비패턴에 주목하고 있고 심오한 인간 심리 접근이 답이기 때문이다. 특히 카드사, 증권, 보험, 은행 등 금융기관과 학습지 회사, 결혼정보업체, 가구업체, 자동차 회사, 패션업계 등이 나의 주요 관심 업종이다.

금융기관의 경우, 금융과 기술의 결합을 의미하는 핀테크 산업의 발전으로 폭넓게 활용될 수 있다. 수신과 여신, 투자를 실행할 때 고객의 성격에 따른 재무 성향을 분석해 운용 방향에 참고할 수 있다. 은행은 금융 디지털화가 빠르게 진행되면서 수많은 도전에 직면하고 있다. 핀테크 기업들은 이미 간편 송금이나 인터넷 전문은행으로 진출하고 있다. 따라서 고객 지키기에 적극 나서야 하며 에니어그램이 툴로 유용하게 활용될 수 있다. 대고객 담당직원들은 고객 성향에 따른 응대 방법을 이해함으로써 고객관리에 도움이 될 것이다. 대면, 비대면 분야를 막론하고 고객 성향 분석 서비스는 고객관계관리 시스템에 반드시 도입해야 한다.

증권 · 보험사의 경우, 고객의 투자 성향에 따라 권유 상품 자체가 달라질 수 있다. 현재도 주식이나 변액보험을 판매할 때 투자 적정성 진단을 의무적으로 하고 있고 자체 진단 도구를 활용하고 있다. 하지만 성향 분석 서비스는 더 큰 시너지효과를 낼 것이다. 그리고 영업 현장에서는 고객 성향 맞춤식 상담으로 고객만족도와 계약 성공률을 높이는 데 기여할 것이다. 특히 보험사는 영업조직

전체를 대상으로 도입했을 때 큰 성과를 기대할 수 있다. 컨설턴트들은 고객접근·관리부터 계약활동까지 세일즈 프로세스 전반에 적용 가능하다. 영업관리자들은 코칭과 면담, 리크루팅 활동에서 생산성과 정착율 향상에 큰 성과를 낼 수 있을 것이다.

카드사는 마케팅 기법이 가장 폭넓게 적용되는 업종이다. 고객 구매행동 패턴에 대한 빅데이터를 바탕으로 매우 디테일한 마케팅 전략을 구사한다. 특히 스마트폰의 보급은 빅데이터 마케팅을 촉진하고 있다. 가맹점별 고객 재방문율이나 고객 연령, 성비 등 다양한 정보를 가공해 활용한다. 에니어그램은 고객 이벤트나 고객 속성 분석 툴로도 충분한 활용가치가 있을 것이다.

학습지 회사는 우선 교사들에게 성격 분석 툴을 제공함으로써 교사의 경쟁력을 높일 수 있을 것이다. 그리고 교사들은 학생들의 성향을 파악해 원활한 소통법과 학습지도 방법, 진로지도에 도움을 받을 수 있다. 그리고 의사결정권자인 학부모와의 대화에서 자녀의 학습지도와 진로지도에 대한 대화와 조언을 해줄 수 있게 된다. 에니어그램을 배운 교사들은 경쟁력 있는 교사가 되는 것이다.

결혼정보업체들은 대부분 성격 궁합과 같은 테스트 툴을 활용하고 있지만 업체간 차별화가 되지 않아 형식적으로 운영되는 것 같다. 결혼정보업체의 핵심 경쟁력은 진성회원 확보와 성혼율 향상일 것이다. 에니어그램 기반의 자기진단과 커플진단 등은 더 신선한 느낌을 줄 수 있다. 그리고 커플 매니저들의 소양교육과 이벤트 활성화를 위한 토크쇼 등을 활용할 수 있을 것이다.

가구업체, 자동차 회사, 패션업계 등은 내가 앞으로 더 집중해 보고 싶은 업종들이다. 이 업종들은 생활제품으로서 특히 고객의 개인 취향에 기반한 성향 마케팅 연구개발이 중요할 것으로 보이기 때문이다. 금융, 유통, 서비스 업종들이 무형의 가치를 제공한다면 이 업종들은 눈에 보이는 제품을 연상시킴으로써 더 큰 임팩트를 줄 수 있을 것이다. 인터넷쇼핑몰 기업인 '29CM(주)'의 마케팅 사례가 그것을 잘 대변하고 있다.

지금까지 말한 것은 나의 관심 업종일 뿐 어떤 업종이든 고객의 성향을 중시하지 않는 기업은 없을 것이다. 다만 분명한 것은 취향 마케팅 분야는 미래사회의 큰 흐름으로 더 큰 시장을 형성할 것으로 보인다는 것이다. 그런 의미에서 에니어그램이 비즈니스와 마케팅 업계의 중요한 툴로 더 많이 사용되길 기대한다. 그리고 더 많은 에니어그램 전문가들이 참여하길 바라는 마음이다.

03

방송 활동 솔루션

몇 년 전 TV 방송에 처음 출연했을 때였다. 진행하는 아나운서가 "대표님, 오늘 소개하실 내용이 에니어그램이라고요? 수많은 프로그램을 진행해봤지만 에니어그램은 처음 들어봅니다. 무슨 프로그램 같기도 하고… 하하! 어떤 프로그램인가요?"라고 묻는 것이었다. 물론 흥미 유발을 위한 아나운서의 재치있는 질문이었지만 그만큼 에니어그램을 아는 사람이 아직 적다는 증거였다. 다른 관점에서 보면 큰 시장성과 비전이 있는 분야라는 반증이기도 하다.

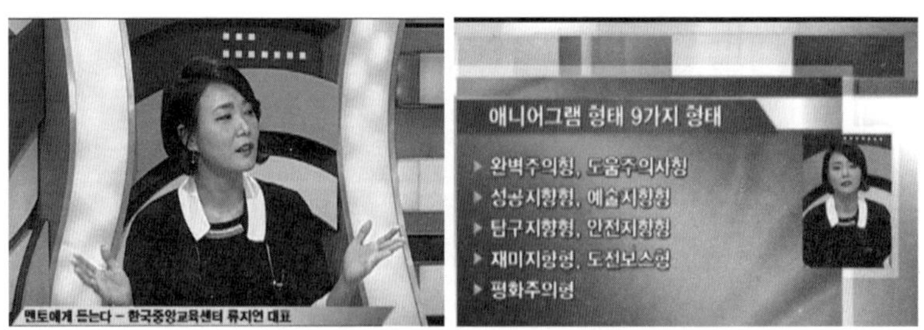

한국경제TV 직업방송 '멘토에게 듣는다' 출연

새로운 분야를 개척하거나 컨텐츠를 소개할 때 가장 중요하고 효과적인 홍보수단은 역시 책이나 방송활동이라고 생각한다. 나는 우연한 방송 출연을 통해 에니어그램을 소개할 기회가 있었고 나 자신도 만족스러웠고 반응도 좋았던 것 같다. 그것이 계기가 되어 방송에 출연할 기회가 몇 번 더 이어졌다.

KBS2TV, 한국경제TV 직업방송, 국회방송 NATV, TBN 교통방송, 기업체 사내방송 등 다양한 방송에 출연하면서 에니어그램이라는 지식을 전달하는 방법에 대한 시도들이 하나 둘 실현되고 있었다. 그 중 특히 최근 5년 동안 5가지 테마와 시리즈로 진행했던 TBN 교통방송의 '류 교수의 행복찾기 시리즈'와 3대 생명보험사 사내방송에 소개된 '성격을 알면 성공이 보인다' 시리즈를 소개하겠다.

라디오 방송
– 5년간의 생방송 사례

TBN 교통방송은 운전자들을 위한 전문방송이다. 가정주부나 일반인도 있지만 주 타깃층이 영업용 차량 운전기사와 운전자인 라디오 방송이다. 내 지인인 K PD

의 추천으로 시작되었다. K PD는 지방 광역시의 교통방송에서 20년째 방송기획을 하는 베테랑 여성 PD다. 나의 여러 가지 활동을 눈여겨 본 K PD는 방송의 재미와 유익성에 대해 항상 고민해왔다고 했다. 교통방송 청취자들을 위해 뭔가 새롭고 신선한 기획을 원했다.

https://www.youtube.com/watch?v=QGNCu5IVxxs&t=9s

에니어그램 라디오 방송, 내가 잘 할 수 있을까? 하지만 나는 아무 사전 계획도 없이 베테랑 PD님을 믿고 시작하고 말았다. 그런데 라디오 방송이 처음인 내가 1년간의 시리즈 기획물을 맡고보니 여간 신경 쓰이는 것이 아니었다. 연간 컨텐츠의 컨셉을 정하고 50주 방송 내용을 순서대로 체계적으로 정리한 후 각 회차별 흐름에 맞추어 재미있는 사례를 개발해야 하는 일이 연속적으로 이어졌다.

게다가 매주 방송 시나리오 작성도 쉬운 일이 아니었다. 방송 작가가 있지만 에니어그램은 그들의 전문 분야가 아니어서 모두

나 스스로 해야 하는 일이었다. 혼자서 강의, 마케팅, 제안 활동 등을 하면서 생방송 준비까지 하다보니 그야말로 쉬는 날 없는 주7일 근로자가 된 기분이었다.

매주 돌아오는 방송원고 마감일까지 뭔가 확실한 내용이 떠오르지 않을 때는 밤을 새워가며 체력이 바닥났다. 기자나 작가들이 말하는 '마감병'이 이런 건가 할 정도로 불안감이 들기도 했다.

강연과 달리 방송은 대본을 철저히 썼더라도 생방송이므로 상대 아나운서와의 호흡이 중요했다. 매년 두 시즌의 방송 프로그램 개편 때마다 상대 진행자들의 성향에 따라 다른 호흡을 해야 해 예

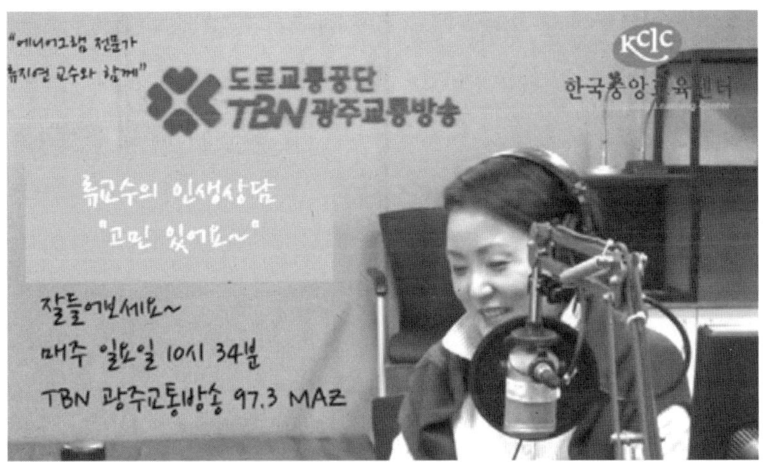

TBN교통방송 행복전도사 류지연교수

민한 나는 항상 날이 서 있었다. 더구나 대본 내용을 여러 번 읽고
또 읽고 숨소리 하나까지 자연스럽고 맛깔나게 살려내야 해 연기
자들 이상의 노력이 요구되었다.

베테랑 PD님을 믿고 시작했는데 막상 시작하니 K PD님은 모
든 것을 내게 맡기고 뒤로 쑥 빠지셨다. 나 혼자만의 싸움인 현실이
시작된 것이다. 가끔 청취자들의 반응을 피드백해주거나 컨디션이
안 좋을 때는 날카롭게 지적하셨다. 눈에 안 보이는 라디오 방송이
라도 전국에 전파를 타는 방송은 철저히 준비되어야만 했다. 이 모
든 것이 어쩌면 방송 초보인 나를 믿고 해낼 거라는 믿음으로 내게
맡겨준 K PD님의 큰 아량이었는지도 모른다.

방송은 주로 일요일 아침, 방송 시그널 시작과 함께 1시간 전
에는 일어나 스탠바이해야 했다. 아침에 목이 풀리지 않아 목소리
가 잠겨 있으면 하루를 시작하는 청취자들에게 에너지를 주기는커
녕 민폐만 줄 수 있기 때문이다. 목을 풀고 또 풀어서 몇 시간 전부
터 준비해도 전날 강연으로 목이 풀리지 않을 때도 있었다.

그때는 정말 나를 기다리는 택시기사님, 소상공인, 직장인, 주
부님들을 떠올리며 이 애청자들에게 미안한 마음이 들기도 했다.
힘들 때 내 방송을 듣고 하루를 행복하게 시작할 그들을 실망시키

면 안 된다는 생각으로 버텼다. 무엇보다 에니어그램을 주제로 새로운 분야에 도전한다는 생각이 떠오를 때마다 신기하게도 모든 피로가 날아갔다. 그리고 어디서 나왔는지 나의 근성이 나오곤 했다. 그렇게 즐거운 마음으로 다시 시작하곤 했다. 그렇게 무려 5년 동안 개편 때마다 다른 시리즈로 준비해 진행했다. 에니어그램 방송 사상 최장 프로그램이었다고 생각한다.

방송하면서 하루도 빠짐없이 방송 진행을 하는 분들을 보면 정말 대단하다는 생각이 들었다. 좋든 싫든 방송은 공인의 길로 들어서는 것이다. 자신의 업무나 일정보다 대중과 약속된 시간에 맞추어 그들에게 적합한 컨텐츠를 제공해야 하는 공식적인 일이기 때문이다.

라디오 방송은 시리즈별로 20회차 이상 6개월씩 총 5차에 걸쳐 각각 다른 주제로 진행되었다. 첫 1차(2015년 5월~11월)는 '류 교수의 신바람 특강'이라는 주제로 에니어그램의 성격적 이론과 실생활 사례를 소개했다. 2차(2015년 11월~2016년 4월)는 '류 교수의 수다방, 별들에게 물어봐!'라는 주제로 유명 스타들의 성격 분석으로 진행했다.

3차(2016년 4월~11월)의 주제는 '류 교수의 고민 있어요'였는데

리포터가 시민들의 고민을 직접 취재해오면 즉석에서 방송으로 해결해주는 방식으로 생동감을 전해주었다. 4차(2018년 12월~2019년 4월)는 '류 교수의 성격을 알면 관계가 보인다'라는 주제로 5분 특강 형식으로 진행했다.

마지막 5차(2019년 4월~11월)는 '류 교수의 행복한 아침!'이라는 주제로 성격과 행복 이야기를 다양하게 다루었다. 5차에서는 특히 성격 유형별 건강도와 수준에 따른 성장전략 및 관계전략을 일상 생활의 사례 중심으로 소개했다. 마지막 5차 방송 시리즈에서는 우리 회사의 에니어그램 강사 양성 과정을 이수한 강사들을 방송 시나리오 작성에 참여시켜보았다. 'TBN 교통방송 시나리오 작가'라는 한 줄의 방송 이력도 만들어주고 에니어그램 응용력도 높이기

KCLC 에니어그램전문강사 전수정, 최기순, 정순희 강사 함께 출연

위해서였다.

  '에니어그램 방송대본 작가방'이라는 단톡방을 운영하면서 에니어그램 이론을 방송 소재로 녹여내는 경험을 강사들에게 제공했다. 그동안 내가 직접 써온 대본들을 공유하고 본인들이 경험한 일상 속의 성격 사례를 수집하는 일들이었다. 때로는 자신이 만든 대본이 채택되는 기쁨도 누리면서 경험을 쌓는 좋은 기회였다.

  마지막 시리즈에서는 강사들을 방송국 스튜디오에 직접 출연시켜 에니어그램 전문강사로서 영원히 남을 영상을 만들어주기도 했다. 내 부탁에 K PD님은 자신의 관사를 내줄 만큼 적극적으로 맞아주셨고 나는 강사들에게 더 많은 기회를 주려고 애썼다. 그렇게 5년 동안의 라디오 방송은 2019년 말 일단 대단원의 막을 내렸다. 에니어그램이라는 주제 하나만으로 장기간 운영한 것 자체가 정말 꿈만 같다.

  매주 방송대본 작성이 고통스러울 때도 있었지만 강의와 달리 에니어그램을 대중에게 쉽고 재미있게 전달하는 응용기법을 많이 배웠다. 예를 들어, 1시간 강연을 10분에 녹여 전달하는 방법이었다. 생각해보면 지금 이렇게 에니어그램 칼럼부터 대본까지 생동감 넘치는 글을 쓰게 된 것도 처음 내게 기회를 주신 K PD님 덕분이라고 생각한다. 그녀는 가슴형 2번 조력가로 이타적인 마음으로 우리에게 사랑을 전해주셨다. 이 책을 빌어 감사한 마음을 전한다.

여러분의 이해를 돕기 위해 방송 시나리오 한 편을 소개한다. 아래 방송 시나리오를 보면서 여러분 자신에게 적용해보길 바란다.

교통방송 컨텐츠 사례 : 류 교수의 신바람 특강(2015년 5월 2일 일요일)

행복 전도사, 류지연 교수와 함께 하는 <행복한 아침!>

진행자 : 한 주 동안 열심히 일한 여러분에게 행복한 일요일을 열어드리는 시간, 오늘도 국제 에니어그램 전문가인 한국중앙교육센터 류지연 교수 만나보겠습니다.

 교수님, 안녕하세요!(인사)

류교수 : 네, 안녕하세요. 마음이 힘든 사람들이 행복한 삶에 다가갈 수 있도록 행복을 연구하는 류지연입니다.

진행자 : 교수님, 오늘은 또 어떤 행복을 소개하실지 많이 궁금해지는데요. 지난 주에는 건강한 화합가의 행복추구법을 알아봤으니까 오늘은 '건강하지 않은 화합가'의 행복추구법을 알아보는 시간인 거 맞죠?

류교수 : 네, 맞고요. 우리 자신의 행복을 찾기 위해 건강도가 얼마나 중요한지 알게 되셨을 거에요. 건강한 상태일 때와 건강하지 않을 때 전혀 다른 사람이 되는 것을 몇 주 동안 듣고 계신 것처럼요. 지난 주 건강하던 화합가의 특징, 기억나세요?

진행자 : 그럼요. 제 얘기를 하는 거 같았거든요. 갈등을 싫어하고 상대방과 사이 좋게 지내고 싶어서 뭐든지 잘 받아주고 편안하게 해주는 평화주의자라고 했던 거 같아요.

류교수 : 빙고! 화합가들은 조화롭고 평화로운 세상을 꿈꾸기 때문에 기본적으로 친절하고 상대방을 잘 배려하는 타입이었죠. 이렇게 멋진 화합가들이 건강하지 않을 때는 어떻게 변할까요? 오늘은 그 이야기를 해보려고 해요.

진행자 : 화합가의 불건강한 행복, 기대됩니다.

류교수 : 자, 오늘은 지난 주 소개했던 이 화합가 아내가 남편과 함께 광주공항에서 막내딸이 신혼여행을 떠나는 뒷모습을 보고 '휴우!'하면서 부부는 카페에 딱 앉았습니다. 이 기분 아십니까? 막내딸 시집보내고 난 후의 그 기분, 그런데 아내가 편지봉투를 내놓습니다. 수고했어. 우리 딸 잘 키웠고 할 일 다했지. 이런 거겠지. 내심 기대하며 열어봤더니 이혼서류였어요. 말로만 듣던 황혼 이혼이죠. 어느 날 갑자기 이혼을 통보한 아내… 30년 동안 아무 불만도 없는 줄 알고 살았는데 그렇지 않았던 겁니다.

두 사람은 법정까지 가게 되었고 변호사가 말하는 내용은 충격적이었어요. "한 번은 남편이 밤 12시가 다 되어서 친구를 집에 데려와 술상을 차려달라는 거예요. 저는 싫은 내색도 못 하고 새벽까지 잠도 못 자고 너무 힘들었답니다. 술자리 이야기를 들어보니 별로 중요한 내용도 없더군요. 저를 배우자가 아니라 하인 취급하는 것 아니었나요?" 이 말을 들은 남편은 "아니, 그때 당신은 오랜만에 잘 오셨다며 친절하게 웃으면서 대해주지 않았어? 그런데 지금 와서 이럴 수 있어?"라며 황당해합니다.

진행자 : 요즘은 이런 간 큰 남자분들 안 계신 걸로 아는데요… 이 아내가 화합가 성격인 거죠?

류교수 : 네, 평소 전혀 불만이 없는 걸로 알았기 때문에 상대방이 더 당황하는 거죠. 네, 혹시 지금 운전하고 계신 분들, 특히 50대가 넘으신 분들은 신경이 좀 쓰이시겠죠?

진행자 : 네, 저는 위기의 남편인가 봐요. 저의 행복을 위해서 밥이 중요하거든요.

류교수 : 네, 밥이 중요한 건 장형들의 특징이라서 그래요. 전에 '엄마가 뿔났다'라는 인기 드라마가 있었죠? 엄마 역을 맡은 김혜자 씨가 나이가 들어 이제 자신을 찾겠다며 '독립'을 선언하는데요. 여성들은 힘들어도 참고 사는 것이 미덕이라는 가부장적 사회의 문제점을 잘 드러낸 드라마였어요. 온 가족의 노력으로 이혼까지는 가지 않았지만 전국적으로 큰 반향을 일으켰죠. 그때 남편으로 출연하신 백일섭 씨가 바로 화합가 성향으로 보이기도 합니다. 배우자가 9번이니까 뒤늦게 이런 일이 일어난 거죠.

진행자 : 네, 최근 자신의 행복을 찾아 결혼생활을 끝낸다는 졸혼을 하셔서 이슈가 되었는데 그러고 보니 화합가의 건강하지 않은 모습으로 봐도 될까요?

류교수 : 네, 맞아요. 프라이빗한 문제까지 이슈가 된 걸 보면요. 연구 사례로 접근해보면 항상 드라마에서 화합가처럼 물에 술 탄 듯, 술에 물 탄 듯, 느림느림, 둥글둥글… 그런 캐릭터를 연기하셨고 개인적인 졸혼 모습도 끝냈는데 끝나지 않은 듯한 화합가들의 모습일 수 있거든요.

자, 그럼 봅시다. 우선 화합가들이 건강 상태가 나빠지면 공격하긴 하는데, 공격이라는 건 앞으로! 나가자! 싸우자! 이거잖아요? 그런데 수동적인 공격을 합니다. 뒤로 이행하는 공격이죠. 공격했는지도 잘 몰라요. 예를 들어, 이런 거죠. 싫은 게 있으면 드러내지 않고 그 자리에서 조용히 사라져요. 잉? 없어져버리는 거에요. 이런 식의 공격이에요. 다른 사람들은 이유를 몰라요. 직접적인 공격이나 거절을 하지 못하고 이런 수동적인 공격을 하는 거죠. 티가 나지도 않고, 이유는 더더욱 그 당시에는 모르죠. 특히 우리 주변의 친구, 부하직원, 자녀나 배우자 친구들이 그러면 잘 관찰해보세요

정서적으로 불건강한 상태가 왔다는 신호죠. 그리고 또 주의할 것은 착하고 포용력 넓은 화합가들이 한계에 도달해 한 번 화가 나면 황소고집에 아무도 말릴 수 없답니다. 그들의 최고 강점이었던, 다른 사람 포용도 못하고 오히려 타인에게 의존하고 불안, 초조, 의심 등 매우 부정적인 사람으로 변합니다. 관계를 단절하고 자기만의 세상에 있어요.

진행자 : 아, 들어보니까 이혼했어도 이혼한 것 같지 않게 잘 지내면서 관계를 유지하기도 하겠네요. 드러내는 걸 싫어하니까요.

류교수 : 그럴 수 있고 그런 상담 사례도 많아요. 자녀 결혼식장에만 나타나고 또 따로 살고, 사는 듯 안 사는 듯… 여러 가지 문제가 있겠지만 화합가들이 그런 성격 패턴을 보인다는 거죠. 네, 그럼 오늘 이야기의 결론을 내려볼까요?

〈멘트할 때 배경음악 잔잔하게〉

류교수 : 애청자 여러분, 화합가들이 앞에 나서지 않는다고 절대로 무시하면 안 됩니다. 나중에 무섭게 화낸다는 거 알게 되었잖아요. 그리고 화합가 여러분, "적을 만들지 않는 자가 적들과 싸워 다 물리친 용사보다 훨씬 대단하다는 것!" 아시나요? 여러분은 그런 관대한 힘을 타고났다는 것을 명심하세요. 힘내세요.

진행자 : 네, 화합가의 강점인 관대함이 오늘의 행복이었습니다. 류지연 교수님 말씀 명심하겠습니다. 고맙습니다. (인사)

기업체 사내방송
- 세일즈 기법 적용 사례

한창 라디오 방송을 진행하던 어느 날 국내 메이저 보험사 홍보팀에서 연락이 왔다. 에니어그램의 원리를 자사 사내방송에 세일즈 프로그램으로 소개하고 싶다는 것이었다. 매년 외부 강사나 외부 교육프로그램 중 보험 컨설턴트들의 영업활동에 도움이 될 만한 새로운 테마를 찾는 중인데 에니어그램에 관심이 있다는 것이었다. 그리고 많은 에니어그램 전문가들을 찾고 활동 자료를 조사한 결과, 나를 적임자로 선택했다는 것이었다.

보험사 에니어그램 세일즈 출연

무려 3만여 명의 보험 컨설턴트들이 매일 아침 동시 시청하는 방송 프로그램이라니! 그것도 유명 탤런트들이 광고하는 국내 최고 보험사 아닌가? 정말 내 마음을 들뜨게 하는 사건이었다. 하지만 나의 가벼운 흥분과 기쁨도 잠시, 새로운 컨텐츠 출산을 위한 준비 과정은 너무나 혹독했다.

가장 중요한 것은 신입부터 고능률 컨설턴트까지 전 직원이 시청하는 방송이고 성인교육이라는 특성도 감안해야 했다. 그래서 쉽고 명쾌하고 재미있게 풀어내야 한다는 것이었다. 그리고 세일즈 교육인 만큼 고객상담에서 활용 가능한 실용적인 내용이어야 했다. 이것은 직접적인 세일즈 경험이 없는 나로서는 정말 감당하기 어려운 미션이었다.

그리고 몇 달간의 준비 기간 중 나는 그야말로 극심한 스트레스에 시달렸다. 지금은 상상하기도 싫지만 스트레스로 체중이 10kg 이상 늘었다. 그 힘든 시기에 스트레스는 오직 먹는 것으로 해소할 수밖에 없었다. 당시 내 모습을 본 사람들이 아침방송에 나오는 모 여자 아나운서처럼 살이 붙었다며 걱정어린 말들을 했다. 애써 웃어넘겼지만 사실 그때가 최악의 건강 상태였다.

더 신기한 것은 9번 화합가인 어떤 강사는 방송에 나온 내 모습을 보고도 류 교수님인 줄 모르고 시청했다는 것이다. 성격의 굴레 때문인가? 살찐 내 모습 때문인가? 어쨌든 에니어그램 강사 양성 과정을 이수한 연구회 회원들의 많은 조언이 큰 힘이 되었다. 그리고 '영업의 꽃'이라는 보험영업에 에니어그램을 처음 접목한다는 실험정신은 항상 나를 일으켜 세워주는 버팀목이었다.

특히 연구회 회원들 중 보험사에서 20년 이상 영업과 교육업무를 경험한 분들의 도움이 컸다. 방송 2개월 전부터 주 2회 연구회 미팅을 정례화해 방송 컨셉 잡기, 시나리오 작성, 연습, 수정작업을 해나갔다. 하지만 영업 전문가가 아닌 내가 이 벽을 뛰어넘으려면 그들보다 2배의 노력이 필요했다. 가장 어려운 것은 역시 내가 세일즈 경험이 없다는 것이었다. 1년여 동안 강의와 책을 통해 세일즈 교육을 받았건만 역시 현장감이 문제였다.

하지만 세일즈 경험을 쌓기 위해 영업전선에 뛰어들기에는 시간이 없었다. 그때 세일즈 연구회 회원들이 내게 아이디어를 줘서 시작한 것이 컨설턴트 인터뷰다. 그들의 영업 마인드를 익히기 위해 나는 '명인'으로 불리는 베테랑 세일즈맨부터 신입까지 만나 영업현장의 실전감각을 익혀야 했다. 밤낮을 가리지 않고 보험 컨설턴트들의 성격을 진단하고 영업 스타일을 진단해주며 인터뷰를 진행해나갔다.

컨설턴트 인터뷰는 그야말로 강행군이었다. 개별 인터뷰를 끝내면 입에서 단내가 날 정도였다. 힘들었지만 그것은 에니어그램 세일즈를 만들어내는 데 노다지를 캐는 것 같은 중요한 작업이었다. 인터뷰가 끝날 무렵에는 웬만한 세일즈맨들과 대화가 가능할 만큼 많은 영업 노하우를 손에 쥐게 되었다.

컨설턴트들은 앞만 보고 숨 쉴 틈 없이 몰아붙이던 자신들의 삶에 잠시나마 환풍구가 되어준 에니어그램에 감사하다며 내게 자신만의 영업비밀을 알려주었다. 그들은 내가 동종업계 경쟁자가 아니어서 편하게 이야기할 수도 있었을 것이다. 하지만 사실 아무 것도 모르는 내가 애쓰는 모습을 보면서 오히려 도와주고 싶었던 게 아니었나 생각해본다.

지금 생각해보면 처음 인터뷰를 시작할 때는 단지 그들의 영업비밀 노트에 내 전문 분야인 성격이론을 입히면 훌륭한 작품이 되겠지라는 정도의 생각이었다. 그런데 인터뷰를 진행할수록 그들의 너무나 치열한 삶의 현장 이야기를 들으며 나도 함께 울고 웃으며 서로 힐링하는 시간으로 변해갔다.

그렇게 컨설턴트들과 공감대가 형성되면서 내가 에니어그램을 통해 고객들의 성향을 알려주면 그들은 아낌없이 자신의 영업 노하우를 공개했다. 그렇게 세계 최초의 휴먼 세일즈인 에니어그램 세일즈, 일명 '에세' 프로그램이 만들어졌다. 그 과정은 이루 말하기조차 힘들 정도로 어려웠지만 정말 가치 있는 도전이었다고 생각한다.

컨설턴트 인터뷰를 통한 이 간접 경험을 통해 나는 비로소 고객들과의 상담에서 일어나는 현장감을 느낄 수 있게 되었다. 설명을 아무리 들어도 막연하게만 느껴졌던 세일즈 프로세스가 이해되기 시작했다. 세일즈 전문강사들과 대화가 통하기 시작하면서 세일즈 프로그램 개발에도 자신감을 갖게 되었다.

그런 과정을 거쳐 '에니어그램 세일즈' 시리즈는 고객사의 기대수준에 맞춰 예정대로 방영되었다. '에니어그램 세일즈' 방송 컨텐츠는 그렇게 세상에 나오게 되었다. 방송사 관계자들과 영업현장에서는 신선하고 좋았다는 반응을 전해주었다.

방송은 현장 중심의 실용적인 내용으로 구성했다. 컨설턴트들에게는 고객의 성향에 따른 맞춤식 상담화법을, 매니저들에게는 팀원들의 성향에 따라 활용할 수 있는 팁을 제공했다. 평소 영업 이야기가 주를 이루다가 성격 이야기, 가족 이야기로 바꿔서 하니까 흥미롭다는 평가였다. 그리고 훨씬 부드러운 분위기에서 대화할 수 있다는 반응이 많았다. '에세'가 긍정적인 역할을 한 것이다.

이후 다른 보험사들의 방송 섭외가 이어졌고 나는 또 다른 회사들의 사내방송에 다시 출연하게 되었다. 그리고 이제 자신감도 붙어 방송도 처음보다 향상된 버전으로 업그레이드되었다. 에니어그램 기반의 세일즈 기법, 커뮤니케이션, 갈등관리, 리더십 관련 강의도 제법 능숙하고 자연스럽게 할 수 있게 되었다.

정말 신기한 것은 직접적인 영업 경험이 없는 내가 전문 영업인들을 대상으로 세일즈 강의를 하고 있다는 것이다. 물론 몇 년 동안 영업교육을 받고 영업인들과의 인터뷰를 통해 많은 간접 경험도 쌓았지만 사실 말이 안 되는 일이라고 생각한다. 하지만 나는 별로 걱정하지 않는다. 나는 에니어그램을 다양하게 활용할 수 있기 때문이다.

영업은 사람이 하는 일이고 또 사람을 상대로 하는 일이다. 따라서 사람과 성격을 이해하는 사람이 영업을 더 잘할 수밖에 없지 않을까? 나는 사람과 성격을 이해해 자신의 성장과 대인관계를 개선하는 방법을 오랫동안 연구해왔다. 또 그것을 현장에서 실천했기에 영업활동에 대해서도 어느 정도 자신 있게 말할 수 있는 것이다. 하지만 평생 영업전선에서 몸과 마음을 바쳐 헌신해온 세일즈맨들에게 누가 되지 않도록 매번 조심스러운 것도 사실이다.

그럼에도 불구하고 나의 영업 관련 강의는 예상보다 호평을 받았다고 생각한다. 그것은 전문 세일즈맨들이 평생 몸으로 부딪히며 터득한 기술로도 안 되는 일을, 에니어그램이라는 성격 툴이 해결해주었기 때문이다. 어쨌든 이 모든 것이 인간의 성향 이해를 바탕으로 하는 에니어그램의 완벽한 시스템이 없었다면 불가능했을 것이다.

되돌아보면 너무 부족한 내용이었다. 하지만 고대의 지혜와 현대 심리학을 세일즈에 접목하는 '에니어그램 세일즈'라는 테마를 시작했다는 사실만으로도 큰 의미가 있었다고 생각한다. 그것도 운 좋게 국내 유수 기업인 S그룹이 에니어그램 세일즈를 먼저 알아봐준 그 시작이 지금도 꿈만 같다. 그리고 이후 지속적인 강의와 영업인들과의 현장 인터뷰, 세일즈 관련 프로젝트를 통한 보완 작업을 거쳐 세일즈 컨텐츠가 완성되었다.

여러분의 이해를 돕기 위해 기업체 사내방송 시나리오의 일부를 소개한다. 이것은 에니어그램을 처음 접하는 사람들을 대상으로 하기에 가장 초보적인 수준이지만 에니어그램을 세일즈, 마케팅, 비즈니스에 접목하는 데 관심이 있는 사람에게는 응용할 수 있는 팁이 될 것이다.

'에니어그램과 외형 판별법'

진행자 : 안녕하세요, 컨설턴트 여러분. 다양한 고객들을 만나다보면 '사람 만나는 일이 쉽지 않다'라는 걸 종종 느끼실 텐데요. 사람의 성격을 알면 사람을 얻고 성공할 수 있다고 말하는 성격 분석 전문가 류지연 교수와의 만남을 준비했습니다. 성격을 알면 성공이 보인다! 지금부터 함께 하시죠. 류지연 교수님, 반갑습니다. 오늘 저희 한국생명 사내방송을 통해 컨설턴트님들과 처음 만나게 되셨는데요. 자기 소개 부탁드립니다.

류교수 : 여러분, 안녕하세요. 사람의 성격을 파악해 여러분을 성공으로 이끌어줄 성격 분석 전문가, 에니어그램 전문가 류지연입니다. 반갑습니다.

진행자 : 네, 에니어그램. 우리 컨설턴트님들께서는 다소 생소하실 것 같습니다. 에니어그램이 뭔가요?

류교수 : 네, 에니어그램은 사람의 성격을 9가지로 분류한 성격 유형론입니다. 내 성격과 내가 만나는 사람의 성격을 아는 것은 매우 중요합니다. 타고난 성격을 이해하면 더 크게 성장하고 대인관계를 개선할 수 있기 때문인데요. 진행자님, 제가 질문 하나 할게요. 영업을 잘하는 컨설턴트님들은 어떤 특징이 있을까요?

진행자 : 네, 아무래도 적극적인 성격 아닐까요?

류교수 : 아, 그것도 맞는 말이지만 저는 고객이 나를 좋아하게 만들면 된다고 말하고 싶습니다. 보험영업은 고객과의 긴밀한 관계 속에서 이뤄지므로 고객의 성격을 알면 고객이 원하는 것을 충족시켜 줄 수 있고 고객은 컨설턴트를 신뢰할 수 있게 되는 거죠. 그러면 계약으로 이어질 확률이 높아지는 건 당연하겠죠. 결론적으로 고객의 성격을 알면 여러분의 영업 성공률도 높아질 수 있는 것입니다.

진행자 :   네, 오늘의 주제인 '성격을 알면 성공이 보인다!' 무척 기대됩니다.

[타이틀 CG] 에니어그램: 성격을 알면 성공이 보인다

진행자 :   에니어그램을 통해 사람의 성격을 파악하고 관계를 형성해야 하는 이유
는 뭔가요? 서로 시간이 지나면 성격은 자연스럽게 맞춰지는 것 아닌가
요?

류교수 :   김상욱 아나운서는 학교 다닐 때 모든 친구와 다 똑같이 친했나요?

진행자 :   음, 그렇진 않았던 것 같아요.

류교수 :   특별히 나와 성격이 잘 맞는 친구들이 있었죠? 성격이 잘 맞는 사람들과
는 계속 친분이 쌓이고 좋은 관계가 형성되죠. 우리 컨설턴트님들은 정
말 다양한 고객들을 만나시잖아요. 그런데 컨설턴트님들과 성격이 맞는
고객만 만나지는 않을 겁니다. 그렇다고 그 고객을 놓치면 안 되겠죠? 그
사람에게 맞추려고 자신만의 방법으로 끊임없이 노력하시겠죠. 그런데
자신만의 방법과 고객의 성격이 맞지 않는다면 어떨까요?

진행자 :   오해가 생기겠죠?

류교수 :   네, 오해가 생기죠. 한 가지 질문을 해볼게요. 개와 고양이는 만나기만 하
면 싸우는데 왜 그런지 아세요?

진행자 :   아, 글쎄요. 워낙 유명한 얘기라서 사이가 안 좋다는 건 알지만 막상 왜 그런지
물어보시니까 모르겠네요.

류교수 :   개와 고양이만의 타고난 행동특성 때문인데요. 개는 기분이 좋으면 꼬리
를 높이 세우고 흔듭니다. 그런데 고양이는 개와 다릅니다. 고양이는 매
우 위험할 때 몸과 꼬리를 세웁니다. 그렇다보니 고양이는 개가 자신을
위협한다고 느끼겠죠. 그리고 개는 호의의 뜻으로 앞발을 내밀지만 고양
이는 공격 준비 자세일 때 앞발을 내밀죠.

진행자 : 아, 고양이는 개가 자신을 위협하거나 공격한다고 생각하겠네요.

류교수 : 네, 개와 고양이는 신호체계가 다르기 때문에 서로 으르렁대며 오해할 수밖에 없는 거죠. 이처럼 상대방을 파악하지 않고 자신만의 방법으로 상대방을 위해 최선을 다하면 오히려 불행한 결과를 가져올 수 있습니다. 그래서 우리 컨설턴트님들도 고객의 성격을 파악하기 위해 노력하셔야 하는데요. 고객은 나를 위해 자신의 성격을 맞춰주진 않아요. 그렇다면 우리가 고객에 따라 다양한 전략으로 다가가야 합니다.

진행자 : 네, 고객의 성격을 분석하고 알맞은 활동 방법을 취하는 것이 고객과 좋은 관계를 형성하는 데 정말 중요한 것 같습니다.

[브릿지 CG] 에니어그램 : 힘의 중심: 머리, 가슴, 장

진행자 : 고객 성격 분석을 위해 대표님께서는 에니어그램을 활용하셨는데요. 에니어그램은 사람의 성격을 어떻게 분류하고 있나요?

류교수 : 네, 에니어그램은 세부적으로 9가지로 성격을 분류하고 크게는 머리, 가슴, 장형으로 분류하고 있습니다.

진행자 : 아! 머리, 가슴, 장이요. 각각 어떤 차이가 있나요?

류교수 : 네, 힘의 원천이 어디서 나오는지에 따라 머리형, 가슴형, 장형으로 나뉩니다. 여기서 힘의 원천은 살아가는 데 필요한 에너지를 얻는 원천인데요. 어떤 문제를 해결할 때 머리를 쓰느냐, 감정을 쓰느냐, 행동이 먼저냐에 따라 3가지로 구분하고 있습니다. 머리형은 먼저 생각한 후 행동하는 유형이고요. 가슴형은 감정에 따라 행동하는 유형이고 장형은 생각이나 감정보다 행동을 먼저 하는 유형이라고 보시면 됩니다.

진행자 : 아, 그렇군요! 그럼 머리, 가슴, 장형이 잘 드러난 대표적인 인물들을 알려주시죠.

류교수 : 네, 여러분 혹시 드라마 '미생'을 보셨나요? 직장인들의 애환을 다룬 드라마인데요! 정말 인기가 많았습니다. 드라마 속 장그래 사원, 안영이 사원, 오상식 과장 캐릭터는 대표적인 머리형, 가슴형, 장형인데요.

먼저 주인공 장그래는 대표적인 머리형입니다. 낙하산으로 입사했다는 이유로 직원들의 냉대와 질시에 시달립니다. 정말 마음이 상할 만도 하죠. 그런데 전혀 감정에 휩쓸리지 않고 객관적인 시각에서 문제의 핵심을 파고드는 전형적인 머리형을 잘 표현했습니다.(중략)

그리고 유일한 여성 인턴 동기인 안영이 사원은 가슴형인데요. 주변 동기들의 마음을 잘 알아차리고 기꺼이 도와줍니다. 이런 가슴형들은 마음이 따뜻하고 정이 많아 상대방을 배려하고 희생을 마다하지 않는 사람들입니다. 그리고 사람들과 교류하는 것을 좋아해 사교적인 사람들이 많습니다. (중략)

그리고 오상식 과장은 대표적인 본능형, 장형인데요. 처음에는 장그래가 낙하산이라는 이유만으로 마음에 들지 않았습니다. 장형들은 힘과 정의에 집착하기 때문에 부당한 일에는 분노하는 특성이 있거든요. 그런데 장그래에게서 머리형 특유의 장점을 발견하고 적극적으로 도와줍니다.(중략)

캐릭터를 정리해보면 냉철하고 이성적인 머리형 장그래, 따뜻하고 남을 돕는 감정형 안영이, 버럭 화를 달고 살면서 뒤끝 없는 장형 오 과장이 만들어가는 이야기가 '미생'입니다.

진행자 : 아, 그렇군요. 에니어그램을 통해 캐릭터의 성격을 파악해보니 미생을 다시 보고 싶어지는데요. 그러면 교수님, 우리 고객 중에도 이런 특징을 가진 분들이 있잖아요. 이 분들과 어떻게 관계를 형성하면 좋을까요?

류교수 : 네, 우리 주변 고객 중에도 오과장, 안영이, 장그래가 분명히 있습니다. 어떻게 대응하면 좋을지 알려드리겠습니다. 우선 장그래와 같은 머리형 고객을 만나면 한두 번 만에 계약을 체결하는 일은 거의 없다고 보시면 됩니다. 이들은 사고형이므로 생각할 시간이 필요합니다.

안영이 같은 가슴형 고객은 이미지를 매우 중시합니다. 그래서 칭찬해주고 친근하게 접근하는 것이 중요합니다. 이들도 행동하기 전에 먼저 마음으로 공감되어야 하므로 시간이 필요합니다. 그래서 친밀해지기도 전에 상품을 제안하면 마음이 상합니다.

장형인 오상식 과장 스타일은 예의 바르게 접근하고 결론부터 먼저 말하는 것이 좋습니다. 머리형처럼 혼자 생각할 시간을 주면 인정해주지 않는 것으로 생각할 수 있고 가슴형처럼 뜸을 들이면 답답해하고 짜증을 낼 수도 있습니다.

진행자 : 아, 그렇군요. 장그래, 안영이, 오 과장 같은 캐릭터의 직장인 고객분들이 있다면 참고해 활동해보셔도 좋을 것 같습니다.

[브릿지] 에니어그램: 자가진단법

진행자 : 에니어그램에 대해 듣다보니 컨설턴트 여러분은 자신이 어떤 유형인지 궁금하실 것 같습니다. 방송을 보시는 컨설턴트님들이 자신의 성격 유형을 간단히 판단하는 방법을 알려주시죠.

류교수 : 네, 자신의 유형을 직접 분석할 수 있도록 몇 가지 상황을 가정해보았습니다. 여러분과 가장 잘 맞는 반응에 체크해보시면 됩니다.

진행자 : 네, 대표님과 함께 5가지 상황을 VCR로 준비했는데요. 함께 보시면서 나는 어떤 유형인지 체크해보시기 바랍니다. 함께 보시죠. (이하 생략)

04

생활문화 프로그램
솔루션

최근 몇 년 동안 에니어케이션 컨텐츠 개발을 위한 도전을 하면서 나는 몇 번의 위기를 겪었다. 인간에게 왜 한계가 없겠는가? 거의 24시간 동안 연구하며 몰입 상태에 있다보니 건강에 문제가 생겼다. 무엇보다 운동과 잠, 휴식 같은 쉼이 없었던 것이다. 기발한 아이디어가 떠오르는 순간 영감이 사라질까 봐 더 몰입하는데 눈치 없이 배꼽시계가 울릴 때면 정말 이런 생각이 들었다.

"알약 하나만 먹으면 배고프지 않을 방법이 없을까?" 이러니 체력이 바닥나는 것이 당연하다. 목, 허리, 만성피로에 종합병원 같은 몸으로 병원과 한의원을 다녔다. 그때 정말 별별 생각이 들었다. 처음에는 안이하게 생각했다. 바쁘게 살다보면 건강을 못 챙길 때도 있다고 생각하면서 헬스클럽을 다니기 시작했다. 하지만 몸 컨디션 회복이 계속 늦어지자 문득 이런 생각이 들었다.

자기 건강관리도 못 하는 사람이 타인을 건강하게 해줄 수 있을까? 생각이 여기까지 이르자 정신이 번쩍 들었다. 원인은 내 생활 패턴이었다. 몇 년 전까지 그야말로 휴일도 없고 일밖에 없는 생활이었다. 뭔가 방법을 찾아야겠다고 결심했다. 그때 생각한 것이 정신건강이었다. 운동하고 많이 자는 것도 중요하지만 좋아하는 것으로 힐링이 필요하다는 생각이 들었다. 내가 찾아낸 몇 가지 방법은 와인, 오페라, 미술, 골프였다.

나는 와인스쿨에 다녔고 오페라 동호회에 가입해 몇 년째 참여 중이다. 음악가와 미술가들의 삶과 예술세계를 탐닉하고 있으며 골프는 자주는 못 하지만 페어웨이를 걷는 그 느낌을 좋아한다. 이 모든 것이 생각하기에 따라 일이 될 수도 있고 쉼이 될

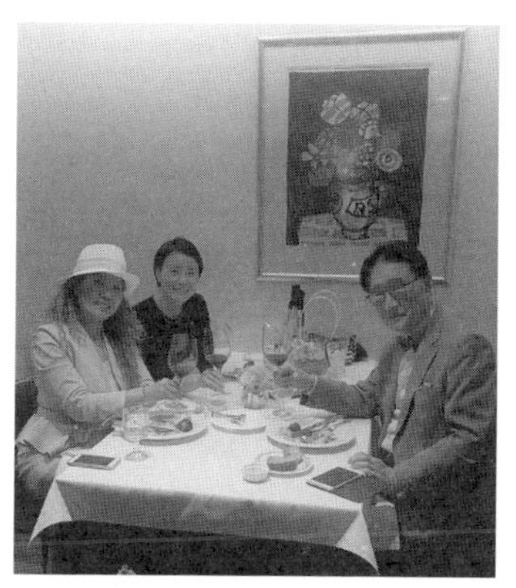

오패라 클래스 이종구박사님과 함께

수도 있는 것 같다. 다행히 나는 격조 높은 분들을 통해 이런 행복한 취미생활을 접할 수 있었다. 정말 감사한 일이다.

그런데 직업의식은 어쩔 수 없는지 나는 또 바빠지기 시작했다. 이 모든 것이 에니어그램으로 보이기 시작한 것이다. 그래서 와

인도 성격이 있다는 것을 알게 되었다. 오페라를 볼 때는 등장인물들의 성격을 분석하고 이해하며 나만이 아는 감상법으로 즐기는 것도 또 다른 기쁨이다. 미술작품은 그야말로 화가의 성격이 매우 중요한 감상 포인트다. 골프도 처음에는 시간 때우기 좋은, 몸만 쓰는 운동인 줄 알았는데 그게 아니었다. 머리로는 전략적으로 치밀하고 가슴으로는 상대방을 배려하며 몸을 유연하게 움직여야 하는 운동이 골프다.

취미생활을 하면서 나는 한결 건강해졌다. 아마도 내가 가슴형이라 그런지 많은 사람과 교류하고 힐링하면서 내 몸이 회복되고 있음을 느꼈다. 그래서 내가 느낀 그 소중한 경험을 통해 에니어그램을 생활문화의 영역으로 발전시켜야 한다는 사명감을 다시 갖게 되었다. 그런 일들을 몸소 겪고 몇 가지 생활문화 프로그램과 강의를 개발했는데 그 중 대표적인 것 2가지를 소개하겠다.

바로 와인과 명사, 반 고흐의 예술세계다. 또 오페라나 음악회에 관한 것은 우리 회사 VIP 멤버십 회원들을 대상으로 틈틈이 소개하고 있다. 그리고 완벽한 운동인 골프도 칼럼을 꼭 써볼 생각이다. 지금부터 시작한다.

와인과 성격
– 명사(名士)의 조건과 와인

국제 행사와 리셉션을 많이 경험한 나는 자연스럽게 와인에 관심을 갖게 되었다. 그러던 중 저명한 국내 와인 전문 교육기관에서 지도교수로 강의할 때였다. 와인스쿨에서는 12주간 와인 전문가들이 와인 이론과 매너를 가르치고 있다. 나도 이 와인스쿨을 수료했는데 바로 다음 기수부터 강의를 맡게 된 것이다.

와인 관련 강의를 준비하면서 나는 와인스쿨 수강생들의 속성과 니즈를 분석해보았다. 그러다보니 뭔가 독특하고 색다른 접근이 필요하다는 생각이 들었다. 와인스쿨 수강생들의 면면을 보면 사회적 지위나 지적 수준은 있지만 와인에 대한 전문적인 지식은 아직 부족한 사람들이 많다. 그래서 그들에게는 와인스쿨 자격증도 의미가 있겠지만 와인 문화 체험을 통한 사회문화적 성장 욕구가 더 중요하다는 생각이 들었다.

내 경험을 되돌아보면 와인도 즐기면서 와인 문화를 접하고자 가볍게 배우러 왔다가 어려운 와인 용어들을 접하면 더 멀어지는 경우도

"

가끔 있었던 것 같다. 그래서 생활 속 와인으로 친근하게 다가가야 할 특별한 강의 소재가 필요했다. 그러던 중 문득 생각이 떠올랐다. 내 본업이 성격 분석이므로 와인과 사람을 연상시켜보았다. 그리고 그동안 에니어그램 토크쇼를 통해 만난 명사들의 성향과 와인을 접목해보았다.

생각해보면 내가 만났던 많은 명사와 성공한 CEO들은 대부분 자신이 선호하는 와인이 있었고 그 와인들의 특성이 대부분 그들의 성향과 공통점이 있음을 알게 되었다. 이후 나는 유명인들의 성향과 연계한 와인 강의 컨텐츠 연구를 시작했다. 틈틈이 전화 인터뷰와 언론매체를 통한 자료수집을 하면서 매칭시켜나갔다. 그렇게 '와인과 명사(名士)' 강의가 완성되었다.

물론 그 과정은 쉽지 않았다. 우선 와인에 정통해야 하므로 와인에 대한 기본 개념과 이론은 물론 더 많은 현장실습이 필요했다. 무엇보다 와인 맛을 음미하고 평가하려면 와인을 마셔야 하는데 술이 약한 나로서는 쉽지 않은 일이었다. 당연히 경제적 뒷받침도 따라줘야 했으므로 고급 강의를 만드는 데는 이런 현실적인 문제도 있었다.

구하면 열린다고 했던가? 고급 와인을 실컷 맛볼 수 없을까 고

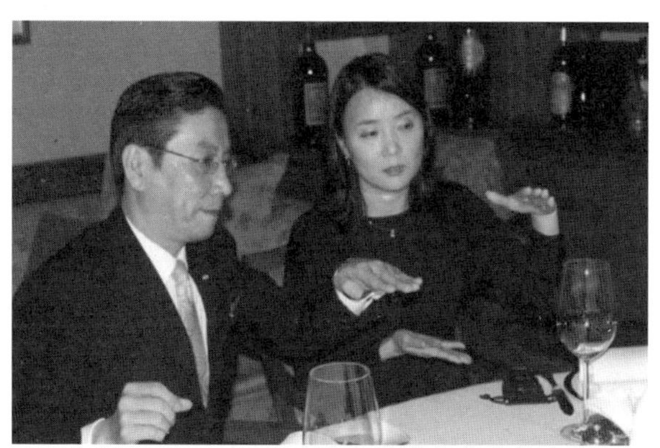

특급호텔 박성규 명장과 함께 와인 실습 중

민하고 있을 때 집안 어른 중 한 분이 서울 유명 특급호텔에서 와인 소믈리에로 재직 중이라는 말을 듣고 그를 무작정 찾아갔다. 나이는 나보다 한참 위였지만 그분은 족보상 내가 서열이 위라면서 나를 정중히 맞아주셨다. 그리고 하나부터 열까지 현장실습을 통해 와인과 서양식 매너, 실제 국제 에티켓을 배울 기회를 주셨다. 그렇게 하나부터 열까지 실습과 탐닉을 통해 만들어낸 것이 '와인과 명사'라는 강의 컨텐츠다. 그 내용을 간단히 소개하면 다음과 같다.

서론 : 강의 개요

반갑습니다. 입학식 때 여러분께 가르쳐드린 인사로 시작하겠습니다. "봉주르" 오늘 여러분과 나눌 이야기는 와인과 명사입니다. 와인, 어렵게만 느끼지 마십시오. 흥미롭고 재미있는 명사들의 이야기가 와인을 더 흥미롭게 만들어 드립니다. 저는 교육학을 전공했고 부전공으로 인간의 성격을 연구하는 일을 했습니다. 그러던 중 인간의 삶과 와인이 숙성되어가는 데 공통점이 있음을 발견하고 흥미를 갖기 시작했습니다. 그리고 '와인과 명사' 칼럼을 연재하면서 CEO와 대기업 임원들을 대상으로 테이블 매너와 와인 관련 강의를 해왔습니다.

지금 이 시간에 배울 내용은 와인의 특성을 인간의 성격 유형과 비교해 이해하는 것입니다. 명사의 조건에는 여러 가지가 있는데요. 그 중 하나가 바로 좋아하는 와인이 있다는 것입니다. 그만큼 와인은 술이라는 제품 이상으로 사람의 품격을 결정하는 기준이 되기도 합니다. 오늘은 유명 와인을 유명인들의 성격 취향과 비교해봄으로써 다소 어려울 수 있는 와인의 특성을 자연스럽게 알아보겠습니다.

본론: 명사의 성향과 와인의 특성

프랑스인에게 와인은 어떤 의미일까요? 단순한 술이 아닌 그 이상을 의미합니다. 그들의 역사, 문화, 전통, 자존심, 소통, 오감, 인간관계 등 그 오묘함은 마치 인간의 깊이와 신비로움과 같습니다. 와인의 맛은 단순히

한 가지 맛을 내지 않습니다. 오크 향과 동시에 과일 향을 내기도 하고 짙은 타닌으로 강렬하고 깊은 맛을 내거나 톡톡 쏘는 기포로 아찔하게 다가오기도 합니다. 그럼 유명인들이 좋아한 와인과 성격 궁합은 어떨까요?

가슴형 스타일의 와인은? 4번 개인주의자, 예술가 유형인 마릴린 먼로나 오드리 헵번은 돔 페리뇽(Dom Perignon)처럼 빵을 굽는 향과 상쾌한 과일 향이 나는 이중적이며 톡 쏘는 스파클링 와인이 잘 어울릴 겁니다. 특히 마릴린 먼로 와인으로 알려진 파이퍼 하이직(Piper Heidsieck)은 먼로가 가장 사랑했던 와인이죠. "나는 샤넬 넘버 5를 입은 채 잠이 들고 '파이퍼 하이직' 한 잔으로 아침을 시작한다"라는 말은 와인 애호가 사이에서 유명한 말입니다. 이 와인은 스파클링 와인으로 프랑스 샹파뉴 지역에서 생산되는 샴페인인데요. 피노누아 65%, 샤르도네 25% 2종으로 구성되어 있습니다. 톡톡 쏘는 과일 향에 부드럽고 가벼우며 시원하고 상쾌한 풀바디 와인으로 가슴형의 성격과 잘 어울립니다.

머리형 스타일의 와인은? 레드와인 '파 니엔테(Far Niente)'나 화이트와인 '울프 블라스 골드 라벨 샤도네이(Wolf Blass Gold Label Chardonnay)'는 벨벳 같다는 표현이 어울릴 만큼 매끄럽고 유연한 질감과 고급스러운 풍미를 갖고 있습니다. 첫 맛에는 여성적이라는 생각이 들지만 충분한 힘과 스파이시함도 갖추었다고 평합니다.

중독성 강한 성격인 빌 클린턴 대통령이 좋아했던 크리스탈(Cristal) 샴페인은 프랑스 여배우 '카트린느 드뇌브'와 같이 수려하고 다이나믹합니다. 끝으로 지식탐구형인 이건희 삼성그룹 회장과 김정일은 고가에 냉철하면서 힘이 있는 남성적인 '샤또 라뚜르(Chateau Latour)'를 좋아했다고 합니다.

　장형 스타일의 와인은? 도전가형인 정주영 현대그룹 명예회장은 '신의 물방울'로 불리는 '샤또 딸보(Chateau Talbot)'처럼 목 넘김이 묵직한 풀바디 와인을 선호했는데요. 직설적이고 행동형인 그의 성격과 닮았습니다. 특히 정주영 회장은 금강산관광 때 박스째 싣고 갈 정도로 애호했다는 사실은 유명한 일화입니다. 이 와인은 레드와인으로 프랑스 보르도 지역에서 생산되는 드라이한 와인이죠. 까베네 쇼비뇽, 멜로, 까베네 프랑 등의 섬세한 향과 맛으로 세계적으로 고귀한 품종으로 가치를 인정받고 있습니다. 빛깔은 보랏빛이 살짝 감도는 짙으면서 밝은 루비 컬러를 띠고 충만한 자두와 까시스 등의 붉은 과일 향이 느껴지는데요. 과일의 풍미와 훌륭한 균형을 이루는 깊은 오크 느낌에서 그랑끄루 최고급 와인의 전형성을 맛볼 수 있답니다.

　흥미로운 것은 타고난 성격과 와인의 취향도 비슷하다는 겁니다. 성격 궁합과 와인에 대해 수백 장을 써도 부족할 만큼 두 분야의 연관성이 크고 매우 매력적입니다. 질리지 않고 알수록, 맛볼수록 중독된다고 할까요? 여러분은 어떤 와인을 좋아하세요?

　지금까지 와인과 유명인들의 공통점에 대해 알아보았습니다. 유명인들이 그렇듯 와인도 자신만의 독특한 성향 때문에 우리에게 깊은 인상

을 주고 있는데요. 그럼 지금부터 이 독특한 성향, 즉 성격유형에 대해 알아보겠습니다. (이하 중략)

결론: 명사의 자격

와인은 가격이 아니라 누구와 마시냐가 가치를 결정합니다. 또한 자신에게 맞는 와인을 알고 있느냐도 중요합니다. 물론 와인은 특별한 술입니다. 그러나 와인에 대해 지나치게 격식을 강조하는 것도 경계할 일입니다. 턱시도에 나비 넥타이를 매고 분위기 있는 레스토랑에서 와인을 마셔야 한다고 생각하는 순간 와인은 어렵게 느껴질 수밖에 없습니다.

결론입니다. 명사의 조건과 와인의 숙성은 공통점이 있습니다. 모든 조건이 완벽할 때 와인은 '떼루와'라고 합니다. 명사의 조건도 떼루와와 같습니다. (중략) 와인을 함께 할 사람이 있고 자신에게 어울리는 좋아하는 와인이 있다면 그 사람이 바로 명사입니다. 그리고 그가 명사임을 아는 것이 중요합니다. 와인과 사람 그리고 당신이 그것을 알고 있다면 바로 당신이 명사입니다. 감사합니다.

이런 '와인과 명사' 강의는 문화 마케팅 강의, 각종 송년행사, 신년행사 등에서 와인의 위상을 바꾸는 계기가 될 수 있다고 본다. 와인 강의가 단순히 먹고 마시고 즐기는 행사가 아닌 격조 있는 행사로 품격을 높여줄 수 있을 것이다. 실제로 이 강의는 일반인 대상

의 일일 특강 프로그램으로 제작해 3년째 운영 중인데 많은 사람들
에게 와인의 성격과 자신의 취향을 찾는 데 도움을 주었다고 생각
한다. 기업체 임직원과 가족, 고객을 위한 행사도 진행하고 있는데
매우 신선하고 실용적이라는 평가를 받고 있다.

지인 중 와인에 조예가 깊으신 명사 한 분은 태어나 와인 성격
강의는 난생 처음 들어본다며 칭찬을 아끼지 않으셨다. 유명한 와
인 전문가인 그 분은 내 강의에 등록하고 싶다고 하셨는데 그 순간
을 생각하면 지금도 가슴이 두근거린다.

한편, 이런 특별한 강의를 시도하는 내가 좀 유별나기는 한 것
같다. 하지만 이 또한 나의 성격적 특성이고 내가 건강한 삶을 살아

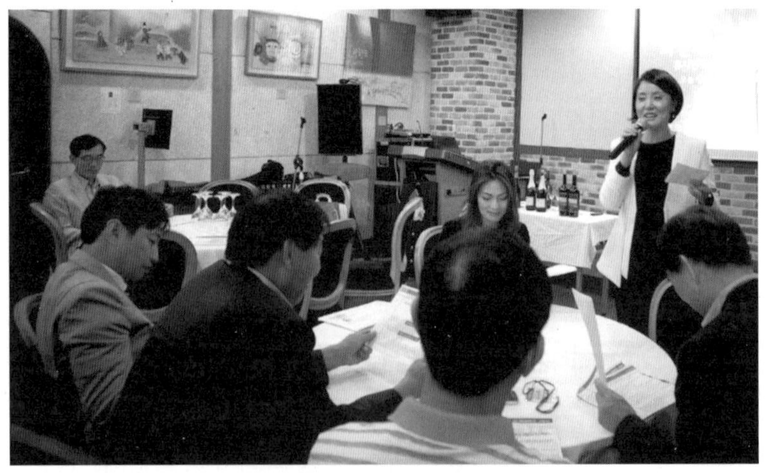

국내유명 와인스쿨 강의 중

갈 수 있도록 해주는 동인임을 다행스럽게 생각한다. 어쨌든 나는 성격 연구와 에니어그램에 빠진 사람이고 그렇게 미친(Crazy) 것이 모든 분야에 미치는(Attain) 것을 다시 한 번 깨달았다.

예술과 성격
– 고흐와 피카소의 성격자본

나는 국제에니어그램협회(IEA)의 전문가 멤버로 활동 중이다. 몇 년 전 나는 미국에서 열린 컨퍼런스를 마치고 뉴욕에 들러 메트로폴리탄 미술관과 뉴욕 현대미술관에서 한동안 눈길을 빼앗긴 적이 있었다. 지금 생각해도 소름이 돋는다.

뉴욕 도착 전 생사를 넘나드는 경험을 했다. 국제에니어그램 컨퍼런스가 끝나고 그 행사의 주요 주빈이면서 현존하는 세계적 에니어그램 대가 중 한 명인 러스 허드슨과 뉴욕행 소형 비행기에 동승하게 되었다. 러스 허드슨과는 몇 년 전 일본에서 첫 인터뷰를 가진 후 한국에서의 강연까지 구면이었다. 에니어그램 전문가들에게 그는 영웅과 같은 존재다. 그와 같은 비행기를 타다니 기쁘고 떨리는 마음으로 가벼운 인사와 함께 각자 자리에 앉아 운항 중이었다.

얼마나 지났을까? 기내 방송과 함께 갑자기 비행기가 심하게 흔들리기 시작했다. 그리고 온몸이 떨릴 정도의 흔들림과 기체 소음으로 나와 승객들은 불안에 떨기 시작했다. 곧 멈추겠지 생각하며 숨죽이고 기다렸지만 소음과 흔들림은 멈추지 않고 계속되었고 우리는 공포에 떨고 있었다. 계속되면 폭발할 수도 있겠구나!

"오, 주여! 제발 이 비행기가 무사히 착륙하게 해주소서" 기도와 함께 나는 눈을 질끈 감았다. 죽음과 같은 공포와 두려움이 엄습한 지 5분이 지났을까? 기체는 점점 안정되어 갔고 소음도 줄고 비행은 정상화되어 갔다. '아, 살았구나!'라며 눈을 떴다. 그때 갑자기 여기저기서 엄청난 환호가 터져 나왔다. 비행기 안에 있던 모든 승객이 일제히 박수를 치기 시작했다. 살았다는 안도감에 자연스럽게 나온 행동이었다. 그 박수는 그야말로 공포에 휩싸였던 기내를 축제 분위기로 바꾸어 놓았다.

유색인종이라고는 나밖에 없었는데 여기서 내가 살았다는 생존의 기쁨과 안도, 연이어 터져 나오는 승객들의 휘바람 소리가 섞인 환호의 박수가 흘러나왔다.

'휴우!' 하마터면 나는 뉴욕행 비행기 안에서 죽을 뻔했고 사랑하는 가족과 동료들을 볼 수 없겠구나! 그래도 다행인 것은 에니어그램에 평생을 미쳐 살아왔던 내가 세계적인 에니어그램 대가 러스 허드슨과 같은 날 사망하는구나! 이것이야말로 내가 원했던 특별한 죽음이구나! 목숨이 오가는 순간에도 그런 생각을 하는 나를 발견하고 내 성격이 정말 특이하다는 것을 깨달았다.

그 순간 기쁨과 슬픔을 오가는 묘한 경험을 했고 '이젠 정말 살았구나!'라며 현실로 깨어나자마자 기내에 있던 사람들은 아무 일도 없었다는 듯 흘러나갔다. 러스도 휘파람을 불며 아쉬운 작별인사를 했다. 죽음과 삶은 정말 한순간이구나!

그런 특별한 경험을 하며 뉴욕에 도착하자마자 나는 미술관에 도착했고 바로 한 점의 그림 앞으로 뛰어 올라갔다. 내가 그토록 보고 싶었던 작품이었다. 마치 '나 살아 돌아왔어!'라는 마음으로 그림 앞에 섰다. 그리고 한없이 올라오는 슬픔을 주체할 수 없어 눈물을 흘리기 시작했다. 그것은 바로

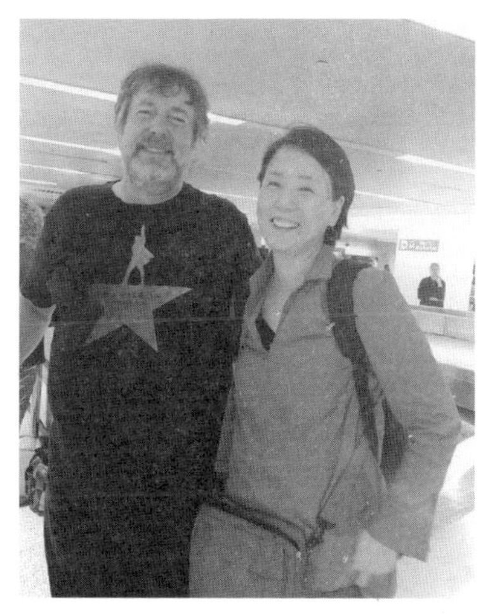

러스와 뉴욕행 비행기 탑승 전

빈센트 반 고흐의 자화상 앞에서였다.

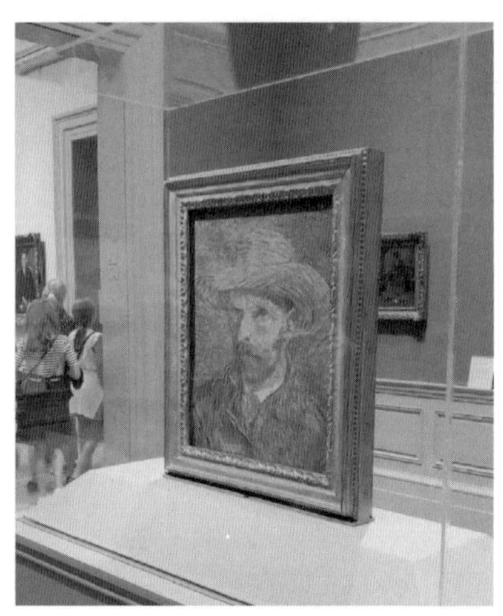

뉴욕 메트로폴리탄 미술관
고흐 자화상

　나는 내 영혼의 친구였던 고흐 앞에서 이야기하듯 흐느끼며 말했다. '빈센트, 나 살아 돌아왔어! 내 영혼의 친구인 당신과 만날 수 없었을지도 몰라요!'라며 펑펑 울었다.

　전 세계적으로 유명한 고흐의 이 그림은 수없이 봐왔지만 실제 눈앞에서 그의 얼굴을 마주하는 순간 나는 온몸이 얼어붙었다. 그가 매일 죽음을 경험했듯이 내게도 죽음을 경험하게 했던 그 사건은 우연의 일치였을까? 고흐를 만나기 전 그 사건은 우연이라고 하기에는 내게 너무나 큰 의미가 있었다. 그리고 나는 내 죽음 앞의 슬픔과 맞닿아서야 고흐의 영혼이 내게 교차되는 신비한 현상을 경험했다.

기내에서의 숨막히던 순간보다 고흐를 만난 그 순간이 더 측은하고 내 가슴은 온통 슬픔으로 흥건히 젖어 있었다. 내가 고흐에게 이런 애착을 가진 것은 매우 오래 전부터였다. 어린 시절 그림을 따라 그릴 때부터 고흐의 슬픈 얼굴은 줄곧 내 연습 대상이었다. 고흐의 생애와 슬픈 얼굴은 내 모습인 것처럼 그에게 연민을 느끼곤 했다. 그런데 바로 내 눈앞에서 그의 슬픔을 마주한 것이다.

고흐는 내게 그런 존재이므로 내 몸의 일부와 같다. 한마디로 소울메이트다. 이후 그림을 그만두고 인간의 성격을 공부하기 시작했을 때 고흐의 생애는 매우 좋은 사례였다. 내가 세상에 말하고 싶은 것을 고흐는 행하고 있었다. 그는 전형적인 가슴형 4유형 예술가이고 나는 그의 일대기를 강의로 만들어 그의 슬픔을 보듬어 주고 싶었다. 아니, 어쩌면 나를 보듬고 싶었는지도 모른다. 그래서 탄생한 것이 바로 '에니어그램 전문가가 들려주는 빈센트 반 고흐의 삶의 고찰! 그리고 성격 이야기'라는 강의 컨텐츠다. 그리고 그의 예술세계와 성격을 알리기 위해 오래 전부터 칼럼을 쓰고 강의를 했다. 강의 내용을 간단히 정리하면 다음과 같다.

서론 : 강의 개요

저는 학부 때 광고디자인과를 졸업했고 이후 대학원에서 교육학을 전공했는데 항상 '나는 누구인가?'라는 질문에 굶주렸고 항상 아웃사이더 같았습니다. 고대의 지혜와 현대 심리학이 접목된 에니어그램을 만난 후 인간 이해와 성장을 위해 연구와 강의를 하고 있습니다. 제가 빈센트라는 인물에 빠졌던 이유는 바로 저와 같은 성향이었기 때문입니다.

반 고흐의 풀네임은 빈센트 빌렘 반 고흐입니다. 반 고흐는 '고흐 집 안에서 태어난 사람'이라는 뜻으로 귀족들 성에만 붙입니다. 네덜란드는 시민사회가 도래해 귀족만큼 부를 축적해 음악회에도 가고 그림도 사고 자기만의 문화적 자부심을 갖기 시작했습니다.

성에 독일어 '폰(von)'에 해당하는 '반(Van)'을 붙이게 됩니다. 영어식으로 '반'이라고 발음하는데 정확히 말하면 '판 호흐'라고 합니다. 프랑스에서는 '빈센트'라고 말하면 못 알아듣고 '뱅상'이라고 해야 알아듣습니다. '뱅상 판 호흐'라고 발음합니다. 1853년에 태어나 1890년 사망했으니 37년이라는 짧은 생을 살았습니다.

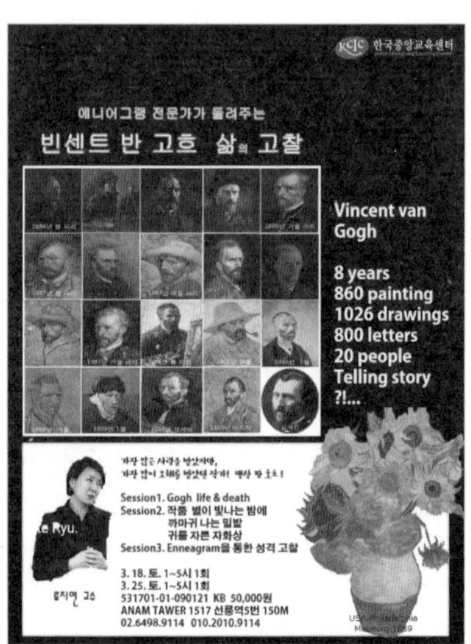

그의 퍼스널 타입을 이해하면 그의 작품 감상 폭이 넓어집니다. 기원전 2,500년부터 내려온 에니어그램은 인간의 9가지 성격 유형론으로 크게 머리, 가슴, 장형으로 나뉘고 작게는 9가지 번호와 캐릭터로 분류됩니다.

반 고흐는 가슴 중심의 4번 예술가형으로 감정중추를 타고난 필링형이라고 할 수 있습니다. 그는 사람들의 인정을 받으려는 욕구로 독특함을 추구했는데요. 내재된 정서로는 수치심이 있어 항상 인간관계에서 자신이 어떻게 비춰지는지가 삶의 큰 관건이었습니다.

이들은 예술가, 아웃사이더, 개인주의자, 개성파, 유행 창조자 등으로 불립니다. 건강할 때는 섬세하고 창조적이며 낭만적이고 건강하지 않을 때는 유별나고 감정 기복이 심하고 우울해하며 사람들로부터 오해를 많이 받습니다.

고흐의 어머니는 미술적 재능을 물려줬고 고흐가 태어나기 전 죽은 형이 있었는데 이름을 죽은 형과 똑같이 지어주었습니다. 따라서 빈센트는 출생과 동시에 죽음과 연결해 살 수밖에 없는 운명에 특별한 감성을 갖게 되었습니다. 그의 인생에 큰 영향을 미친 인물들이 많은데요. 그를 도와 평생을 함께 했던 동생 테오는 2번 조력가로 보입니다. 그리고 화가 폴 고갱은 상남자 포스를 풍기는 8번 도전가로 고흐와 상반된 성향으로 이해하시면 됩니다. 자, 그럼 그를 사랑한 사람들의 이야기를 시작해볼까요? (영상)

어린 시절 빈센트는 네덜란드 시골 마을인 준데르트에서 할아버지부터 아버지까지 목사였던 개척교회의 목회자 집안의 맏아들로 태어났습니다. 어릴 때부터 신학 서적과 문학작품을 다량 탐독했습니다.

영상에서도 보셨지만 향후 800여 통의 동생 테오 반 고흐와의 편지 속에 주옥같은 심정을 묘사하고 지인들에게도 100여 통을 보냈습니다. 11살 때 개신교 기독교 학교에 진학해 프랑스어, 영어, 네덜란드어, 독일어 등을 두루 섭렵했습니다. 네덜란드는 지리상 인근 교역이 활발했던 나라여서 일반인들은 보통 3~4개 언어를 배웠습니다.

13살 때 틸뷔르흐의 빌렘 2세 국립학교에 입학했는데 미술 커리큘럼이 학과에 포함된 학교였다고 합니다. 9살 때 엄마가 그리는 것을 보고 그린 데생인데 믿어지지 않죠? 위에 있는 것은 피카소가 9살 때 그린 그림인데 비교 불가일 정도입니다.

동생 테오 반 고흐와는 4살 차이로 빈센트가 작품활동을 할 수 있도록 물질적 지원을 해준 생명과도 같은 관계라고 할까요? 테오 반 고흐는 일찍이 화랑으로 성공한 외삼촌에게서 일을 배우며 돈을 벌었습니다. 그리고 빈센트에게 지원금을 보내며 화상으로서의 영향력을 키워나갔습니다.

당시 빈센트는 바르비종파였던 밀레의 그림을 접하고 그를 사부라고 부를 정도로 존경하며 모작을 시작했습니다. 바르비종파는 프랑스 지역의 자연주의 풍경화가로 소재는 주로 노동자들, 자연, 일상이었습니다. 이때도 빈센트가 미술교육을 제대로 받지 못했다는 것이 이 그림에서도 보이는데요. 빈센트의 그림에는 전신 인물화가 거의 없는데 그림을 그릴 때 사람이 서 있는 모습을 땅에 안착시키기 위해 노력했지만 잘 안 되었습니다. (중략)

고흐는 누구보다 사랑할 준비가 되어 있었지만 아무도 그의 사랑을 이해하지 못했습니다. 처음으로 사랑에 빠졌던 이성은 외사촌이었는데요. 뭔가 특별해 보이는 관계에서 강렬함을 느끼지 않았나 생각됩니다. 이런 고흐는 아마도 생전에 오해를 가장 많이 받았고 죽은 후에는 사랑을 가장 많이 받고 있다고 생각됩니다.

그의 예술가적 삶도 평탄치 않았습니다. 생전 단 한 점만 팔렸다는 사실을 아시나요? 파리에서 작품활동을 함께 한 동료화가였던 외젠 보쉬가 누나인 안나 보쉬에게 고흐의 딱한 사정을 말하며 강매하듯 팔아넘겼는데요. 그 그림이 생전에 팔린 유일한 그림이 되고 말았고 그녀는 훗날 그 그림으로 행운의 주인공이 되었다고 전해집니다.

고흐의 그림이 그렇게도 안 팔린 이유는 여러 가지겠지만 무엇보다 그의 까칠한 성격 때문이었다고 추측해봅니다. 그의 기민함과 예민함은 우울한 일상을 만들었고 알려진 병명은 셀 수 없었다고 합니다. 그 중 일사병은 그의 성격을 말해주는데요. 아름다운 풍경을 보면 뜨거운 햇볕이

내리쬐는데도 한자리에서 그림을 다 그릴 때까지 움직이지 않았다고 합
니다.

예민하고 까칠한 그 열정은 독특한 개성을 만들어냈고 그런 고흐의
예술성을 충분히 알아본 예술가들 사이에서도 끌리는 매력이 있었던 겁
니다. 그래서 당시 모든 예술가들은 파리에 모여 새로운 화풍을 만들곤
했는데 고흐는 개혁작가 중 한 명이었답니다.

고흐는 경제적으로 어려워 동생인 테오 반 고흐의 지원을 항상 받았
지만 그림에 몰입하는 순간만큼은 매우 행복했을 겁니다. 그 증거는 너무
나 행복한 나머지 자신의 집을 예술가 공동체 작업실로 만든 것입니다.

최근 서울시가 마을공동체를 추진해 공동 공간을 제공하고 정보와
가치를 공유하는 사례가 그런 것들인데요. 당시 그런 예술공동체 마을을
만들 생각을 어떻게 했을까? 정말 앞서나간 그의 발상이 경이로울 뿐입니
다. 그리고 당시 가장 잘 나가는 화가였던 고갱을 집에 데려와 함께 작품
을 그리면서 예술가 마을을 만들어나갔습니다. 그 유명한 '해바라기'부터
'아를의 노란 집', '별이 빛나는 밤에', '까페 테라스' 등의 명작들이 그때
다 탄생한 겁니다.

고흐는 그림에 열정을 불어넣으면서 당시 최고의 행복을 느꼈을 것
이고 세상을 바꿀 놀라운 일을 해낸 것이죠. 그 중 '별이 빛나는 밤에'는
너무나 유명한 작품인데요. 같은 이름으로 2가지가 있는데 하나는 행복할

때 자신을 그림에 그려 넣은 것이고 또 하나는 불행해진 후 정신병원에서 그린 유명한 그림이죠.

고흐의 삶에서 빼놓을 수 없는 사건은 바로 고갱과의 일화입니다. 현실에서 항상 소외당했던 고흐는 진취적이고 현실감각이 뛰어난 고갱의 성격에 매료되었죠. 그래서 그와 예술공동체 마을을 꿈꾸며 자신의 노란 집 아틀에서 함께 작업했습니다. 둘은 다른 성격 때문에 서로 끌렸지만 그것 때문에 갈등이 끊이지 않았습니다. 급기야 고갱이 떠나고 고흐의 그 유명한 '귀를 자른 사건'까지 일어났습니다.

결국 고흐는 그 사건 이후 생래미 정신병원에 스스로 입원해 고통스럽고 불행한 시간을 보냈습니다. 고흐가 현실을 잘 이겨냈다면 어땠을까요? 아마도 예술공동체 마을에서 창의적인 예술작품들을 쏟아냈을 거라고 생각됩니다. 하지만 자신의 성격상 결함을 극복하지 못하고 결국 불행한 결말을 맞고 말았죠. 하지만 고흐의 선천적인 독특하고 창의적인 성격적 특성은 오늘날 가장 위대한 화가로 인정받는 작품세계를 만들어냈습니다. 위대한 예술가 고흐의 인생자본은 바로 그의 성격이었습니다.

결론 : 예술가 유형의 성장을 위해

에니어그램 4번 예술가 유형인 빈센트 반 고흐, 그는 타고난 성격의 틀에 갇혀 짧은 일생을 살았습니다. 우울함을 달고 살았지만 그의 특별한 예술적 재능과 작품들은 그래서 더 빛나는 것 같습니다. 오늘 강의의 결론을 내리겠습니다. 자, 우리 주변에도 이런 독특한 성향을 가진 예술가들이 있다면 이렇게 말하고 싶어요.

첫째, 자기 자리에서 열정의 꽃을 피워라! 앞에서도 말했듯이 예술가들은 예민하고 기민해 감정 기복이 심하므로 한군데 뿌리를 내리는 것이 정말 어렵거든요. 고흐도 예술가 마을에 뿌리를 내렸다면 세상을 바꿀 수 있었겠죠.

둘째, 자신의 아름다움을 깨달아라! 예술가들이 가장 큰 딜레마에 빠지는 것은 현재에 만족하지 못하고 뭔가 있을 것 같은 독특함이 불러들이는 고통이거든요. 그냥 자신 그대로가 근원이라는 것을 깨닫는 순간 행복을 만나게 된답니다. 감사합니다.

'성격은 사람의 운명을 결정한다!'라고 했다. 고흐와 대비되는 현대미술의 거장 중에 피카소가 있다. 피카소를 떠올리면 매우 오래된 고전화가로 생각할 수도 있지만 1970년대까지 나와 동시대를 살았던 인물이다. 피카소는 고흐가 가장 선망했던 고갱과 같은 상남자 성격으로 그는 20세기 최고의 거장으로 거침없이 현실세계를 살다간 화가다.

그들의 삶과 예술은 많이 비교되는데 특히 현실적 삶에서 많이 다르다. 가장 큰 차이는 고흐는 죽어서 빛나는 화가였고 피카소는 현실을 즐겼고 살아서도 죽어서도 유명한 화가였다는 것이다. 고흐의 작품이 생전에 인정받아 물질적 부를 이루었다면 그의 위대한 예술세계를 창조할 수 있었을까?

이 둘의 예술세계의 차이는 결국 성격 차이에서 온 것이라고 할 수 있다. 그들의 성격이 운명을 결정한 것이다. 그리고 그들의 삶과 예술세계를 만든 것은 바로 그들의 성격, 성격자본이었다.

고흐 '별이 빛나는 밤에'

피카소 '게르니카'

지금까지 화가 고흐의 성격과 예술세계를 알아보았다. 마지막으로 고흐를 가장 잘 이해할 수 있는 노래를 소개한다. 누구나 한번쯤 들어봤을 올드 팝, '별이 빛나는 밤에(Starry Starry Night),' 명곡 중의 명곡이다. 사후에 더 인정받는 화가 빈센트 반 고흐를 기리는 가수 돈 맥클린의 헌정곡이다. 여러분은 이 노래의 음율과 가사를 음미하면서 고흐와의 만남을 경험할 수 있을 것이다. 생전에 세상이 허락하지 않았던 그의 특별한 예술세계와 한 인간으로서의 고흐를 회상하고 있다. 음악과 가사를 감상하다보면 고흐와 대화를 나누고 있는 것 같은 느낌마저 든다.

고흐는 성격의 강을 건너지 못하고 불행하게 살았지만 자신의 빛나는 보석 같은 성격자본을 잃지 않았던 예술가였다. 그래서 죽어서도 그 성격자본은 온 세상에서 빛을 본 것이다. 아름다운 사람 고흐와 그의 성격, 그의 예술세계를 느껴보길 바란다.

4

성격자본 꽃 피우기,
활용편

지금까지 성격과 성격자본 이야기를 했다. 그리고 우리의 일상생활 속에서 성격자본을 확인하고 체험하는 과정들을 소개했다. 이번 장에서는 이 과정들이 나만의 경험에 그치지 않고 많은 사람이 활용할 수 있길 바라는 마음으로 정리했다. 사실 내가 이 책을 쓰려고 마음먹은 것은 이 4장의 내용을 소개하고 싶었기 때문이다.

지금까지 출시된 에니어그램 관련 서적들은 대부분 이론적 깊이를 더하는 것들이 많았다고 생각한다. 기업교육 컨설팅과 마케팅에 관심이 컸던 나로서는 그 점이 가장 아쉬웠다. 그래서 3장에서 소개한 것처럼 생활과 비즈니스 분야에 다양하게 접목해보려고 노력했다.

이 책의 내용들은 우리가 전혀 들어보지 못한 것들은 아닐 것이다. 하지만 나는 다양한 분야에서 에니어그램을 유용하게 활용할 수 있다는 자신감과 확신을 갖게 되었다. 물론 그런 것들이 유용할 수도 있고 필요없다고 생각할 수도 있을 것이다. 하지만 나의 이런 시도와 노력이 에니어그램을 전파하는 데 조금이라도 도움이 되길 바라는 마음이다.

이 책에서 소개되는 내용은 모두 내가 착안하고 직접 체험한 것들이다. 그 중 일반인들이 쉽고 편하게 활용할 수 있는 것들을 정

리해보았다. 그것들을 크게 자기 성장을 위한 실천전략과 관계개

선을 위한 실천전략으로 나누어 소개한다.

01

자기 성장과
생활 속 실천법

자기선언문
– 비전, 미션, 핵심가치

당신은 지금까지 살아오면서 자신이 주인이 되는 삶을 살아본 적이 있는가? 내가 인생의 주인이 되는 삶, 그것은 우리 모두 원하는 삶의 모습일 것이다. 하지만 대부분 타인이나 사회적 기대와 역할에 맞추어 살아갈 수밖에 없는 것이 현실이다. 그렇다면 자신이 주인이 되는 삶이란 무엇을 의미할까? 나는 자기답게 사는 것이라고 생각한다. 그리고 여기서는 자기다움을 찾고 자기답게 살기 위해 활용할 수 있는 방법을 제안하고자 한다. 그것은 자기선언문을 만들어보는 것이다.

나를 찾아오는 강사들과 이야기 나누다보면 자기답게 살아온 이야기들이 정말 아름다운 삶이라고 느껴졌다. 그런데 좀 더 깊이 이야기를 나누어보면 삶의 구획화가 되어 있지 않았다. 그래서 나름대로 아름다웠지만 성과를 내기 힘들고 탄력이 붙지 않은 것이다. 그래서 자신의 타고난 고유한 성격자원을 찾기 위해 나를 찾아왔던 것이다. 따라서 자기 성장을 위해서는 맨 먼저 자기선언문을 작성해 구체화해보길 바란다.

자기선언문의 핵심내용은 자신의 미래 비전(위상), 미션(사명), 밸류(핵심가치)를 정의하는 것이다. 비전은 일정 시간이 지난 후의 내 모습, 미션은 내가 이 일을 하는 이유를 의미하며, 핵심가치는 일할 때의 원칙이나 신념 등 삶의 철학을 말한다.

예를 들어, 당신이 직장인이라면 자기소개 선언문을 만들어보라. 그리고 이때 자신을 가장 잘 표현할 수 있도록 연습해보라. 그래서 내가 이 회사에서 일한다면 나의 미래상은 무엇이고(비전), 나는 왜 이 일을 하는지(미션), 그 일을 하는 과정에서 가장 중요하게 생각하는 것이 무엇인지(핵심가치) 말하면 된다.

여기서 중요한 것이 있다. 지금 이 자리는 '나'라는 사람을 판매하는 자리다. 그렇다면 나 자신에 대한 이야기가 주요 내용이 되어야 한다. 당신이 인재를 뽑는다고 가정해보자. 지원자의 능력이나 스펙도 중요하지만 삶이나 일을 대하는 태도나 신념, 가치관을 알고 싶지 않을까? 그래서 먼저 자신을 잘 알아야 한다는 것이다.

자신을 안다는 것은 자신의 성향, 즉 성격을 아는 것이다. 나의 성격 특성은 어떠하고 어떤 장·단점이 있으며 이 회사와 업무에 왜 적합한지, 어려움이 있다면 어떻게 극복할 수 있는지, 지금까지 살아오면서 자신의 성격이 어떤 작용을 했는지 말할 수 있으면 된다. 그런데 자신의 성격이 그 업무와 맞을 것 같지 않다면 어떡해야 할까? 그것도 별로 걱정할 일이 아니다. 그렇다 하더라도 자신을 잘 모르면서 무조건 열심히 하겠다는 사람보다는 나를 잘 아는 내가 훨씬 나은 사람일 것이기 때문이다. 따라서 자신의 고유한 성격자원을 찾아 자기선언문에 반드시 적용하길 바란다.

자, 이제 자기선언문을 만들어보자. 나 자신을 안다는 것을 삶의 현장에서 여러 가지로 활용할 수 있어야 한다. 내 직업이 무엇인지는 중요하지 않다. 특별한 양식에 맞춰 쓸 필요도 없다. 내 인생의 좌우명이 될 자기선언문이므로 비전, 미션, 핵심가치가 들어가면 된다.

연애할 때는 커플선언문, 청혼한다면 청혼선언문, 결혼식에서는 성혼선언문, 자녀가 생기면 부모선언문이 있어야 한다. 직업을 갖게 되면 직업선언문, 사업을 시작한다면 사업선언문이 필요하다.

운전면허가 없는 사람이 운전한다고 상상해보자. 정말 위험하고 아찔하지 않은가? 지금이라도 준비하자. 인생이라는 바다를 항해하면서 무면허 운전을 할 수는 없지 않은가? 운전면허증보다 더 중요한 것이 바로 삶의 면허증인 것이다.

나는 어린 시절부터 나의 정체성에 대해 고민하는 시간이 많았다. 그런데 우연히 접한 에니어그램을 통해 나의 타고난 성격을 이해하게 되었다. 그래서 내 성격자원으로 스스로 치유하고 나 자신을 사랑하는 법을 알게 되면서 더 건강한 삶을 찾게 되었다. 이렇게 자신이 더 성장하려면 더 구체적인 실천계획이 필요하다. 여러분의 이해를 돕기 위해 나의 미션을 소개한다.

- **나의 선언** : 2012년 1월 1일, 나는 성격 분석 전문가로서 이 사회에 이로움을 전하는 사람이 되겠다고 결심했다. 나는 나의 새로운 인생을 살기 위해 다음과 같이 선언한다.
- **나의 미션** : 우리의 고객들은 자신의 정체성과 사람과의 관계로 인해 힘들어하는 사람들이다. 나는 신성한 시스템인 에니어그램을 통해 모든 사람이 자기다움을 찾고 관계를 개선해 성장하도록 돕는다.
- **나의 비전** : 2020년 나는 성격자본의 국내 브랜드를 런칭한다. 그리고 2025년 성격자본연구소의 국내 프랜차이즈 운영시스템을 완성하고 2030년 에니어케이션을 글로벌 브랜드로 성장시킨다.
- **나의 가치** : 나는 에니어그램의 대중화를 지향한다. 나는 모든 사람이 성격자본을 생활 속에서 쉽게 이해하고 체험할 수 있도록 범용적이고 실용적인 생활 컨텐츠로 만들고 제공할 것이다.

자기선언문 만들기

* 아래 칸에 반드시 써보기

- 자기선언문 : 자기선언문의 의미를 정의하는 것이다.

  예: "오늘 나는 나의 새로운 인생을 위해 다음과 같이 선언한다."

- 나의 비전 : 일정 시간이 지난 후 지향하는 나의 모습을 그려본다.

  예: "5년(10년, 20년) 후 나는 다음과 같은 사람이 되어 있을 것이다."

- 나의 사명 : 내가 일하는 이유와 내가 하는 업(業)의 존재가치를 정의한다.

  예: "나는 나의 미래 비전을 이루기 위해 다음과 같이 할 것이다."

- 나의 핵심가치 : 일할 때의 원칙이나 신념 등 삶의 철학은 무엇인가?

  예: "나의 비전과 사명을 추구하는 데 가장 중요한 원칙은 다음과 같다."

04 자기 성장과 생활 속 실천법

함께 하는 성장
– 실천의 방 따라하기

　　　　　　　　'실천의 방'은 앞의 3장에서 실제 운영 사례를 중심으로 소개했다. 내가 운영하는 에니어그램 기반의 모든 교육 과정에 팔로우업을 위한 후속 실천 과정의 일환으로 도입해 매우 큰 효과가 있었다. 효과적인 운영을 위해 알아두어야 할 사항을 정리하면 다음과 같다.

　먼저 운영 형태와 방법으로 단톡방, 밴드 등 접근성과 편의성이 좋은 수단을 활용하는 것이 좋다. 그리고 참여 인원은 운영 목적에 따라 다르겠지만 가능하면 전원이 참가할 수 있도록 10여 명 이내의 소수정예가 효과적이다.

　둘째, 운영자의 역할이 가장 중요하다. 교육 과정 후 실천을 위해서는 자신의 성격을 고찰하고 내면의 동기를 끌어내기 위해 자발적인 참가 분위기를 만들어야 한다.

　셋째, 참가자들에게 운영 목적을 명확히 인식시켜야 한다. 운영자는 교육 과정을 충분히 이해하는, 역량 있는 사람이 운영하도록 한다. 참가자들의 생활 사례가 성격과 어떤 연관성이 있는지 발견해주고 피드백할 수 있어야 하기 때문이다.

　넷째, 운영 시기는 교육 종료 후 2주 이내가 효과적이다. 참가자들의 교육에 대한 열정과 흥미가 아직 식지 않은 상태에서 시작할 수 있기 때문이다.

마지막으로 운영 기간은 자유롭게 정할 수 있다. 다만 참가자들의 여건을 고려해 탄력적으로 조정하면 된다. 실제로 1~4주까지 다양하게 운영해보았는데 모두 장·단점이 있었다.

이 방법은 어떤 테마의 교육 과정에서든 적용할 수 있다. 학습 내용을 생활 속 체험을 통해 체득시키는 데 매우 유용할 것이다. '실천의 방'을 운영할 때 필요한 준비사항과 운영 방법은 다음과 같다.

• 운영 목표 : 운영 기간 중 달성해야 할 목표를 설정한다.

여러분은 자신의 성격 유형이 무엇인지 에니어그램 학습을 통해 파악하셨고 그에 따른 성장전략을 학습하셨습니다. 이 단톡방은 이해하고 학습하신 내용이 삶 속에서 의미 있는 변화로 나타나게 해주는 연결고리입니다. 이 단톡방의 목표는 자신의 성격 유형별 부족한 부분, 즉 성장이 필요한 부분을 명확히 정의하는 것입니다.

• 운영 규칙 : 운영 기간 동안 지켜야 할 규칙(의무사항)을 정한다.

   1. 단톡방 참가는 평일에 한해 운영된다(오전 7시~오후 10시).

   2. 참가자는 1일 1회 실천을 원칙으로 한다.

   3. 참가자들의 상징화를 위해 별칭(동물 이름 등)을 사용할 수 있다.

   4. 실천 결과를 매일 단톡방에 기록한다.

   5. 질보다 양이 중요하다! 좋은 실천이 아닌 많은 실천이 중요하다!

• 자기 성장 전략 : 나 자신의 성격 유형에 따른 장 · 단점을 간략히 정리해보라.
   그리고 자기 성장을 위한 실천전략을 작성해보자.

   1. 장점 : 내가 생각하는 나의 성격적 장점은 무엇인가?

   2. 단점 : 내가 생각하는 나의 성격적 단점은 무엇인가?

   3. 전략 : 나의 성장을 위한 실천 행동은 어떻게 할 것인가?

강력한 일일 미션
- 깨어있는 아침입니다

우리가 에니어그램을 따라가는 것은, 단순히 성격을 아는 것이 아니라 성격을 넘어 자유로워지기 위해 타고난 본성을 찾기 위함이다. 그 과정을 위해 나는 매일 아침 일어나자마자 '깨어있는 아침입니다'라고 말하며 스스로 내 몸의 상태와 의식을 바라보는 시간을 가진다. 이렇게 자신의 몸과 의식의 상태를 자각하는 것을 '알아차림'이라고 할 수 있다.

이것은 나 스스로 의식이 깨어나기 위한 행동으로 '깨어있는 아침입니다'를 하는 것이고 이것은 알아차림의 첫 걸음이 된다. 이 알아차림은 우리가 자기 성격의 틀 안에 갇혀 있다는 것을 일깨워주고, 자기 성격의 틀에서 벗어나 자유로워지기 위해 실천하는 방법 중 하나라고 할 수 있다. 이렇게 하는 근본적인 이유는 우리 삶에서 가장 온전한 상태인 현존으로 가기 위한 워밍업이라고 인식하면 된다.

나는 오랜기간 에니어그램 강사들을 양성해왔다. 그들은 에니어그램을 자신의 삶의 지침으로 사용하거나 나아가 일상에 적용하곤 했다. 그런 강사들을 보면서 지속적으로 안내해줘야 할 책임감을 자주 느끼곤 했다. 그래서 에니어그램 강사 교육 과정을 마치면

'실천의 방'을 통해 생활 속 체험 훈련을 해왔던 것이다.

어느 날 한 강사가 나를 찾아와 물었다. "류 교수님, 깨어있다는 것은 무엇입니까?" 그 질문은 내게 큰 부담으로 다가왔고 쉽게 대답할 수 없었다. 깨어있다는 것을 설명한다는 것이 쉽지 않았을 뿐만 아니라 나 자신이 깨어있는가에 대한 의문도 있었기 때문이다.

그날 이후 나뿐만 아니라 적극적으로 강사들을 깨어나게 하기 위한 실천 행동을 시작했고 강사들에게 이렇게 설명했다.

"사랑하는 나비(KCLC 인증 강사의 애칭)님들, 에니어그램을 통해 강사의 길을 걷기 시작했다면 여러분은 끝없이 수련해야 합니다. 에니어그램은 체험이 더 중요하기 때문입니다. 머리로 이해만 해서도 안 되고 몸으로 미련스럽게 반복만 해서도 안 됩니다. 머리에서 가슴으로 내려와 느끼고 몸으로 실천해야 비로소 깨어나게 됩니다. 그럼으로써 자신의 성격에 휘둘리지 않는 편안한 현존 상태에 이르는 겁니다. 그래서 에니어그램은 교육(Education)이라고 부르지 않고 워크(Work)라고 부르며 끝없이 수련해나가야 한다는 의미를 담고 있습니다. 그러므로 오늘 아침부터 눈을 뜨면 우리 모두 '깨어있는 아침입니다!'로 새로운 하루를 시작하며 나의 존재와 세상에 감사하는 마음으로 하루를 시작합시다." 이렇게 매일 미션을 주고 실천을 시작했다.

나는 종교지도자가 아니다. 그리고 이 방법은 매우 단순한 자연의 법칙이다. 나는 이 자연법칙을 실천한 현자이자 에니어그램을 현대에 전수한 구르지예프에게서 배운 것을 실천한 것이다. 구르지예프는 현재 이 순간을 깨어서 알아차려야 한다는 것을 강조했다. 그리고 모든 인간은 기계처럼 단순하며 욕망에 매몰되어 있거나 그 속에 잠들어 있다고 말했다. 그는 이렇게 깨어난다는 것이 진리를 찾는 것이고, 에니어그램이 삶의 진리를 찾아가는 중요한 방법이라고 말했다. 우리가 단순히 에니어그램을 배우는 데 그치는 것이 아니라는 것이다.

자, 그렇다면 깨어있다는 것은 무엇인가? 그것은 매 순간을 알아차리는 것이다. 좀 더 구체적으로 설명하면 매일 아침 눈을 뜰 때 '깨어있는 아침입니다!'라고 말하면서 내 몸의 상태를 알아차리는 것이다.

예를 들어, 내 머릿속은 복잡하고 풀리지 않는 문제로 답답하게 엉킨 상태이고 명료하지 않음을 알아차리는 것이다. 그리고 내 가슴 속에는 누군가에 대한 온통 불편한 감정을 느낀다는 것을 알아차리는 것이다. 그 느낌은 원망, 시기, 질투, 편견으로 혼란스러운 것을 알아차리는 것이다.

그런 후 내 몸을 인식하는 중요한 과정이 이어진다. 자고 일어나니 뒷목이 뻣뻣하거나 허리가 찌릿 아프다. 무릎도 아파 일어나

지도 못하는데 지인들과 약속한 운동을 하기 위해 참고 나가는 나를 발견한다. 또 안 좋은 몸 상태로 쉬어야 하는데도 '이까짓 것' 하면서 '병원은 다음에 가자'라는 나를 발견하는 것이다. 또는 반대로 몸에 전혀 긴장이 없고 너무 무기력한 것이다. 의욕도 없고 돌덩이처럼 천근만근 무거운 내 몸을 알아차리는 것이다. 이것이 몸의 알아차림이다. 잠시 멈추고 내 몸을 바라봐야 알아차릴 수 있다.

다시 나비 강사들 이야기로 돌아가면 바쁜 강사들에게는 가장 효과적인 집단 깨우침을 일괄적으로 실시할 필요가 있었다. 그것이 바로 아침에 일어나자마자 잠시 멈추는 작업인 '깨어있는 아침입니다!'를 외치는 순간이다. 그 순간만이라도 에니어그램의 핵심 이론인 머리, 가슴, 장의 통합 상태를 살펴보고 의식이 명료하게 깨어서 하루를 시작하는 것이다. 매일 이렇게 반복하는 것이다. 매일 실천해야 하는 일종의 일일 미션이다.

앞에서도 밝혔지만 이 깨어있기 실천 연습은 오래 전 에니어그램 구도자들이 깨달은 지혜를 전하는 것이고 나는 의심 없이 그것을 실천했을 뿐이다. 그리고 나는 나름대로 중요한 일을 하나 했다. 강사들이 '깨어있는 아침입니다!'를 실천하는 순간 엄마의 마음으로 무한 긍정 에너지와 사랑의 메시지를 매일 보내준 것이다. 그렇게 반복적으로 실천했더니 "류 교수님, 눈은 떴지만 의식은 아직 깬 것 같지 않습니다"라거나 "교수님을 믿고 매일 실천하니까 이 자체만으로도 제 몸이 깨어나는 것을 느꼈습니다", "다시 태어난 느낌입니다. 감사한 마음으로 하루를 시작합니다"라거나 아무 반응도 안 하는 강사들도 있었다.

그렇게 여러 달을 애틋하게 강사들과 함께 지냈다. 그들은 그 과정에서 말로는 표현하기 힘든 갈등이 많았다고 말해주었다. 번데기에서 나비가 되어가거나 불 속에 뛰어드는 불나방이 된 것 같다고도 했다. 그렇게 오랫동안 그들과 함께 깨어있기 실천을 했고 처음 내게 질문했던 강사에게 이렇게 말해주었다. "깨어있는 것이란 나의 현재의 모든 상태를 알아차리는 것입니다. 그것은 의식 상태를 말합니다. 그리고 매일 아침 눈떴을 때 '깨어있는 아침입니다!'를 꾸준히 실천하길 바랍니다. 그것은 현존으로 가기 위한 시작입니다" 이어서 머리, 가슴, 장의 상태를 살펴보고 내가 어떻게 생각하고 느끼고 행동하는지를 알아차리는 것이라고 말해주었다.

그렇게 반복하다보면 어느 순간 우리의 의식은 지금보다 좀 더 성장하며 스트레스는 점점 줄고 더 편안해지는 나를 발견하게 된다고 설명해주었다. 다른 수련원에서는 이런 방법이 열정적이지 않다며 수강생들에게 너무 많은 것을 실행시킨다. 하지만 내가 실천해본 결과, 너무 애쓸 필요가 없다.

영적 스승인 돈 리차드 리소는 '에니어그램의 활용'이라는 책에서 "이렇게 매일매일 실천한다면 우리의 의식은 한층 더 깊이 깨어난다"라고 말했다. 나 역시 경험했고 그래서 이 방법을 실천하고 있다. 에니어그램을 알기 전과 현재의 당신은 더 성장하고 있으며 우리의 의식은 확장되어 가고 있다고 말했기 때문이다. 그래서 나와 우리 강사들은 '깨어있는 아침입니다!'를 매일 아침 실천하고 있다.

자, 그럼 이제 구체적인 미션 활동을 시작해보자. 위에서 설명한 것을 다음 순서에 따라 실천 연습을 해보길 바란다.

깨어있기 실천 매뉴얼

1. 아침에 눈뜨자마자 첫 번째 미션을 수행합니다. '깨어있는 아침입니다!' 문구를 떠올립니다.

2. 실천 활동을 위한 플랫폼에 위의 문구를 정확히 씁니다. 밴드, 카톡, 카페 등에 의식적으로 적습니다.

3. 호흡하면서 내 몸을 의식적으로 흔들어 깨웁니다. "한 곳을 응시하며 들숨과 날숨 깊은 호흡을 시작합니다."

4. 호흡하는 동안 떠오르는 생각, 느낌, 몸의 상태를 관찰합니다. 내 집착으로 인한 나를 내려놓고 하루를 시작합니다.

내 집착을 알아차리기 위한 시

이런 나를 알아차리게 하소서

- 에니 맘. 류지연

선함을 행하며 엄격함 가운데서도 웃을 수 있는 여유를 잃지 않게 하소서

사랑을 말하며 혼자 있어도 외롭지 않고 사랑받을 만하다는 것을 알게 하소서

가치를 전하며 최고가 아니어도 영롱하게 빛나고 있음을 알게 하소서

정체성을 위하여 특별하지 않아도 이미 당신이 근원이라는 것을 알게 하소서

진리를 찾아서 명료하지 않아도 텅 빈 마음을 채울 수 있다는 것을 알게 하소서

깨달음을 향해서 안내를 받지 못 해도 극복할 용기가 있음을 알아차리게 하소서

자유를 향해서 항상 즐겁지 않아도 고통 속에서 피어난 진지함을 알게 하소서

정의를 행하며 강하지 않아도 이미 생동감과 힘이 있음을 알게 하소서

평화를 위해서 자신을 드러내고 요구해도 온전함은 그대로임을 알게 하소서

에니어그램 명상법
– '에상'의 힘

'깨어있는 아침'을 실천한 이후 내 몸의 상태를 알아차리기 위해 자연스럽게 눈을 감을 때가 많아졌다. 우리는 누구나 한 곳에 마음을 집중하는 능력을 타고났지만 언제부터인지 우리 주변은 여러 가지 생각들로 복잡해졌다. 그래서 이 순간 현재에 집중하는 능력을 키우는 것이 중요하다는 것을 알아야 한다. 하지만 여러 가지 관념과 이유 때문에 내 몸에 집중하는 것은 쉬운 일이 아니다. 그래서 내 몸에 쉽게 집중할 수 있는 구체적이고 명료한 명상법을 만들기로 결심했다.

다시 말해 '에니어그램을 통한 명상법'을 만들기로 한 것이다. 사람의 성격을 다루는 직업이다보니 나 자신의 멘탈 관리가 중요했고 그래서 국제 에니어그램 전문가들과 교류하며 그들의 명상법에 대해 깊은 관심을 갖게 되었다. 한국에 돌아온 후 국내 · 외 다양한 명상법을 찾아보았다. 그리고 하나 둘 배우고 따라했지만 구체적으로 집중하지 못했다. 그런데 자가치유를 위해 만든 에니어그램 명상법인 '에상'이 나의 모든 심신의 변화를 경험하게 해주었다. 그리고 내 안의 구석구석을 챙기는 특별한 명상법이라는 것을 나 스스로 알게 되었다.

그래서 이 에니어그램 명상법, 즉 '에상'을 강사들에게 매일 아침 깨어있기 실천과 함께 전파하기 시작했다. 다시 말하지만 나는 그동안 만난 명상가들에게서 익힌 명상법들을 실천했지만 이렇게 명료하게 깨어나지는 못했다. 하지만 에상은 달랐고 명상을 포기할까 여러 번 생각도 했지만 내게 맞는 자가치유법을 계속 만드는 데 몰입했다. 그 결과 놀랍게도 빠르게 내 몸이 깨어나는 것을 나 자신이 실제로 경험하면서 나에게 다다르는 명상법을 만들게 되었다. 간단히 할 수 있는 '에상법'은 다음과 같다. 내가 하는 Morning Time Meditation, 아침 10분 명상 요령이다.

에니어그램 명상법 개발자 류지연 교수

"눈을 감고 편안한 상태에서 의식적으로 긴 호흡을 합니다. 숨을 깊이 들이마실 때는 내 몸 안으로 건강하고 좋은 에너지가 들어온다고 생각합니다. 그리고 입으로 내뱉을 때는 내 몸속의 부정적인 생각이나 감정을 내보낸다고 생각하며 호흡을 반복합니다. 이렇게 반복하다보면 복잡한 관념들이 사라지는 느낌이 듭니다. 이때 차분하게 머리부터 가슴을 거쳐 몸속 구석구석의 감각을 느끼며 머무릅니다. 내가 머리의 에너지로만 치우쳐 있는지, 가슴의 감정으로만 치우쳐 있는지, 행동만 앞서는지 알아차립니다.

이때 답답하거나 불편하면 그곳에 머물러 잠시 바라보고 호흡을 반복합니다. 그리고 머물렀던 곳의 불편함을 느끼고 그 크기를 형상화합니다. 그리고 다시 수치로 체크합니다. 머리가 아프고 복잡함의 강도가 10이었다면 호흡하면서 5~6까지 떨어지는 것을 알게 됩니다.

아무 변화가 없다면 앞에서 했던 '바라보고 호흡하기'를 같은 방법으로 반복하며 내 몸속의 불편함을 살펴봅니다. 이런 방법을 반복하면서 내 몸이 하나로 통합되도록 계속 집중합니다. 머리, 가슴, 장이 균형적인 기능(불편함이 사라지는 것)을 하도록 집중해 계속 호흡합니다. 편안해질 때까지 눈을 감고 몸을 이완합니다. 처음보다 편안해진 나를 알아차리게 됩니다. 다음 내용을 따라해봅니다."

에상법 실천 매뉴얼

1. 눈을 감고 깊은 호흡을 시작합니다.

코로 들이마시고 입으로 뱉으며 들숨과 날숨을 10회가량 반복합니다. 흔히 하는 복식호흡이나 단전호흡을 하려고 애쓰지 않아도 됩니다.

2. 호흡하면서 내 몸속의 에너지를 느껴봅니다.

숨을 내뱉을 때는 내 몸속의 부정적인 에너지를 내보내는 것이고 숨을 들이마실 때는 긍정적인 에너지가 내 몸속에 스며든다고 느껴봅니다.

3. 호흡을 반복하면서 몸속 구석구석의 감각을 살펴봅니다.

내 몸속의 감각에 집중하면서 불편하다고 느껴지는 곳에서 잠시 멈춥니다. 불편함의 강도를 수치로 체크합니다.

* 1(약함) ~ 10(강함)

4. 체크한 수치가 떨어질 때까지 눈을 감고 호흡을 반복합니다.

내 머리, 가슴, 장이 통합하도록 깊은 호흡을 계속합니다. 몸이 통합될 때 장의 긴장이 풀리고 닫혔던 가슴이 열리고 머리가 명료해지는 것을 알아차립니다.

5. 편안해질 때까지 내 몸에 집중하고 잠시 후 눈을 뜹니다.

눈을 떴을 때 이전과 다른 내 몸과 마음, 행동이 편안한 상태에서 하루를 시작합니다.

현존(Presence)
– 현재에 살기

일본에서 만난 세계적인 에니어그램 저술가 러스 허드슨이 인터뷰 때 강조한 것은 바로 '현존(Presence)'이다. 러스는 우리가 에니어그램을 통해 '참 자아'인 본질을 발견하고 내 몸을 알아차리거나 명상하는 모든 과정이 현존하는 가운데서만 가능하다고 말했다. 그렇다면 현존이 무엇인지 궁금해질 것이다. 나도 그 현존을 위해 지금까지 성격을 연구해온 것인지도 모른다.

국내 어느 논문을 살펴봐도 현존에 대한 명확한 정의를 찾아볼 수 없었다. 그래서 나는 여러 구루들을 통해 얻은 지식과 그동안의 에니어그램 수련을 통해 체험한 경험으로 현존을 정의하고자 한다. 현존은 말 그대로 현재 존재하는 것이다. 지금 이 순간에 있는 것을 말한다. 미래도 과거도 아닌 온전히 지금 현재 이 순간에 있는 것을 말한다.

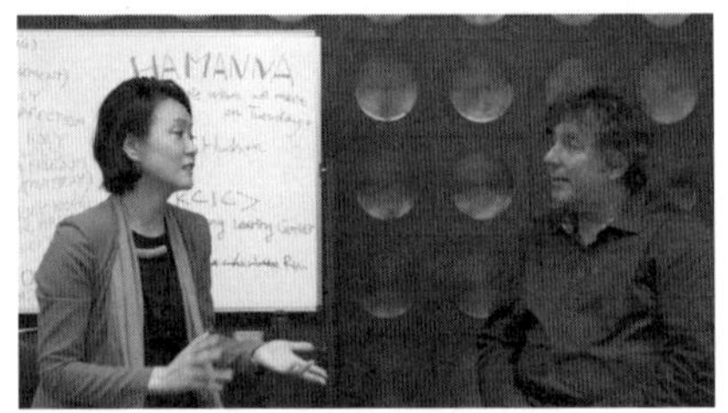

일본, 홀리아이디어 과정 수련후
러스 허드슨 인터뷰

우리의 몸은 과거나 미래가 아닌 현재에만 있는 것이다. 내 몸을 느껴보고 호흡하고 숨쉬는 것을 경험하며 이 현재로 오게 하는 것이 현존이다. 이렇게 현존은 현재 내가 호흡하면서 내 몸속의 감각들을 느끼는 것이다. 이것은 특정 형상이 아니라 그냥 느끼는 것이다.

우리의 몸은 감각을 통해 우리에게 말하고 그 몸의 감각에 주의를 기울이며 내게 집중할 수 있기 때문이다. 즉 온전하게 자신이 되는 것이다. 우리는 자신이 원하는 모습으로 자신을 만들어왔고 어느 순간 자신이 만든 모습에 자신을 속이고 기만하기도 한다. 대부분 자신을 보여주는 수많은 모습은 대부분 성격으로 왜곡되어 있어 현존과 멀어지는 것이다. 그래서 에니어그램을 통해 자신의 왜곡된 성격을 발견하고 자신의 본질을 찾아가는 것이 현존의 과정이고 러스가 그토록 강조했던 것이다.

우리가 현존하게 되면 어떤 현상이 나타나는지 알아야 한다. 현존하게 되면 우리의 의식이 수용적으로 바뀌고 깊이 경청하게 되어 나와 타인에게 친절할 수 있게 된다. 그런데 많은 사람들이 바쁘게 살기 때문에 우리 몸속 감각의 소리를 잘 듣지 못한다. 따라서 현존하면서 내 몸속 주변 소리에 귀 기울이는 습관을 만들어야 한다. 그리고 에니어그램이라는, 자기 탐색을 할 수 있는 내면 지도를 통해 바라보는 습관을 들여야 한다.

이 습관은 성격의 부정을 뛰어넘고 나 자신에게 정직해지며 자신을 지켜내는 신성한 사고와 손상되지 않은 본질을 보게 해준다. 이 상태를 현존이라고 하며 현존은 진정한 나와 만나게 해준다. 에니어그램을 통해 세상을 바라보면 이 세상에서 일어나는 모든 두려움은 욕망 속에서 피어난다는 것을 알 수 있다. 이것은 자신을 지키려는 불안 때문이고 이 두려움은 나만의 고착된 습관을 만들어낸다.

그러나 우리는 이 습관을 현존하는 가운데서 지혜롭게 개선할 수 있다. 그리고 우리의 잃어버린 본질을 찾게 되면 더이상 나를 힘들게 하지 않는다. 우리는 매우 편안한 상태가 되는 것이다. 늘 현존해야 한다. 이것은 아무리 훌륭한 지도자가 이끌어주더라도 소용없다. 나 자신만 해낼 수 있는 것이고 혼자 하기보다 에니어그램을 일깨우는 공동체 안에서 가능하다. 그리고 나는 이 과정을 오랫동안 경험해왔다.

자, 그럼 지금부터 현존하지 못하는 이유를 사례를 통해 알아보자. 우리는 똑같은 돌부리에 왜 계속 걸려 넘어질까? 몇 년 전 상담했던 내담자는 결혼을 무려 4번이나 했다.

첫 번째 결혼은 집에 과외선생으로 왔던 고학생을 도와주고

싶어 결혼했다고 했다. 두 번째 결혼은 친구의 오빠였는데 어렵고
힘들게 사는 친구를 도와주고 싶어 결혼했다고 했다. 세 번째 결혼
도 자신의 도움이 필요했던 사람과의 결혼이었고 자신이 필요없어
지면 자신의 존재가치를 잃어버렸다고 한다. 마지막 결혼에는 절
대로 남을 도와주지 않겠다고 다짐했다. 하지만 사업자금이 모자
라 애쓰던 남자에게 또 돈을 빌려주었고 그 돈을 돌려받지 못하고
결국 그의 아내가 되었다고 했다.

그녀는 "교수님, 저는 왜 이렇게 불쌍한 사람만 만나는 거죠?
아이고 내 팔자야!"라고 넋두리했다. 그런 일을 겪었다면 다시 반
복하지 않아야 하는 것이 일반적이지만 대부분 반복하게 된다. 나
도 모르게 나타나는 자동화 반응 때문이다. 이것은 1장에서의 '히
치하이킹' 사례에서도 설명했다. 이것은 이성보다 본능에 가깝고
의식적으로 극복하기 쉽지 않다.

결혼을 4번 했다는 내담자의 사례와 양상만 다를 뿐 우리는 에
니어그램에서 말하는 9가지 이유로 성격의 자동화된 오류를 계속
저지른다. 그것은 완벽해지기 위해 계속 지적하는 성격, 도와주는
데 집착하는 성격, 성공에 대한 집착, 독특해지려는 집착, 지식 축
적에 대한 집착, 안전에 대한 집착, 재미에 대한 집착, 강해지려는
집착, 갈등 회피를 위한 평화에 대한 집착 등이다.

이것은 의사가 무릎 진단을 위해 작은 망치로 툭 치면 자동으로 발이 들리는 조건반사와 같다. 의식적으로 발이 들리지 않으려고 노력하면 조금 덜 들리지만 발이 들리는 것은 어쩔 수 없는 것과 같다. 이렇듯 성격은 매우 오래 전부터 본능적으로 고착되었기 때문에 자동 반응을 멈추는 것이 쉽지 않다. 의식적으로 이 자동 반응을 멈추기 위해서는 우선 있는 그대로 바라보는 연습을 해야 한다. 있는 그대로 보려면 먼저 그라운딩을 해야 한다.

'그라운딩(Grounding)'은 말 그대로 발을 땅에 딛는 것이다. 현재에 접지해 몸과 마음, 공간을 일치시키고 현재에 존재할 때 나와 연결되는 것을 말한다. 모든 인간이 현재에 있지 않아서 오는 고통으로부터 벗어나는 방법이다. 그래서 그라운딩이라는 행동으로 내 몸을 일깨운 후 우리 감각에 귀 기울이는 현재의 상태를 알아차려 바로 지금 이곳에 있는 것이다.

6번 충성가 유형인 김성실 강사는 회사 문제들 때문에 매일 습관처럼 전화해와 두려움을 호소했다. 아랫사람들은 아무리 잘해줘도 결국 자기 하고 싶은 대로 하고 윗사람들은 나를 지켜줄 것 같지 않다며 이렇게 말했다.

"류 교수님, 앞으로 미래가 불안하고 걱정됩니다. 이 회사의 존재 여부도 불확실하고 앞으로 제 미래가 어떻게 될지 정말 걱정 됩니다." 그 강사는 거의 울듯이 말했고 나를 바라보는 큰 눈에는 안내가 필요했다. 나는 그녀에게 지금 걱정하는 문제가 기우(杞憂) 임을 말해주고, 걱정과 불안감을 호소할 때는 용기를 내라며 새로 운 방법을 제시해 그 걱정들을 덜어주었다. 그런데 그렇게 혼신을 다해 걱정해주고도 왠지 모를 벽이 느껴진 것은 왜일까? 그녀는 결 국 내가 제시한 방법을 참고하겠지만 결정은 알아서 할 것이기 때 문이다. 나는 그냥 들어주기만 하면 되었다. 그러나 한편 그녀가 걱 정하는 관념들에서 어떻게 벗어나게 해주고 불안 속에서 편안해 지게 해줄까? 숙고했다. 즉, 그녀가 관념에서 벗어나 그라운딩하면 현존 속에서 편안해진다는 것을 알게 해주고 싶었다.

어느 날 그녀에게 엄청난 사건이 일어났다. 강사들과 야외에 서 진행하는 힐링 워크샵 도중이었다. 항상 바쁘게 충성스럽게 열 심히 살던 그녀가 자신의 모습을 본 후 바닥에 주저앉아 대성통곡 했다. 평소 나와 개인상담을 했던 많은 강사들이 눈물을 펑펑 흘리 곤 했지만 그녀는 한 번도 그런 적이 없었다. 그런데 자신의 두려움 을 보니 두 다리가 풀려 주저앉을 정도로 불안하고 초조했던 것이 다. 그녀는 그 두려움을 온몸으로 버티고 걱정하고 준비하고 대비 했던 것이다. 그 날 이후 나는 '깨어있기' 실천을 더욱더 간절히 권 했고 다행히 성실한 생활 덕분에 매일 아침 그녀는 '깨어있기'를 실천하면서 자기 수련도 성실히 했다.

1년쯤 지났을 무렵 그녀는 나를 찾아와 "류 교수님, 저 과거에는 걱정이 올라오면 머리 속에서 생각만 하다가 지금은 교수님 말씀대로 일어나 몸을 움직이는 습관을 가졌고 실천 활동을 열심히 했어요. 그리고 내 안의 뭔지 모르는 자신감과 용기가 생겼어요!"라고 말했다. 실천 활동이 효과를 본 것이다.

며칠 뒤에는 회사에서 승진했다고 연락해왔다. 3년 동안 동료들에게 밀리던 지점장 발탁 면접에서 용기를 내 자신을 어필했고 처음으로 지점을 맡게 되었다고 했다. 어떻게 어필했냐고 물었더니 "우리 사업은 고객관리와 팀원 관리인데 사람 성격을 이해하는 에니어그램을 기반으로 세일즈팀을 만들어 최고의 지점을 만들겠습니다"라고 말했단다. 인적관리라는 비장의 무기로 무장하겠다는 말에 부서장이 높은 점수를 주었다는 것이다.

그렇다! 그녀는 에니어그램을 통해 성격자본을 만들어낸 사례다. 누군가 안내를 해줬어도 용기를 낸 것은 자신이고 깨어서 그라운딩하고 현존했기 때문에 극복할 수 있었던 것이다. 우리는 지금 내가 생각하는 걱정의 1/10도 안 일어날 일들로 힘들어하고 있다. 그라운딩하지 못하고 불필요한 에너지를 소모하고 있는 것이다.

그런 우리에게 태고 때부터 나를 지켜주는 우리 자신이 가진 원래의 힘은 바로 본성이다. 본성은 신비한 것이 아니라 손상되지 않은 원래의 마음이다.

에니어그램 같은 신비한 이론이나 다른 검증된 방법으로 자신의 성찰을 통해 마음이 열리고 현존할 때 이 본질적인 본성을 경험하게 된다. 이 본성은 우리가 매일매일 생활 속에서 성격을 만날 때마다 경험하지만 바쁘게 살다보면 그 연결이 끊겨 혼란스러워지는 것이다. 그래서 나는 에니어그램을 통해 자신을 찾고 자신의 고유한 자원을 개발해 일상생활에서 더 나아지거나 생산적으로 연결될 때 성격자본이 구체화될 수 있다고 말한다.

그 과정은 3장에서 에니어케이션을 통해 만들어갈 수 있음을 지금까지 소개했다. 이 글을 읽는 여러분이 에니어그램이 아닌 다른 것으로 현존하는 방법이나 습관이 있다면 그것을 선택해도 좋다. 그러나 내가 경험한 것처럼 많은 시간과 노력이 소요될 것이라는 것을 참고하기 바란다.

현존하기 위해서 우리는 우리 몸을 이완하고 답답한 긴장을 풀고 나 자신에게 일어나는 경험들에 대해 마음의 문을 열고 친절히 들어주어야 한다. 그럼으로써 일상의 새로운 것들에서 깨달음을 발견하고 9가지 유형의 습관을 이해하게 될 것이다. 이렇게 현존하는 것은 에니어그램이라는 신비한 힘과 연결되어 있다. 그리고 일상생활에서 이 힘이 꽃으로 빨리 피어나길 바란다. 그것이 성격자본의 힘을 키우는 것이다. 내 경험상 그 꽃이 피는 시기는 다양한 사람의 얼굴처럼 모두 다르고 사연도 많았다. 하지만 자신의 내면의 위원회와 비평가를 무너뜨리고 타인에 대한 편견과 아집을 무력화시키면 그 시기를 앞당길 수 있다.

이제 결론을 내려보자. 현존 실천의 방법은 여러 가지가 있다. 그리고 현존 실습에 대한 책이나 수련기관들의 수업에 참가해보면 그 과정을 매우 정교하게 소개하고 있다. 그러나 내가 이 책에서 소개하는 것은 전문적인 수련에 들어가기 전에 우리 일상에서 누구나 쉽게 활용할 수 있는 방법을 말한다. 아침에 잠에서 깨어 하루를 시작할 때, 하루 일과를 시작할 때, 일과 중 머릿속이 복잡할 때, 극심한 스트레스 상태일 때, 하루를 마무리할 때 등 언제 어디서든 잠시 할 수 있다.

그것은 바로 이 장에서 소개한 두 가지 방법을 습관화하는 것이다. 그 첫 번째가 아침에 깨어날 때 하는 '깨어있는 아침입니다.'라는 의식이고 두 번째가 '에니어그램 명상'이다. 이 두 가지를 생활 속에서 반복하고 습관화하는 것이 현존으로 가는 길을 열어준다. 특히 '예상'은 언제 어디서든 스스로 환경을 만들어 체험할 수 있다는 장점이 있다. 나와 우리 회원들이 오랜 기간 실천해오고 있는 방법으로 여러분도 따라해보길 추천한다.

이렇게 지금까지 강조한 현존 실습을 습관화해 긍정적으로 수용하는 마음을 갖고 생활하길 바란다. 이렇게 습관화하지 않는다면 곧바로 마음과 생각이 우리를 방해하게 될 것이기 때문이다.

자, 그럼 지금부터 현존하기 위해 '깨어있는 아침입니다.' 실천 활동과 '에니어그램 명상'을 습관화해 균형잡힌 삶으로 한 걸음 더 나아가보자.

02

효과적인 대인관계와
비즈니스 전략

딱 보면 아는
외형 판별법

겉모습만 보고 사람 성격을 판단할 수 있을까? 물론 아니다. 돗자리 깔 정도의 신통력이 있다면 모르지만 쉬운 일이 아니다. 그리고 복잡다단한 인간의 성격을 가볍게 본다는 부정적인 시각도 있을 수 있다. 하지만 성격은 어떤 형태로든 밖으로 드러나기 마련이다. 한눈에 척 알아볼 수는 없더라도 체형, 얼굴 표정, 걸음걸이 등 겉모습만 보고 성격을 짐작하는 것은 별로 어렵지 않다. 특히 검증된 도구로 장기간 관찰해왔다면 직관도 생긴다.

이때 세부적인 9가지 성격 유형까지 파악하기 어렵다면 머리, 가슴, 장형의 힘의 중심을 이해하는 것이 도움이 된다. 7번 열정가,

3번 성취가, 9번 화합가 유형은 머리, 가슴, 장형이라는 힘의 중심에서 벗어난 이질적인 유형처럼 보이지만 결정적 순간에는 이성파, 감성파, 행동파라는 공감대를 갖기 때문이다. 그래서 머리, 가슴, 장형이라는 힘의 중심을 잘 이해하는 것이 매우 중요하다. 2장에서 설명했지만 유형별 특성을 다시 상기해보자.

장형은 내면의 정서가 분노를 담고 있어 화난 것처럼 보일 수 있다. 이들이 살아가면서 힘의 에너지를 얻는 원천은 장기, 오장육부에서 나오기 때문이다. 그래서 몸의 감각인 직감으로 행동하고 판단하는 경향이 있다. 이들은 통제당하기 싫어하고 다른 사람들을 지배하려는 욕구가 강하다.

장점은 대체로 풍채가 좋은 편이며 골격이 단단해 보여 강한 느낌이 든다. 전쟁터에 나가는 병사처럼 표정이나 눈에 힘이 들어가 있다. 목소리도 대체로 크고 중저음의 바리톤급으로 굵은 편이다. 걸음을 걸을 때도 힘이 들어가 씩씩하게 걷는다. 여성도 여장부 같은 느낌에 대자나 팔자걸음으로 걷기도 한다.

이들의 관심사는 주로 일에 관한 것들이다. 대화할 때는 직설적이고 단호하며 단정적인 말투로 대화를 이끌어가는 편이다. 관계양식에서는 주도적이며 예의바른 태도를 중시한다.

가슴형은 내면의 정서가 수치심을 담고 있어 남들에게 어떻게 보이는지가 중요하다. 살아가면서 힘을 얻는 에너지도 가슴에서 나오는데 자신의 감정과 상대방의 느낌을 매우 중시한다. 그래서 사람들의 인정과 사랑을 받고 싶어하는 애욕이 강해 상처받거나 사람들로 인해 치유받기도 한다.

대체로 둥글둥글하고 통통한 얼굴이 많다. 사람을 매우 친근하게 생각하므로 사람을 보면 잘 웃어주고 표정도 다양하다. 말할 때는 목소리에 약간의 콧소리와 리듬을 싣기도 한다. 춤추듯 사뿐사뿐 예쁘게 걷는다면 십중팔구 가슴형일 가능성이 높다. 그래서 가슴형에게 느껴지는 것은 따뜻함이고 이들의 관심사는 대부분 사람에 대한 것이다. 대화할 때도 상대방을 위해 상냥하고 정서적이며 매우 공감적인 대화를 한다. 이들의 관계양식은 사람들과 빨리 가까워지기 위해 친밀감을 표현하는 것이다.

머리형은 두려움이라는 내면 정서가 자리잡아 먼저 분석하고 사고하는 경향이 있다. 이들이 살아가면서 힘을 얻는 원천도 머리에서 나오는 사고력이므로 지식을 향한 갈망이 있고 이런 지적(知的) 사고는 명예욕에 집착해 자칫 지적 우월감을 갖게 된다.

외형은 대체로 마르고 날씬하면서 가볍고 샤프하다. 얼굴 표정은 무미건조하거나 차갑고 냉정한 느낌이 든다. 목소리도 나레이션하듯 톤이 일정하며 조용하다. 전체적으로 진지하고 차분하며 차가운 분위기를 풍긴다. 걸을 때는 머리나 상체를 잘 움직이지 않는다. 뭔가 골똘히 생각하는 듯 조용히 걷는다.

이들의 관심사는 대부분 미래에 대한 계획과 준비다. 대화할 때도 딱딱하고 논리적이며 이성적인 대화를 한다. 이들의 관계양식은 사람들과 약간의 거리를 둠으로써 자신의 영역을 지키려고 한다.

실습 외형 판별법 양식

다음 도표는 성격의 외형 판별 기준을 간단히 정리한 것이다. 도표의 항목에 따라 사람을 관찰하는 습관을 들이면 유형 판별에도 도움이 될 것이다.

먼저 성격을 분석해보고 싶은 사람을 선정하고 아래 양식 항목들을 보면서 상대방이 머리, 가슴, 장형 중 어디에 가까운지 판단해 체크한다. 체크된 숫자가 많은 유형이 그 사람의 유형일 가능성이 높다.

외형판별법 체크리스트

구분	장형 (행동형)	체크	가슴형 (감정형)	체크	머리형 (사고형)	체크
내적 정서	분노		수치심		두려움	
힘의 원천	장 (행동, 직감)		가슴 (감정, 느낌)		머리 (사고, 분석)	
내면 욕구	지배욕 (통제)		애욕 (사람)		명예욕 (지식)	
신 체	다부지고 건장함		둥글고 통통함		작고 왜소함	
얼 굴	엄하고 네모형		따뜻하고 원형		냉정하고 길쭉한 형	
목소리	크고 중저음		콧소리와 리듬		작고 톤이 일정	
걸음걸이	씩씩하게 팔자걸음		춤추듯 사뿐사뿐		천천히 조용히	
느 낌	강하다		따뜻하다		차갑다	
관심사	일		사람		계획	
대화 스타일	단호하며 단정적 주도적 대화		상냥하고 정서적 공감적 대화		딱딱하고 논리적 이성적 대화	
관계양식	예의바른 태도		친밀감 표현		거리 유지	

소통연습하기
– 내가 몰랐던 소통의 비밀

사람의 성격을 이해하는 것은 자신의 성장뿐만 아니라 타인과의 관계를 개선하는 데도 도움이 될 수 있다. 우리의 성격 특성은 언제 가장 자연스럽게 나타날까? 가족이나 친구처럼 가장 편하고 가까운 사람들과의 관계에서일 것이다. 우선 가족관계 사례를 통해 소통하는 연습을 해보자.

한 부부의 사례다. "백년해로 하세요." 결혼할 때 해주는 축복의 말이다. 평생 함께 살고 함께 늙어가라는 의미다. 2016년 2월 12일자 중앙일보에 84년 동안 해로한 부부가 소개되었다. 최장수 부부인 이들이 오랫동안 사랑을 이어온 비결은 무엇일까? 84년 동안 해로한 부부관계의 꿀팁은 '배우자를 바꿀 수 있다고 생각하는 것은 미친 것', '부인을 보스로 모셔라' 이 두 마디였다.

미국 코네티컷주에 사는 존 베타(104), 앤 베타(100) 부부는 그해 11월 25일이면 결혼 84주년이 된다. 앤이 17살이던 1932년 4살 연상의 동네 오빠였던 존과 뉴욕에 가정을 꾸렸다. 식료품 가게를 열고 자녀 5명, 손주 14명, 증손자 16명까지 둔 이 부부는 2013년 현존 미국 최장수 부부로 공인되었다. 이들이 전하는 '최장수 사랑'의 원칙을 소개하면 다음과 같다.

아내 앤은 말한다. "결혼할 사람을 변화시킬 수 있다는 생각은 미친 것"이며 "그럴 수도 없고 바꿀 수 있다는 생각도 하지 말라" 상대방을 있는 그대로 받아들이라는 말이다. 그렇다고 그냥 내버려두라는 의미는 아니며 항상 타협점을 찾고 절충하는 과정은 꼭 필요하다고 한다. 그렇지 않으면 서로 오해가 쌓이기 때문이다.

남편 존은 말한다. "저의 충고입니다. 아내가 보스가 되게 하세요." 상대방을 높여주고 경청하면 결혼생활이 행복하다는 뜻이다. 그러자 아내 앤이 웃으며 말한다. "우리 사이에 '보스'는 없어요" 아내는 남편의 말은 "아내의 말을 잘 들어라"라는 의미라고 말한다. 사소한 서운함도 쌓이면 한으로 남을 수 있으니 그것이 쌓이지 않도록 아내의 말을 잘 들어주라는 의미라는 것이다.

정말 부러운 일이다. 100세 이상 장수하며 80년 이상 한 사람과 행복하게 결혼생활을 이어온 부부의 말이라면 귀 담아 들을 가치가 있지 않을까? 이 부부 정도라면 적어도 배우자 자격증을 주어도 될 것 같다. 통계를 보면 최근 우리나라는 유독 세계 1, 2위가 많아졌다. 고령화율 1위, 자살율 1위, 이혼율도 최상위라고 한다. 부끄러운 기록들이다. 지금이야말로 부부간의 관계개선을 생각해야 할 때가 아닐까?

다음으로 우리나라 부모들의 자녀에 대한 기대감을 살펴보자. 이런 부모들이 있다. "사람은 많이 배워야 해. 머리에 든 게 있어야 지. 공부하는 사람이 성공한다." 또 어떤 부모들은 "사람은 사람이 재산이야. 성공하려면 인맥을 잘 쌓아야 해. 친구를 잘 사귀어야 한 다." 또 이런 부모들도 있다. "성공하려면 의지가 강해야 해! 사람이 마음먹으면 못할 게 뭐 있어? 건강이 재산이야!"

어디선가 많이 들어본 말 아닌가? 여러분이 학부모 연령대라 면 낯설지 않은 말들일 것이다. 그렇다면 어떤 부모가 자녀를 올바 로 키우고 있을까? 물론 정답은 없다. 하지만 중요한 것은 세 부모 모두 접근법에 문제가 있다는 것이다. 이 부모들은 모두 성공에 대 한 자신의 가치관을 주입하고 있기 때문이다. 그럼 어떡해야 할까?

자녀를 진정으로 생각해 조언한다면 말하는 방법을 바꿔보자. 같은 말이라도 부모의 성향이 아닌 자녀의 성향에 맞추어 해보자. 그러려면 자녀의 성격 유형을 아는 것이 전제되어야 하지만 그리 어려운 일은 아니다. 에니어그램의 9가지 성격 유형은 크게 '머리 형, 가슴형, 장형' 3가지로 나뉘는데 이 정도만 알아도 큰 도움이 된 다. 앞에서 예로 든 부모 중 '지식과 배움'을 강조하는 부모는 머리 형이며 '사람과 인맥'을 중시하는 부모는 가슴형, '의지와 힘'을 강 조하는 부모는 장형이라고 할 수 있다. 이렇듯 우리 부모들은 자기 성향대로 자녀를 가르치려고 한다.

　자녀의 성향을 알았다면 성향에 따라 말하면 된다. 머리형 자녀에게는 "공부해라! 사람은 많이 배워야 성공한다.", 가슴형 자녀에게는 "성공하려면 친구를 잘 사귀어야 해! 사람은 사람이 재산이다.", 장형 자녀에게는 "성공하려면 힘을 키워야 해! 마음먹으면 못할 게 뭐 있어? 한 번 해봐!" 물론 이렇게 한다고 성공을 꼭 보장하지는 않지만 이런 부모는 최소한 존경받지는 못해도 외면당하지는 않을 것이다.

　동서고금을 막론하고 위대한 인물들도 마음대로 안 되는 것이 있었다. 바로 배우자와 자녀 문제다. 성공한 사람이나 위대한 권력자들도 이 문제만큼은 마음대로 할 수 없음을 수없이 봐왔다. 한편으로 이것은 매우 간단한 문제다. 앞에서도 말했듯이 대부분 자기 기준에서 바라보니 문제가 생기는 것이다. 자기 성격에 따라 행동하는 것이 문제인 것이다. 자, 그럼 지금부터 실습해보자.

소통전략 실습 1

이 실습은 부부소통 실습이다. 당신이 결혼했다면 배우자, 미혼이라면 연인이나 친구를 대상으로 하면 된다. 먼저 상대방의 예상되는 성격 유형을 써보고 새로 프로포즈해보라. 중요한 것은 상대방의 성향은 변하지 않는다는 것을 알고 최대한 상대방의 성향에 맞게 프로포즈를 준비하는 것이다. 시간과 장소, 선물, 멘트를 준비해 특별한 기념일에 실천해보길 바란다.

- 1단계 : 상대방의 성격 유형을 분석한다.

- 2단계 : 상대방의 성향에 따른 취향을 써본다.

- 3단계 : 상대방의 성격 유형에 맞는 프로포즈 방법을 써본다.

소통전략 실습 2

이 실습은 진로지도 실습이다. 자녀나 후배 등 진로지도 조언이 필요한 대상자를 정하고 그의 성격 유형, 즉 타고난 인생자본을 써보자. 성격 유형은 힘의 중심에 따라 머리형, 가슴형, 장형으로 구분하거나 구체적으로 9가지 성격 유형으로 구분할 수도 있다. 그리고 거기에 맞다고 생각되는 진로와 조언을 생각해보자.

- 1단계 : 상대방의 성격 유형을 분석한다.

- 2단계 : 현재 상대방이 갖고 있는 문제를 써본다.

- 3단계 : 상대방의 인생자본에 맞는 조언을 써본다.

관계 형성하기
– 유형별 대화법

관계 형성을 위해 맨 먼저 할 일은 대화를 시작하는 것이다. 이때 상대방의 성향에 따라 대화법도 달라져야 하며 반응도 많이 다를 수밖에 없다. 상대방과 대화하려고 이야기를 꺼냈는데 상대방의 성향과 안 맞는 말을 한다면 어떻게 될까? 상대방은 말문을 닫을 것이고 대화는 이어지기 힘들 것이다. 센스 없는 사람으로 보일 수도 있다.

대인관계는 사람을 만나면서 시작되며 대화를 통해 호감을 얻는 것이 중요하다. 하지만 쉽지 않다. 이때 우리가 배운 것처럼 상대방의 성격을 파악한 후 대화한다면 도움이 될 것이다.

예를 들어보자. '소와 사자' 이야기다. 소와 사자가 사랑에 빠져 결혼하게 되었다. 신부 소는 지극 정성으로 신선한 풀을 매일 대접했다. 그런데 신랑 사자는 사랑하는 신부 소를 위해 매일 갓 잡은 소고기를 대접했다. 이들의 결혼생활은 어땠을까? 부부는 엄청난 스트레스를 받았지만 사랑으로 극복해나갔다. 하지만 몇 달 지나지 않아 부부싸움이 잦아졌고 급기야 이혼하기에 이르렀다. 이혼 사유는 '성격 차이'였다고 한다.

이처럼 타고난 성향이 다른 사람과 조화를 이루며 산다는 것은 쉬운 일이 아니다. 처음에는 서로 달라 호감을 갖지만 얼마 안 가 반감이나 미움으로 변한다. 이쯤 되면 서로 최선을 다할수록 더 불행해질 뿐이다. 여기서 성격을 알고 이해해야 할 필요성이 생긴다. 이처럼 사람은 타고난 성격이 다르듯 좋아하고 싫어하는 것도 다르다. 자기만의 방식으로 소통하려는 것이 문제인 것이다. 머리, 가슴, 장형의 특징과 인간관계에서 가장 중요한 대화법에 대해 알아보자.

먼저 머리형들은 신중하고 객관적이며 냉철한 이성파다. 혼자 조용히 사색하기를 즐기고 말수가 적고 사적인 얘기보다 지적 토론을 즐긴다. 자신의 관심 분야에 깊이 파고드는 경향이 있고 거의 백과사전 수준이다.

이들은 사실에 근거해 조용히 차분히 조목조목 말하는 스타일이다. 잘 쓰는 말투로는 "왜 그런 건가요? 근거가 뭔가요? 그거 사실이야?" 식의 질문이 많다. 따라서 있는 그대로 핵심만 간단히 논리적으로 짜임새 있게 말하는 것이 좋다.

처음 만난 사람이라면 "선생님, 앞으로 선생님 일과 관련된 정보들을 제공해드리고 싶습니다. 괜찮으실까요?", "언제 한 번 선생님과 사업에 대해 진지하게 서로 대화를 나눌 수 있을까요?" 다소 무미건조할 수 있지만 본론부터 바로 말하는 이런 식의 대화가 기분 나쁘지 않은 사람들이 이들이다. 이들은 혼자서도 식사를 잘한다. 그게 편하다. 그런데 이들이 괜찮다는데 자꾸 함께 식사하자고 하면 어떻게 되겠는가? 그래서 한두 번 권해보고 아니면 그냥 놔두어야 한다. 이들에게는 정보를 많이 주면서 약간의 거리를 두고 생각할 시간을 주고 기다려야 한다.

가슴형은 상대방이 필요로 하는 것을 금방 알아차려 친절하고 상냥하게 대하는 사람들이다. 일보다 사람 중심의 감성파로 일 얘기를 하기 전에 공감대부터 형성하는 것이 중요하다. 사람이 좋아야 말이 통하는 스타일이다. 항상 주변에 사람이 많고 말하는 것을 즐긴다.

가슴형은 부드럽고 따뜻하고 다정하다. 말할 때도 "그 사람 참 분위기 있지?", "그래서 있잖아", "아, 너무 멋져요"라는 식으로 애교 있게 꼬리를 늘리는 경우가 많다. 이들과는 리액션으로 정서적 공감을 해주면서 대화 분위기가 무르익은 후 일 얘기를 꺼내는 것이 키포인트다.

예를 들어, 진실한 마음을 담아 "선생님, 좋은 일 있으시다면

서요? 축하드립니다!", "어머, 그랬군요! 어떡해요? 저라도 그랬겠어요. 많이 속상하셨죠?", "요즘 힘드시죠? 이번 주에 한 번 뵈요. 식사나 차 한 잔 하실래요?" 이렇게 마음을 담아 맞장구쳐주면 금방 친해지며 속내를 풀어놓는다. 가슴형은 공감을 통해 마음을 여는 것부터 시작해야 한다.

이들은 혼자 식사하는 것을 가장 힘들어하므로 식사나 차라도 함께 하면서 말을 들어주면 좋아한다. 주의할 점은 이들이 친절을 베풀 때 감사의 마음을 표현하지 않으면 매우 서운해한다는 것이다. 그러다가도 사과하면 금방 풀어지는 사람들이다.

마지막으로 장형은 일 중심의 행동파다. 이들은 자기 영역이 중요해 기선을 제압하고 존재감을 과시하려고 한다. 내편 네편을 따지지만 일단 내편이라고 확신되면 끝까지 보호해주는 의리파가 많다. 그래서 위계질서를 많이 따진다.

이들은 목소리와 동작이 크고 화끈하고 직설적이다. "그래서요? 결론이 뭐죠?", "이거야 저거야? 아휴 답답해!" 이처럼 힘 있고 박력이 넘치므로 단도직입적으로 결론부터 말해야 한다. 그렇다고 이들의 강해 보이는 외모에 주눅 들 필요는 없다. 이들은 예의바르고 당당하게 행동하는 사람을 좋아한다. 또 이들의 강한 모습 뒤에는 연약함과 순수함이 있다.

예를 들어, "선생님을 뵙게 되어 매우 기쁘게 생각합니다. 잘 부탁드립니다.", "선생님 같은 분을 알게 되어 영광입니다. 앞으로 많이 가르쳐 주십시오. 열심히 하겠습니다", "앞으로 믿을 수 있는 관계가 되도록 최선을 다하겠습니다"와 같이 확실한 믿음이 생기 도록 말해야 한다.

이들은 식사할 때 혼자서나 어울려서나 다 잘하는 편이다. 언 제 어디서나 때가 되면 하는 스타일이다. 그런데 여러 사람을 거느 리고 하는 것을 좋아한다. 그래서 지갑도 가장 잘 여는 스타일이다. 이제 실습을 통해 유형별 대화법을 만들어보자.

관계 형성하기, 유형별 대화하기

먼저 상대방의 성향에 따라 대화를 새로 시도하고 싶은 대상자를 정해보자. 가족이나 직장동료, 지인 중 편한 사람부터 시작해보자. 그리고 지금까지 배운 지식을 활용해 상대방의 성격을 분석하고 대화법을 만들어보자.

- 머리형 대화법 : 핵심만 간단히. 논리적으로 대화한다.

____

____

- 가슴형 대화법 : 동조해주며 공감대를 형성하는 대화를 한다.

____

____

- 장형 대화법 : 결론부터 말하고 예의바르게 대화한다.

____

____

관계 구축하기
- 유형별 칭찬법

상대방의 성향과 안 맞는 대화가 관계 형성에 문제가 되듯 칭찬도 마찬가지다. 관계 형성을 넘어 더 좋은 관계를 구축하려면 칭찬이 중요하다. 고래도 춤추게 하는 칭찬은 바로 성향에 맞는 칭찬이다. 성격 유형별로 활용 가능한 효과적인 칭찬 화법을 알아보자.

먼저 머리형은 칭찬도 있는 그대로 사실대로 담백하게 해주는 것이 좋다. 칭찬 내용도 지적 능력을 콕 집어 구체적인 근거를 대가며 하는 것이 좋다. 주의할 점은 머리형은 공개적으로 과한 칭찬을 받으면 부담스러워한다는 것이다. 이들은 남들의 시선이 집중되는 것을 원하지 않는다. 오히려 속으로 "아니, 왜 저렇게 지나친 행동을 하지? 나한테 바라는 거라도 있나? 의도가 뭐지?" 등의 오해를 부를 수도 있으므로 가능하면 간결하게 하되 사람들이 있는 자리보다 개인적으로 하는 것이 좋다.

예를 들어, 집이나 가게를 방문한 경우, "선생님, 인테리어를 직접 설계하셨어요? 매우 실용적이고 편리한 것 같아요.", "가게 정리가 정말 깨끗하게 잘되어 있네요. 부지런하신가 봐요." 이처럼 있는 그대로 깔끔하게 칭찬해야 한다.

머리형에게는 다음과 같은 칭찬 멘트를 알아두면 좋다. "지적으로 보이세요.", "지혜로워 보이세요.", "아주 논리적이세요.", "프로페셔널해 보이세요.", "선견지명이 있어 보이시네요."

그럼 가슴형은 어떻게 해야 할까? 가슴형에 대한 칭찬은 표정, 말, 제스처 3박자가 맞아야 하고 가능하면 자주 마음을 담아 칭찬하는 것이 좋다. 머리형에게 칭찬하듯이 사실적으로 "오늘 수고 많았어요", "다음에도 잘 부탁해요"라는 식의 간단한 칭찬을 하면 "뭐야? 마음에 안 든다는 말인가? 어떡하지?"라는 마음이 들게 하면서 이들을 노심초사하게 만든다. 그러니 가슴형에게는 약간 과할 정도로 "오늘 정말 선생님이 없었으면 큰일 날 뻔했어요.", "다음에도 꼭 선생님이 해주셔야 해요."라는 식으로 표현해줘야 한다.

일상적인 대화에서도 "선생님, 어떻게 이렇게 피부가 좋으세요?", "나이에 비해 정말 동안이세요! 남다른 비법이 있으신 건가요?", "옷도 너무 잘 어울리세요. 정말 감각이 뛰어나십니다." 이렇게 약간 오버하듯 띄워주는 칭찬이 좋다. 과분한 칭찬이라며 쑥스러워하면서도 속으로는 정말 기분 좋아한다.

가슴형에게는 이런 칭찬 멘트가 좋다. "정말 친절하세요.", "정말 마음이 따뜻한 분이세요.", "사람을 기분 좋게 만들어주는 분 같아요.", "패션감각이 뛰어나세요.", "센스가 있으시네요."

장형에게는 어떻게 칭찬해야 좋을까? 일단 짧고 굵게 하면서 능력을 인정해주는 칭찬이 좋다. 그리고 모든 사람이 자신을 알아봐주는 화끈한 칭찬도 좋다. 처음 만난 사람이라도 "선생님, 능력이 대단하신 분 같아요. 어떻게 이렇게 많은 일을 하셨습니까? 제게도 많은 조언 부탁드립니다.", "선생님을 아시는 분들이 모두 존경한다고 들었습니다. 제가 뵐 때도 그런 것 같습니다." 이런 식이 좋다.

칭찬도 어떤 형태로든 보상이나 특별 대우가 있다면 효과적이다. 말로만 하는 칭찬은 별로 끌리지 않는다. 이들에게 말로만 하는 칭찬은 오해를 받거나 기분을 상하게 할 수도 있다.

장형에게는 이런 칭찬 멘트가 효과적이다. "자신감이 넘쳐 보이세요.", "열정이 있어 보이세요.", "의지가 강하신 분 같아요.", "추진력이 대단해 보이세요.", "의리 있는 분이네요."

자, 이제 실습을 통해 성격 유형별 칭찬 화법을 익혀보자. 혼자 연습할 수도 있고 친구나 연인, 가족, 동료들과 마주보며 연습할 수도 있다. 오늘 비즈니스 미팅을 앞두고 있다면 만날 고객의 성격 유형을 생각하면서 작성해보길 바란다.

관계 구축하기, 유형별 칭찬하기

먼저 칭찬해주고 싶은 대상자를 정해보자. 배우자나 자녀, 직장상사나 후배, 평소 당신이 고맙게 생각하는 사람 등 누구라도 좋다. 매일 1명 이상을 정해 상대방의 성격을 분석하고 칭찬 화법을 만들어보자. 놀라운 변화가 일어날 것이다.

- 머리형 칭찬법 : 있는 그대로 지적(知的) 능력을 칭찬한다.

- 가슴형 칭찬법 : 가능하면 자주 마음을 담아 칭찬한다.

- 장형 칭찬법 : 짧고 굵게 능력과 추진력을 칭찬한다.

설득적인 제안하기
– 유형별 제안법

'인생은 세일즈다', '세일즈는 설득이다'라는 말이 있다. 무슨 일을 하든 내가 원하는 것을 얻으려면 상대방을 설득해야 한다. 그리고 이 설득 행동은 일상에서 거의 매일 부딪치는 일이다.

어릴 때는 부모로부터 원하는 것을 얻기 위해, 직장에서는 상사의 결재를 받기 위해, 비즈니스에서는 고객의 지갑을 열기 위해, 이성을 사귈 때는 상대방의 마음을 얻기 위해 우리는 항상 상대방을 설득해야 한다.

상대방을 설득하기 위해 의견을 제시하는 것을 '제안'이라고 한다. 우리는 제안을 얼마나 효과적으로 하고 있을까? 선뜻 대답하기 어렵다. 그렇다면 설득 제안을 할 때 가장 중요한 것은 무엇일까? 이것도 성격으로 풀면 매우 효과적이다.

이성을 사귄다고 가정해보자. 여러분은 누군가를 좋아해본 적이 있는가? 좋아하면 어떻게 하는가? 적극적으로 프로포즈를 할 것이다. 상대방이 나를 좋아하게 만드는 것이다. 상대방이 나를 좋아하게 만들려면 어떡해야 할까?

우선 상대방의 마음부터 알아야 하지 않을까? 그런데 머리, 가슴, 장형별로 사람마다 좋아하는 것이 다르다. 취향이 다른 것이다. 따라서 상대방의 성향에 맞는 제안을 해야 성사 가능성도 높아진다. 인생의 어떤 상황에서도 마찬가지다.

제안의 궁극적인 목적은 내가 권유하는 해결안을 상대방이 받아들이게 만드는 것이다. 그것은 상대방에게 "내가 당신의 제안을 왜 받아들여야 하는가?"에 대한 답을 줄 수 있을 때 가능해진다. 그러려면 내 제안이 얼마나 유용하고 이익이 되는지 잘 표현해야 한다. 그리고 그것을 상대방이 수긍하면 제안이 성사되는 것이다. 이때 성향에 따라 수긍하는 포인트가 다르므로 상대방의 성격을 파악해 전략적으로 접근해야 한다. 그러면 의사결정을 할 때 성격 유형별로 무엇을 가장 중요하게 생각할까? 성격 유형별로 효과적인 제안 포인트를 알아보자.

머리형의 경우, 먼저 머리로 이해시켜줘야 한다. 이들은 머리로 이해되지 않으면 쉽게 행동하지 않는다. 그래서 이성파, 논리파, 비교·분석형이라고도 한다. 머리형의 설득 키포인트는 먼저 이성에 호소하는 것이다.

이들은 우선 정확한 정보를 줘야 한다. 이때 내 제안에 대한 장

· 단점까지 상세히 알려주는 것이 좋다. 이들은 비교 · 분석력이 매우 뛰어나 어차피 자신이 다 분석하기 때문이다. 그리고 스스로 분석하게 놔두는 것이 좋다. 자세한 정보를 주고 거리를 두고 생각할 시간을 주어야 한다. 이들은 급하게 몰아부치는 것을 가장 싫어한다. 충동구매를 하지 않고 인터넷 구매를 많이 하는 소비 스타일이다. 그러니 결정을 계속 미루더라도 천천히 결정하도록 생각할 시간을 주는 것이 좋다.

이들의 또 다른 특징은 결정하기 전에 다양한 질문을 많이 한다는 것이다. 이때 당황하지 말고 차근차근 잘 답변해주는 것이 중요하다. 이들은 질문과 생각을 통해 문제가 풀리면 행동하기 시작한다. 이렇게 각종 정보를 계속 주면서 기다리는 것이 최선이다.

가슴형은 가슴으로 먼저 다가가는 것이 중요하다. 이들은 사람이 마음에 들어야 상대방의 말이 귀에 들어오는 스타일이다. 따라서 항상 더 따뜻하게 대해야 한다. 이들은 감성파, 분위기파, 유행 감각형이라고도 한다. 그래서 가슴형은 감성에 호소해야 한다.

이들에게 감정 표현이 없는 일반적인 제안이나 업무적인 설명 방법은 어필하기 어렵다. 그 제안으로 인한 이득이나 효용보다 그로 인한 가족에 대한 사랑, 행복 등과 같은 가치가 더 중요하다. 즉 내가 누군가의 희망이 되는, 깊은 의미 부여와 감동을 주는 것이 매우 중요하다.

마지막으로 장형은 자기주도적이며 결단력이 있어 의사결정을 할 때 자신의 의지가 중요하므로 행동파, 자기과시형이라고도 한다. 이들의 힘과 영향력을 인정해줘야 한다. 왕처럼 대접해주는 것이 좋다는 뜻이다. 최대한 예의를 갖추어 깍듯이 대해주면 만족해한다.

이들에게 제안할 때는 결론부터 말하고 요점을 설명해야 한다. 이때 제안 내용이 얼마나 현실적이고 실질적인 이익을 주는지 보여주는 것이 키포인트다. 이들은 자신의 판단이 우선이므로 결정권을 침해하지 않도록 너무 강하게 밀어부치지 말고 절도 있는 태도를 보여주는 것이 좋다.

여러분은 제안이나 설득을 할 때 나름대로 활용하는 화법이 있을 것이다. 이제 그 익숙한 화법들을 머리, 가슴, 장형으로 새로 구분해보자. 그것만으로도 여러분의 제안은 설득력이 높아질 것이다. 내가 보험사 사내방송에 출연해 소개했던 제안 화법 샘플을 소개하면 다음과 같다.

머리형 고객의 경우, 상품 기능을 상세히 설명하는 것이 키포인트다. "현대인들에게 누구나 닥칠 수 있는 실직이나 불경기로 지출이 어렵거나 갑자기 돈이 필요한 상황에서도 상품을 온전히 유지할 수 있는 다양한 기능이 있는 상품입니다."라고 사실적으로 설명할 수 있다.

또 "가장의 사망이나 중대한 질병, 예기치 않은 사고 등 살면서 피할 수 없는 모든 위험요소를 가장 저렴한 가격에 한 번에 해결할 수 있는 합리적인 상품입니다."라고 가성비를 강조하면 좋다. 이때 신문기사나 통계 등 수치화된 근거를 제시하면 한 번 더 수긍하며 인정한다.

가슴형 고객의 경우, 상품의 세부적인 기능 설명보다 보험의 가치를 강조해 고객의 공감을 끌어내야 한다. 보험상품의 가슴형에 대한 이점 설명은 다음과 같다. "이 보험은 어떤 경우에도 사랑하는 자녀들의 소중한 꿈을 지켜주고 가족들에게 고객님의 사랑을 전하는 우산이 되어줄 것입니다"라는 감성적 제안이다.

이때 공감할 수 있는 감동 사례를 들어주면 효과적이다. "제가 오늘 이 영광을 차지할 수 있었던 것은 하늘나라에서 온 생활비 덕분이었습니다. 그것은 돌아가신 아버지가 매월 보내주신 것이었습니다." 이것은 졸업식장을 감동의 분위기로 만든 미국 UCLA 수석 졸업생의 유명한 연설이다. 이런 감성적 사례를 이야기로 풀어주면 내 얘기처럼 공감하며 만족해한다.

자기주도적인 장형 고객에게는 가족에 대한 책임감과 능력을 강조하는 것이 키포인트다. 그리고 보험에 가입했을 때의 실질적 이익을 강조하는 것이 중요하며 고객의 결정권을 존중하는 의미로 고객에게 물어보는 식으로 설명하는 것이 좋다. "가족들의 중요한 존재인 고객님이 꼭 준비해야 할 상품입니다. 고객님처럼 능력 있는 분들이라면 이 정도의 보장자산은 준비하셔야 가족의 든든한 경제적 후원자가 되어주실 수 있습니다."

이때 고객의 힘과 능력을 인정하며 처음에는 가능하면 최대한 높은 수준의 보험료를 제시하는 것이 키포인트이고 보장자산 규모가 가진 실질적인 이익을 설명해주는 것이 좋다. 예를 들어, "3억 원이면 기본적인 생계보장, 5억 원이면 자녀의 교육과 결혼 보장, 10억 원이면 부부의 노후와 풍요로운 생활이 보장됩니다." 이런 식으로 실질적으로 형상화해 보여주면 계획보다 큰 계약으로 이어질 수도 있으며 고객은 만족해한다.

지금까지 성격 유형별 제안법을 알아보았다. 이제 결론을 정리해보자. 머리형은 논리적이고 까다롭게 파고들면서 의사결정을 미루는 경향이 있다. 새로운 것을 받아들이는 사실에 대한 걱정과 방어, 의심과 같은 두려움 때문이다. 이것이 머리형의 내재된 본능이므로 이들은 이성적으로 호소하고 두려움을 없애주면 제안 성사가 쉬워진다.

가슴형은 관계지향적이므로 상냥하고 따뜻하게 미소지어 주지만 그때그때 감정 기복이 심해 판을 뒤집거나 의사결정을 미룰 수 있다. 그것은 가슴형이 가진 내면의 수치심 때문이다. 따라서 타인의 시선을 의식하는 수치심이 완화되도록 제안 내용에 대한 가치를 높여주어야 한다. 그들이 가진 감성에 호소하며 가치를 높여주면 제안 성사 가능성이 높아진다.

장형은 독립적이고 주도적인 힘과 정의감의 소유자로 자신의 원칙에서 어긋났을 때 거칠게 분노하는 특징이 있다. 이들을 왕처럼 깍듯이 대해주면 분노가 사그라들고 오히려 그들이 가진 힘을 역이용할 수 있다. 그들이 가진 힘과 권위에 호소하며 깍듯이 대우하면 제안 성사 가능성이 높아지고 보호자나 바람막이가 되어 힘을 과시하게도 된다. 자, 이제 설득력 있는 제안하기 실습을 해보자.

설득력 있는 제안하기

먼저 대상자를 정하고 성격 유형을 분석하고 제안 화법을 만들어보자. 유형별 제안 화법은 다음 요령을 참고하면 도움이 될 것이다.

머리형에게는 근거를 제시해 미래의 '두려움'을 없애주어라. 가슴형에게는 가치를 높이는 제안으로 과거의 '수치심'을 낮추어 존재가치를 높여주어라. 장형에게는 그들의 힘과 권위를 인정하는 깍듯한 제안으로 현재의 '분노'를 가라앉혀 약자를 돕는 수호자가 되게 하라.

더 짧게 한 문장으로 '머리형은 두려움! 가슴형은 수치심! 장형은 분노!' 이 3가지 내적 정서를 이해하면 설득력 있는 제안이 가능하다.

- 머리형 : 이성에 호소한다. 스스로 판단하게 한다.

- 가슴형 : 감성에 호소한다. 공감대를 형성하고 가치를 강조한다.

- 장형 : 책임감을 강조한다. 솔직하게 깍듯이 제안한다.

거절 대응하기, 거절하기

여러분은 좋아하는 사람에게 고백했다가 거절당해본 적이 있는가? 용기를 내 고백했는데 거절당했다면 상심이 클 것이다. 그런데 성격 유형별로 반응하는 방식이 모두 다르다.

머리형은 거절당했을 때 '왜 그랬을까?'라며 일단 물러선다. 그리고 원인을 냉철히 분석하고 전략을 수립해 다시 고백하려고 한다. 가슴형은 우선 고백을 거절당한 것이 안타까워 애끓는 마음으로 속을 태운다. 그러다가 친한 친구에게 마음을 털어놓거나 하소연하며 마음을 달랜다. 장형은 거절당했을 때 어떻게 할까? 그들은 대부분 실망하지 않고 밀어부치는 경향이 있다. '열 번 찍어 안 넘어가는 나무 없다'라고 생각한다.

대인관계에서 항상 따라다니는 것, 그 중에서도 피할 수 없는 것이 '거절'이다. 비즈니스맨이나 세일즈맨이라면 거절을 당연시하겠지만 이것은 일상 인간관계에서도 마찬가지다.

거절은 한 마디로 나와의 관계를 허락하지 않겠다는 거부 의사다. 비즈니스나 세일즈, 가족관계, 직장, 연인에게 고백을 했을 때 처럼 모든 상황에서 일어난다. 우리를 이렇게 힘들게 하고 피할 수도 없는 '거절' 대응법을 알아보자.

먼저 거절의 의미부터 생각해보자. 거절한다는 것은 무슨 이유에서든 '싫다'는 표현이다. 그런데 우리는 이 거절을 어떻게 이해하고 있는지 생각해보자. 세일즈 업계의 거절처리 화법 중에 'Yes, But 화법'이 있다.

예를 들어, "이 상품이 싫으시다고요? 예, 그 말씀도 맞습니다. 하지만 제 말을 들어보시면 달라지실 겁니다." 이런 것이다. 하지만 이런 화법은 조심해야 한다. 상대방을 인정하는 것 같지만 결국 상대방이 틀렸다는 뜻이기 때문이다. 이런 표현은 상대방과의 대결 구도를 조성하므로 거부감이 들거나 기분이 상할 수도 있다.

하지만 에니어그램 측면에서는 이 '거절'을 상대방과의 대결 구도가 아니라 상대방이 왜 그렇게 생각하는지 이해하는 데 초점을 맞춘다. 그래서 나는 거절이란 '싫다', '안 하겠다'가 아니라 "잠시만요!", "우선 멈춰주세요!"라는 '우선 멈춤' 신호로 생각하라고 말한다.

주행 도중 우선 멈춤 신호를 받으면 반드시 멈추고 기다려야 한다. 그러지 않으면 사고가 난다. 잠시 멈추면 출발 신호인 녹색 신호를 반드시 받게 되어 있다. 그래서 나는 거절을 상대방과의 의견 차이를 해소하는 데 필요한 우선 멈춤 신호로 인식하는 관점의 변화가 필요하다고 말한다.

이것은 인간의 성격을 이해하는 데 매우 중요하다. 성격은 특정 상황에 대해 자동적으로 반응하는 습관이다. 그런데 나의 이 자동반응이 상대방 입장에서는 이해하기 어려울 수도 있다. 이때 잠시 멈출 수 있다면 사고를 예방할 수 있고 잠시 후에는 녹색 신호를 받을 수 있는 것이다. 그래서 성격을 공부하는 가장 중요한 목적은 '특정 상황에 대한 우리의 자동반응을 멈추게 하는 것'이다.

'우선 멈춤'의 예를 들어보자. 에니어그램의 측면에서 머리, 가슴, 장형의 '거절'은 다음과 같은 의미다.

머리형은 "잠시만요. 나의 걱정과 두려움이 아직 해소되지 않았어요. 나를 더 안심시켜 주세요.", "논리적으로 아직 이해되지 않았어요. 근거를 더 제시해주세요."

가슴형은 "잠시만요. 당신과 아직 충분히 친해지지 않았어요. 인간적인 교류가 더 필요해요.", "내 마음이 아직 움직이지 않아요. 내 마음을 더 열어주세요."

장형은 "잠시만요. 당신을 아직 신뢰할 수 없어요. 당신의 능력을 더 보여주세요.", "당신은 아직 내 마음에 들지 않는군요. 뭔가 더 실질적인 것을 보여주세요."라는 신호를 보낸다고 생각하면 된다.

어떤가? 거절이 나를 거부하는 것이 아니라 '우선 멈춤' 신호라고 생각하면 마음이 좀 편하지 않은가? 그런데 대부분은 자신의 타고난 성격 특성대로 대응하는 경우가 많다. 그럼 거절을 어떻게 대해야 할까? 성격 유형별로 '우선 멈춤' 신호를 생각해보고 상대방의 특성에 맞춰 대응하면 된다. 앞에서 설명한 제안 요령과 중복되는 내용이지만 다시 설명하면 다음과 같다.

머리형은 아직 머리로 이해되지 않았을 가능성이 크므로 논리적으로 설득해야 한다. 머리형은 논리적이고 까다롭게 파고들면서 따지는 경향이 있다. 타고난 정서가 미래에 대한 걱정, 의심과 같은 두려움이기 때문이다. 따라서 머리형 고객에게는 이성적으로 호소하고 논리적 근거를 제시해 두려움을 없애주는 거절 대응을 해야 한다.

가슴형은 마음속으로 충분한 공감이 되지 않아 그럴 가능성이 크다. 가슴형에게는 수치심이라는 타고난 정서가 내재해 있기 때문이다. 이들에게는 마음이 움직이도록 가치를 강조해 감동 이상을 주어야 한다. 복잡한 논리보다 주변 사례를 들어 상대방과의 정서적 공감대를 형성해 감성적으로 접근하는 것이 좋다.

장형은 마음만 먹으면 자신이 결정하는 편이므로 아직 결정하고 싶지 않다는 뜻일 가능성이 크다. 장형이 주도적이고 타인을 통제하려고 하고 과시욕을 표현하는 것은 타고난 '분노'라는 정서가 내재해 있기 때문이다. 따라서 이들은 자신의 의지와 주도적 결정권을 강조해 설득하는 것이 좋다.

자, 그럼 반대로 내가 거절해야 할 경우, 어떻게 하는 것이 좋을까? 살다보면 이런저런 부탁을 받을 때가 있다. 그런데 도저히 들어줄 수 없거나 들어주기 싫은데도 관계를 해칠까 봐 전전긍긍할 때가 있다. 이때도 상대방의 성격 유형에 따라 지혜롭게 거절할 수 있다.

머리형은 합리적이고 이성적이므로 사실 그대로 쿨하게 말하는 것이 좋다. 이때 부탁을 들어주지 못하는 이유를 설명해주는 것이 좋다. 그럴 때 이들은 거절을 받아들이고 부정적이거나 감정적으로 반응하지 않는다.

반면, 가슴형은 먼저 상대방의 어려운 사정을 충분히 들어주고 공감해주는 과정이 필요하다. 그리고 거절당한 수치심에 마음을 다치지 않도록 어루만져 주어야 한다. 부탁을 들어주지 못하는 안타까움이 충분히 전달되지 않으면 매우 서운해할 수 있는 사람들이다.

장형은 자존심이 상하지 않도록 배려해주어야 한다. 이들은 다른 사람에게 부탁하는 것을 가장 어려워하고 힘들어하는 유형이므로 예의를 갖추어 미안함을 충분히 전달하는 것이 중요하다.

중요한 것은 거절에 대응하거나 거절할 때 똑같은 상황이라도 상대방의 성향에 따라 방법이 달라야 한다는 것이다. 이때 화법도 중요하지만 무엇보다 거절 당하거나 거절해야 할 상황에서 '먼저 잠시 멈춰라!'라는 것이 에니어그램이 주는 지혜다. '잠시 멈춤'은 우리의 성격에 따른 자동반응도 잠시 멈추게 해 관계관리를 도와줄 것이다. 자, 이제 실습을 통해 적절한 화법을 만들어보자.

거절 대응하기, 거절하기

최근 또는 과거에 당신이 제안하거나 부탁했을 때 거절당한 경험이 있다면 그 상황을 떠올려보라. 반대로 당신이 누군가의 제안이나 부탁을 거절한 경험도 좋다. 먼저 상대방의 성격을 파악해보고 당신이 거절당한 경우라면 대응 화법을 만들어보라. 그리고 당신이 거절해야 할 입장이라면 적절한 거절 화법을 만들어보자.

- 1단계 : 제안이나 부탁 내용과 거절한 이유를 파악한다.

- 2단계 : 상대방의 성격 유형과 그 근거를 파악한다.

- 3단계 : 성격 유형별 특성에 따른 대응 방법과 화법을 만들어본다.

관계 회복하기

대인관계 개선을 위해 맨 먼저 해야 할 일은 무엇일까? 사업상 또는 직장이나 사회에서 대인관계를 넓히거나 더 좋은 관계를 맺고 싶다면 우선 지인들을 대상으로 관계진단을 해보길 바란다.

관계가 매우 좋은 사람, 좋은 사람, 무난한 사람, 좋지 않은 사람, 매우 좋지 않은 사람으로 구분한다. 좋지 않은 사람, 매우 좋지 않은 사람이 있다면 그들을 중심으로 관계회복이 필요한 대상자 리스트를 작성한다. 여기에 최근 갈등이 있거나 껄끄러워진 사람들을 포함한다.

자, 이제 그들과 어떻게 소통하고 관리하는 것이 관계회복을 위해 도움이 될까? 인간관계는 결국 어떤 형태로든 소통을 해야 한다. 전화를 하거나 직접 만날 수도 있지만 먼저 문자 메시지나 이메일 등으로 오프닝을 하면 매우 효과적이다. 우선 나와 불편한 관계에 있거나 관계가 나쁜 사람들을 떠올려본다. 그들은 여러분의 배우자나 자녀, 직장상사나 부하, 고객일 수도 있다. 그들에게 먼저 문자 메시지를 보내는 것이다.

이제 여러분은 에니어그램을 통해 사람의 성향에 따라 커뮤니케이션 방법이 달라야 한다는 것을 알게 되었다. 그렇다면 우선 상대방의 성향을 파악한 후 그에 적합한 문구로 문자 메시지나 이메일을 보내보자. 답장이나 전화가 온다면 한결 부드러운 분위기에서 대화가 될 수 있을 것이다. 또는 내가 먼저 전화해 문자 메시지를 보냈으니 보라는 말을 하고 다시 전화하겠다고 말해보라. 그리고 전화하거나 만나서 대화해보자.

이 방법은 일상에서 대인관계 개선에 매우 유용한 활동이 될 수 있다. 매일 지속적으로 시도하다보면 어느새 여러분은 성격 분석 전문가의 반열에 오를 것이다.

평소 내가 자주 활용하는 방법을 여기 소개하겠다. 관계가 안 좋거나 껄끄러운 사람들이므로 먼저 공감대 형성을 위한 멘트가 필요하다. 다음과 같은 멘트를 응용해 활용해볼 수 있을 것이다.

"김 선생님, 오늘은 오랜만에 시간이 나 책을 한 권 읽었답니다. 사람과의 소통에 대한 책인데요. 책을 읽다보니 그동안 너무 제 입장에서만 말씀드린 것 같아 죄송한 마음이 들었습니다. 혹시 그동안 불편하셨다면 이해해주세요. 앞으로는 상대방의 말을 먼저 들어주는 사람이 되려고 해요. 그럼 편안하게 차 한 잔 하실 수 있죠? 조만간 연락드릴게요." 그리고 이 문구에 예상되는 상대방의

성격 유형별(머리, 가슴, 장형)로 다음과 같이 적절한 문구를 덧붙이면
어떨까?

머리형에게는 "서점에 들렀다가 선생님이 관심 있어 하실 것
같아 책을 한 권 보내드렸습니다. 혹시 실례되지는 않았는지요? 항
상 말없이 지켜봐주셔서 감사드립니다."라고 해보라.

가슴형이라면 "선생님이 좋아하시는 예쁜 꽃씨와 함께 제 마
음도 함께 보냅니다. 항상 밝게 웃으시는 선생님의 환한 미소 같습
니다."라는 식으로 마음을 터치하는 표현을 해보자.

장형에게는 "선생님, 매일 많은 일에 힘쓰실 텐데 박카스 한
박스 보내드렸습니다. 경비실에 꼭 들르세요."라는 정도의 성의만
보여주어도 매우 기분이 좋을 수 있다.

또 다른 예를 들어보자. 머리형에게는 "최근 자주 연락 못 드
려 죄송합니다. 앞으로 실용적이고 도움이 될 만한 정보를 매달 보
내드리겠습니다. 궁금하신 점은 언제든 연락주세요. 카톡, 이메일,
전화를 주시면 바로 알아봐드리겠습니다."

가슴형이라면 "최근 자주 연락드리지 못해 죄송해요. 항상 따

뜻하고 온화하게 대해주시던 모습이 생각납니다. 앞으로는 자주 연락드릴게요. 선생님처럼 따뜻한 마음으로 대해주시는 분이 있어서 저는 힘이 난답니다."

장형에게는 "최근 자주 연락드리지 못해 죄송해요. 선생님처럼 마음이 넓고 베풀면서도 추진력이 강한 분을 알고 있다는 것을 영광으로 생각하고 있습니다. 앞으로 많이 도와주십시오."라는 식의 표현도 좋을 것이다.

상황이나 상대방에 따라 나름대로 적절한 표현을 만들어 활용해보자. 중요한 것은 먼저 상대방의 성향을 파악하고 그 성향에 맞는 방법과 화법을 선택하는 것이다. 자, 이제 실습을 통해 관계개선을 위한 자신만의 화법을 만들어보자.

관계개선 화법 만들어보기

우선 현재 나와의 관계가 불편해 관계개선이 필요한 사람을 적어본다. 그리고 그들의 성격 유형을 분석해보자. 머리, 가슴, 장형으로 구분하거나 9가지 성격 유형으로 구분해도 좋다. 마지막으로 그들의 성향에 맞는 관계개선 문구를 만들어 문자 메시지나 이메일을 보내보자.

- 장형 : 장형의 성격 특성을 고려한 문구를 만들어보자.

예)

- 가슴형 : 가슴형의 성격 특성을 고려한 문구를 만들어보자.

예)

- 머리형 : 머리형의 성격 특성을 고려한 문구를 만들어보자.

예)

EPILOGUE

이 책은 내게 특별한 의미가 있다. 처음 펴낸 책이기도 하지만 너무 먼 길을 어렵게 돌아왔기 때문이다. 사실 나의 책 쓰기 역사는 오래 전으로 거슬러 올라간다. 나는 이 책을 쓰기 위해 두 번 포기해야 했다. 그것도 내 성격 탓이리라.

첫 번째는 에니어그램을 배운 지 3년쯤 된 시점이었다. 교육사업을 처음 시작하면서 내가 깊이 빠진 분야의 기록을 남기고 싶었다. 세상 무서울 것 없던 시절이라 열심히 써 내려갔다. 아는 것과 전달하는 것이 무척 다르다는 것을 느끼며 고민에 빠졌다. 게다가 초고가 거의 완성될 무렵 갓 시작한 사업이 어려워지면서 책 쓰기도 없던 일이 되고 말았다.

두 번째는 그로부터 또 5년가량 지난 시점이었다. 나름대로 에니어그램 전문가로 활동하면서 책에 대한 아쉬움이 다시 살아났다. 웬만한 사람은 6개월이면 책을 뚝딱 만들어내고 다 그렇게 프로필에 들어갈 책 한두 권은 있었다. 하지만 나는 그렇지 못했다. 다시 마음을 먹고 제목을 정하고 목차도 다시 썼다.

에니어그램을 생활과 직업의 세계 속에서 다양하게 활용하는 사례들을 컨셉으로 만들고 싶었다. 하지만 막상 글을 정리하다 보니 나의 다양하지 못한 직업 경력으로는 진정성이 안 느껴져 다시 그만두고 말았다.

세 번째 도전 끝에 드디어 이 책을 완성할 수 있었다. 두 번째 포기 후 최근까지 5년은 가장 바쁘고 각별한 의미가 있는 시기였다. 이 기간에 나는 다양한 도전으로 많은 시행착오와 작은 성공 경험들을 쌓았다. 무엇보다 이 책 제목인 '성격 자본'에 대한 영감을 얻었고 깊이 통찰하는 시간이었다. 하지만 이 분야에 전념한 시간에 비해 통찰을 얻어낸 시간은 짧아 아직 갈 길이 멀다고 생각한다. 그럼에도 이렇게 포기하지 않고 실천해온 과정을 책으로 남기게 되어 다행이다.

에니어그램은 나처럼 나약한 사람도 지금처럼 성격에서 벗어나 자유와 진정으로 나를 사랑한다는 것에 대해 알게 해주었다. 그리고 성격 너머에 있는 진정한 나의 참모습을 보게 해주고 '자기다움'에 눈 뜨게 해주었다. 비로소 나의 성격이 가장 중요한 인생 자본이라는 것을 깨달은 것이다. 이런 과정들을 책으로 엮어냈고 기나긴 여행이 마무리되었다.

이 점을 소개해야만 할 것 같아 조금 더 덧붙인다. 이 책은 에니어그램에 기반한 책이지만 에니어그램 이론은 많지 않다. 에니어그램을 이해하는 데 필요한 최소한의 내용만 다루었다. 3장과 4장에서 보듯이 주로 실생활과 비즈니스 분야에서 활용할 수 있는 내용으로 구성했다. 하지만 에니어그램을 모르는 초보자도 쉽게 이해하도록 만들기 위해 심혈을 기울였다.

그것은 이 책의 중요한 기획 의도가 에니어그램을 생활 속에서 쉽게 받아들이고 활용하게 해주는 '실용성'이기 때문이다. 그러다 보니 모두 쉽게 이해하고 공감할 수 있는 다양한 사례들이 필요했다. 그리고 기획 의도 중 더 중요한 것은 '성격이 자본이다'라는 것을 보여주는 것이었다.

우리가 추구하는 성공적이고 행복한 삶은 외부가 아닌 내 안의 성격에 있음을 알려주고 싶었다. 그래서 에니어그램이라는 성격 도구가 실제 삶의 현장 속에서 작동하는 실례들을 보여주기 위해 노력했다. 그런데 사례들을 연구하다 보니 내가 직접 경험하지 못한 분야에는 아쉬움이 클 수밖에 없어 여러 분야에 직접 뛰어들어 경험을 쌓기로 한 것이다.

이렇게 나의 성격 자본 체험기는 시작되었다. 일단 결심이 서자 나는 무모할 정도로 많은 일을 시작했다. 그것은 모든 분야에 에니어그램을 접목시키는 것이었다. 기업교육, 비즈니스, 마케팅, 문화예술, 토크쇼, 방송까지 거침이 없었다.

본문에서도 언급했듯이 한 분야에 미치다보니 미치게 된 이유였다. 이것은 안정된 직장에서 우아하게 생활하는 직장인이던 나로서는 상상조차 못한 일이지만 영역을 하나씩 넓혀나갈 때마다 기적과 같은 일들이 벌어졌다. 분야별로 전문가들이 협업하거나 연구회 멤버로 참여해 큰 도움이 되었기 때문이다.

내게 에니어그램이 있었기 때문에 가능했다고 믿는다. 무슨 업종에 종사하든 에니어그램으로 소통하면 모두 공감하는 힘이 되어주었기 때문이다. 이렇게 에니어그램을 대하는 나의 자세만큼은 남달랐다고 자부한다. 하지만 그 과정에서 많은 어려움도 겪었다.

내가 받는 스트레스는 이루 말할 수 없을 정도였다. 이 책의 모든 실천 사례가 내게는 새로운 경험이자 도전이었기 때문이다. 특히 세일즈와 마케팅 컨텐츠 개발에 참여했을 때가 가장 힘들었다. 한 번도 경험해보지 못한 세계였으니 말로 표현하기 어려울 만큼 고통스러웠다.

방송인도 아닌 내가 수년 동안 방송을 진행했다는 것도 신기한 일이었다. 정말 많은 분의 도움과 격려가 없었다면 시도조차 할 수 없었을 것이다. 그야말로 피말리는 시간이었지만 어쨌든 모든 과정을 포기하지 않은 덕분에 현재가 있는 것이다.

고백하건대 이 힘든 시기를 견딜 수 있었던 것은 마음의 위안과 '쉼'을 주었던 음악과 예술 덕분이다. 바쁜 와중에도 매월 한 번씩 참가한 오페라 동호회와 음악회는 사회 저명인사 모임이다.

나는 모든 면에서 막내여서 운영위원으로 봉사하면서 참여했는데 그때가 내가 가질 수 있는 유일한 힐링 시간이었다. 에니어그램을 통해 찾아낸 나의 타고난 성격유형은 가슴형 예술가인데 이런 나의 성격특성과 잘 맞는 재충전 방법이었다.

나는 이런 나의 성격 자원인 창조적 감각과 근성으로 성격 자본을 개발한 케이스다. 이곳 회원들은 솔직한 나를 많이 아껴주셨는데 그분들의 조언은 내 삶의 중요한 지침이 되었다. 이처럼 지나고보니 모든 것, 모든 사람에게 감사한 마음뿐이다.

지금까지 이 책을 쓰게 된 배경과 에니어그램을 통해 성격 자본을 개발하고 확인하는 과정을 소개했다. 한편으로 에니어그램을 여러 분야에 접목하려는 시도와 노력이 왜곡될지 걱정된다. 단순한 개인 경험담으로 비칠 수도 있다는 생각에 책을 쓰는 데 망설이기도 했다. 하지만 누구라도 이 일을 하지 않으면 에니어그램이 다른 성격 도구들보다 폭넓게 보급되고 발전할 수 없다는 생각이 나를 자극했다.

이런 개척정신이 지금까지 나를 지탱해준 것이다. 많은 분이 내게 왜 하필 어렵고 힘든 길만 찾아가느냐고 충고하곤 한다. 물론 그것은 나의 독특한 성격 때문이기도 할 것이다. 하지만 에니어그램으로 나 자신을 치유하며 성장해온 나로서는 신성한 시스템인 이 도구를 전파하는 것이 내 인생에서 중요한 사명이라고 믿어 멈출 수 없는 것이다.

에니어그램은 우리가 자신이라고 믿고 있는 성격을 넘어 숭고한 본질을 찾아가는 데 도움이 된다. 그리고 살아가는 데 지혜로운 방법을 알려준다. 이 책이 생활 속에서 에니어그램을 활용하는 데 작은 도움이 되길 바란다. 그리고 자신의 성격을, 바꿔야 하는 배척의 대상이 아니라 잘 관리하고 개발해야 하는 인생 자본으로 볼 수 있길 바란다. 성격이 곧 자본이기 때문이다.

진단 테스트

돈 씀씀이로 보는 성격진단 테스트

* 괄호안에 ○표 기입하고, ○표가 많이 나온 유형이 자신의 타입입니다. 성격결과는 다음 장에서 찾아보세요.

1형	• 소비는 제2의 투자라고 생각한다. 그것이 나를 성공하게 할 것이다(　) • 소비의 효율성에 대해서 잘 아는 편이다(　)	• 목표달성을 위해서라면 얼마든지 돈을 사용해도 좋다(　) • 화려하게 소비하는 것이 나의 성공을 위해서 도움이 된다(　)	• 한꺼번에 세트로 구입하는 경향이 있다(　) • 나의 수준을 업그레이드 하게 하기 위해서는 다소 과도한 지출도 한다(　)
2형	• 나의 고유함을 위해서 돈을 쓰는 것이다(　) • 나는 돈을 쓸 때에도 남들과 다르게 쓰고 싶다(　)	• 돈의 수입과 지출에 대해 별로 계산을 하지 않는다(　) • 남들이 안사는 독특한 물건을 많이 구입하는 편이다(　)	• 남들이 소비하는 것 보다는 특별히 다른 사람이 안 쓰는 방법으로 쓴다(　)
3형	• 나의 분수를 알고 소비해야 한다(　) • 나는 분수껏 소비하지 않는 사람을 보면 화가 난다(　) • 카드구매나 할부판매 등의 소비패턴에 대해서 불신감이 있다(　)	• 규모에 맞는 소비생활이 몸에 배어 있다(　) • 꼭 필요하다고 생각되면 큰 지출도 잘 하나 남들은 그렇지 않다고 생각하는 것 같다(　)	• 사전에 지출을 계획하면서 사는 것 같다(　) • 쇼핑을 할 때 원래 계획했던 것 외에는 사지 않는다(　) • 충동구매는 내 사전에 없다(　)
4형	• 따뜻한 인간관계를 위해서는 얼마든지 돈을 쓸 수 있다(　) • 나보다 남을 위해 쓰는 것이 더 보람이 있다(　)	• 타인이 나에게 부탁을 하면 거절하지 못하므로 지출이 된다 해도 어쩔 수 없다고 생각한다(　)	• 물건을 구입할 때 내가 필요한 것보다는 다른 사람이 필요한 물건이 눈에 더 잘 띈다(　) • 돈을 지출해서 우정과 사랑이 지켜진다면 큰 무리를 하더라도 할 것이다(　)
5형	• 나는 돈을 많이 벌려고도 안하지만 별로 쓰려고도 하지 않는다(　) • 제품의 매뉴얼을 보고 알아야만 구입할 때 마음이 편하다(　)	• 지출로 돈이 빠져나가면 아깝다는 생각이 든다(　) • 구두쇠라는 나의 별명이 과히 틀리는 것 같지 않다(　)	• 확실하게 물건의 내용을 알지 못하면 나에게 필요하더라도 구입을 주저하게 된다(　)

6형	• 돈은 벌어서 쓰려고 하는 것이다( ) • 소비하는데 대한 대단한 재미가 있다. 막쓰고 싶다( ) • 참신한 아이디어 제품이나 디자인이 예쁜 제품에 마음이 간다( )	• 아무래도 나는 버는 것보다 쓰는 것에 더 재주가 있나보다?( ) • 돈을 쓸 때 에너지가 팍팍 생긴다( ) • 나는 기분이 나면 절제하지 못하고 과소비에 빠지는 경향이 있다( ) • 월말에 카드회사에서 날아온 결과를 보고 후회할 때가 종종 있다( )	• 쇼핑할 때 사려고 하지는 않았지만 좋은 물건이 있으면 충동구매를 하는 편이다( ) • 분위기가 잡히면 분위기에 휩쓸려서 후회하는 지출을 할 때가 많다( )
7형	• 지출할 때도 특별히 계획을 가지고 하는적이 별로 없다( ) • 어떤 경우에는 이중삼중으로 지출할 때가 많다( )	• 갈등을 일으키기 싫어서 쓰는 돈이 꽤 있는 편이다( )	• 있으면 쓰고 없으면 안쓴다( ) • 쇼핑갈 때 이것저것을 봐야 살 것이 생긴다( )
8형	• 나의 안전을 위협한다면 절대 지출은 있을 수 없다( ) • 돈을 아끼는 것이 나의 안정적인 삶에 도움이 된다( )	• 나는 안전한 범위 내에서 꼭 필요한 지출만 한다( ) • 나는 불안한 마음 때문에 지출을 꽤 망설인다( ) • 지출을 하기 전에 심사숙고 하는 편이다( )	• 실용적이고 실질적인 물건을 구입한다( ) • 인생에 대한 근원적인 안전을 위하여 보험 등의 지출에 대한 비중이 높은 편이다( )
9형	• 돈을 쓸 때 세상을 지배한다는 생각이 든다( ) • 어떤때는 자기를 과시하기 위해서 과도한 지출을 할 때가 있다( )	• 돈을 지출하지 않는다면 다른사람들은 나를 우습게 볼 것이다( )	• 여러사람과 어울릴 때 내가 강하게 보이기 위해서 돈을 자주 쓰는 편이다( )

성격결과로 보는 메타 캐릭터

한국중앙교육센터 성격자본연구소와 29cm(주)공동제작

1형이 가장 많다면, 당신의 아바타와 성격브랜드는 ➜ 브랜드 열정가	내가 선택한 브랜드가 곧 나, **브랜드 열정가**	2장의 3번을 참고하세요. Page 127
2형이 가장 많다면, 당신의 아바타와 성격브랜드는 ➜ 밸류 쇼퍼	특별한 가치와 과정을 중시하는, **밸류 쇼퍼**	2장의 4번을 참고하세요. Page 131
3형이 가장 많다면, 당신의 아바타와 성격브랜드는 아마도 ➜ 미니멀리스트	깔끔함과 완벽함을 추구하는, **미니멀리스트**	2장의 1번을 참고하세요. Page 117
4형이 가장 많다면, 당신의 아바타와 성격브랜드는 아마도 ➜ 소셜 옵티미스트	사람들 속에서 행복을 발견하는, **소셜 옵티미스트**	2장의 2번을 참고하세요. Page 123
5형이 가장 많다면, 당신의 아바타와 성격브랜드는 아마도 ➜ 라이프스타일 얼리버드	새로운 아이템에 호기심이 많은, **라이프스타일 얼리버드**	2장의 5번을 참고하세요. Page 137

한국중앙교육센터 성격자본연구소와 29cm(주)공동제작

<table>
<tr>
<td>

6형이 가장 많다면,

당신의 아바타와 성격브랜드는 아마도 ➡ 컬쳐 팔로워

</td>
<td>

유쾌한
문화생활 마니아,

컬쳐 팔로워

</td>
<td>

2장의 7번을 참고하세요.

Page 144

</td>
</tr>
<tr>
<td>

7형이 가장 많다면,

당신의 아바타와 성격브랜드는 아마도 ➡ 슬로우 라이프 시커

</td>
<td>

여유로운 삶을
즐기는,

슬로우 라이프 시커

</td>
<td>

2장의 9번을 참고하세요.

Page 114

</td>
</tr>
<tr>
<td>

8형이 가장 많다면,

당신의 아바타와 성격브랜드는 아마도 ➡ 로열리스트

</td>
<td>

신중하게
미래를 대비하는,

로열리스트

</td>
<td>

2장의 6번을 참고하세요.

Page 141

</td>
</tr>
<tr>
<td>

9형이 가장 많다면,

당신의 아바타와 성격브랜드는 아마도 ➡ 쇼잉 오퍼

</td>
<td>

넘치는 자신감으로
주목 받는,

쇼잉 오퍼

</td>
<td>

2장의 8번을 참고하세요.

Page 111

</td>
</tr>
</table>

참고문헌

- **구르지예프의 길**, P.D.우스펜스키 지음, 오성근 옮김, The9, 2012
- **놀라운 사람들과의 만남**, G.I.구르지예프 지음, 풀라 옮김, 샨티, 2012
- **에니어그램의 지혜**, 돈 리처드 리소&러스 허드슨, ㈜한문화멀티미디어, 2011
- **성격을 알면 성공이 보인다**, 돈 리처드 리소&러스 허드슨,
  구태원 도흥찬 옮김, 랜덤하우스, 2006
- **에니어그램 진로경력 코칭**, Elizabeth Wagele&Ingrid Stabb,
  한국에니어그램연구원 옮김, 2013
- **성격의 심리학**, 제롬 와그너 지음, 김태흥 옮김, 파라북스, 2008
- **Essential Wholeness**, Eric Lyleson, BALBOA, 2015
- **The 9 Ways of Working**, Michael J. Goldberg, Da Capo, 1999
- **온전함에 이르는 대화**, 이현경, ㈜한국커뮤니케이션, 2010
- **드라마'미생'**, tvN, 2014.10.17~2014.12.20